Verbformen Französisch

Zum Nachschlagen

Max Hueber Verlag

Titel der Originalausgabe: **Larousse de la conjugaison**

Librairie Larousse, Verlagsredaktion: Danielle Bouix-Leeman,
Hélène Colonna-Cesari, Jean Dubois, Claude Sobotka-Kannas
Max Hueber Verlag, Verlagsredaktion: Pierre Le Borgne

CIP-Kurztitelaufnahme der Deutschen Bibliothek

Verbformen Französisch zum Nachschlagen. – 1. Aufl. – München
[i.e. Ismaning]: Hueber, 1985.
Einheitssacht.: Larousse de la conjugaison <dt.>
ISBN 3-19-006336-2
NE: EST

1. Auflage 3 2 1

Satz: M. C. P., Fleury-les-Aubrais (Frankreich)
Druck: Fournier S.A., Vitoria (Spanien)
Umschlaggestaltung: Planungsbüro Winfried J. Jockisch, Düsseldorf
Printed in Spain
ISBN 3-19-006336-2

VORWORT

Fehlerfreie Rechtschreibung ist ein wichtiger Faktor, wenn es um die Beurteilung von beruflichen oder persönlichen Leistungen geht. Das Französische zählt zu den Sprachen, in denen es wegen der Unterschiedlichkeit von Schriftsprache und gesprochener Sprache besondere Probleme gibt.

Zu den heikelsten in der französischen Rechtschreibung zählt ohne Zweifel die Konjugation der Verben. Sie enthält die größten Schwierigkeiten wegen der Verschiedenartigkeit der Formen, der Unregelmäßigkeiten und des Unterschieds zwischen Aussprache und Schrift : *appeler* wird nicht wie *peler* konjugiert, *défaillir* nicht wie *faillir, maudire* nicht wie *dire, prévoir* nicht wie *voir.*

Bekommt *résoudre* im Präsens in der 3. Person Singular *(il ... un problème)* ein *t* oder ein *d?*

Kommt auf *devoir, émouvoir, mouvoir* beim Partizip II ein Zirkumflex in der männlichen wie in der weiblichen Form, in der Einzahl wie in der Mehrzahl?

Ist Ihnen die Zukunftsform von *bouillir,* der Konjunktiv von *conclure* bekannt?

Mit seinen Konjugationstabellen, seinem Register über Tausende von Verben und den Regeln zur Angleichung des Partizips II wird Ihnen dieses Buch die Möglichkeit geben, Zweifel aufzuheben, Fehler zu korrigieren sowie etliche unerwartete Entdeckungen zu machen.

INHALTSVERZEICHNIS

Was ist Konjugation? 4
Konjugationsformen 4
Das Aktiv 6
Das Passiv 8
Konjugation der reflexiven Verben 9
Konjugation in der Frageform 10
Konjugationstabellen 11
Register der Verben mit deutscher Übersetzung 125
Regeln zur Angleichung des Partizips II 171

Was ist Konjugation?

Konjugation ist die Gesamtheit aller Formen, die ein Verb annehmen kann. Diese Formen werden bestimmt durch :

— die Personen (erste, zweite, dritte Person Singular und Plural)

— die Tempora (der Gegenwart, Vergangenheit und Zukunft)

— die Modi (Indikativ, Konjunktiv, Konditional, Imperativ, Infinitiv und Partizip).

Die Verben sind hier nach Schreibweise und Aussprache geordnet. Die Aussprache ist jeweils in internationaler Lautschrift angegeben (Erklärung der Lautschrift siehe S. 175).

Konjugationsformen

Hilfsverben

1 avoir
2 être

1. Gruppe (Verben auf *-er*; Partizip I auf *-ant*)

		GESCHRIEBEN	GESPROCHEN
3	chanter (Konjugations-modell)	*chant-*	[ʃɑ̃t]
4	baisser	*baiss-*	[bɛs]/[bes]
5	pleurer	*pleur-*	[plœr]/[plør]
6	jouer	*jou-*	[ʒu]/[ʒw]
7	saluer	*salu-*	[saly]/[salɥ]
8	arguer	*argu-, arguë*	[argy]/[arg]
9	copier	*copi-*	[kopi]/[kopj]
10	prier	*pri-*	[pri]/[prij]
11	payer	*pai-, pay-*	[pɛ]/[pe]/[pɛj]/[pej]
12	grasseyer	*grassey-*	[grasɛj]/[grasej]
13	ployer	*ploi-, ploy-*	[plwa]/[plwaj]
14	essuyer	*essui-, essuy-*	[esɥi]/[esɥij]
15	créer	*cré-, crée*	[kre]/[krɛ]
16	avancer	*avanc-, avanç-*	[avɑ̃s]
17	manger	*mang-, mange-*	[mɑ̃ʒ]
18	céder	*céd-, cèd-*	[sed]/[sɛd]
19	semer	*sem-, sèm-*	[səm]/[sɛm]
20	rapiécer	*rapiéc-, rapiéç-, rapièc-*	[rapjes]/[rapjɛs]
21	acquiescer	*aquiesc-, acquiesç-*	[akjes]/[akjɛs]

22	siéger	*siég-, siége-, sièg-*	[sjeʒ]/[sjɛʒ]
23	déneiger	*déneig-, déneige-*	[denɛʒ]/[deneʒ]
24	appeler	*appell-, appel-*	[apɛl]/[ap(ə)l]
25	peler	*pèl-, pel-*	[pɛl]/[pəl]
26	interpeller	*interpell-*	[ɛ̃tɛrpɛl]/[ɛ̃tɛrpəl]
27	jeter	*jett-, jet-*	[ʒɛt]/[ʒət]
28	acheter	*achèt-, achet-*	[aʃɛt]/[aʃ(ə)t]
29	dépecer	*dépec-, dépeç-, dépèc-*	[depɛs]/[depəs]
30	envoyer	*envoi-, envoy-, enver-*	[ɑ̃vwa]/[ɑ̃vwaj]/[ɑ̃ver]
31	aller	*all-, ir-, v-, aill-*	[al]/[ir]/[v]/[aj]

2. Gruppe (Verben auf *-ir*; Partizip I auf *-issant*)

		GESCHRIEBEN	GESPROCHEN
32	finir (Konjugations-modell)	*fin-*	[fin-]
33	haïr	*hai-, haï-*	[ɛ]/[ai]

3. Gruppe

a) Verben auf *-ir*

34 ouvrir
35 fuir
36 dormir
37 mentir
38 servir
39 acquérir
40 venir
41 cueillir
42 mourir
43 partir
44 revêtir
45 courir
46 faillir
47 défaillir
48 bouillir
49 gésir
50 saillir
51 ouïr

b) Verben auf *-oir*

52 recevoir
53 devoir
54 mouvoir
55 émouvoir
56 promouvoir
57 vouloir
58 pouvoir
59 savoir
60 valoir
61 prévaloir
62 voir
63 prévoir
64 pourvoir
65 asseoir
66 surseoir
67 seoir
68 pleuvoir
69 falloir
70 échoir
71 déchoir
72 choir

c) Verben auf *-re*

73 vendre
74 répandre
75 répondre
76 mordre
77 perdre
78 rompre
79 prendre
80 craindre
81 peindre
82 joindre
83 battre
84 mettre
85 moudre
86 coudre
87 absoudre
88 résoudre
89 suivre
90 vivre
91 paraître
92 naître
93 croître
94 accroître
95 rire
96 conclure
97 nuire
98 conduire
99 écrire
100 suffire
101 confire
102 dire
103 contredire
104 maudire
105 bruire
106 lire
107 croire
108 boire
109 faire
110 plaire
111 taire
112 extraire
113 clore
114 vaincre
115 frire

Das Aktiv

INFINITIF

Présent	Passé
aimer	avoir aimé

PARTICIPE

Présent	Passé
aimant	ayant aimé

INDICATIF

	Présent	Passé composé	
j'	aime	ai	aimé
tu	aimes	as	aimé
il	aime	a	aimé
ns	aimons	avons	aimé
vs	aimez	avez	aimé
ils	aiment	ont	aimé

	Imparfait	Plus-que-parfait	
j'	aimais	avais	aimé
tu	aimais	avais	aimé
il	aimait	avait	aimé
ns	aimions	avions	aimé
vs	aimiez	aviez	aimé
ils	aimaient	avaient	aimé

	Futur simple	Futur antérieur	
j'	aimerai	aurai	aimé
tu	aimeras	auras	aimé
il	aimera	aura	aimé
ns	aimerons	aurons	aimé
vs	aimerez	aurez	aimé
ils	aimeront	auront	aimé

	Passé simple	Passé antérieur	
j'	aimai	eus	aimé
tu	aimas	eus	aimé
il	aima	eut	aimé
ns	aimâmes	eûmes	aimé
vs	aimâtes	eûtes	aimé
ils	aimèrent	eurent	aimé

SUBJONCTIF

	Présent	Passé	
q. j'	aime	aie	aimé
tu	aimes	aies	aimé
il	aime	ait	aimé
ns	aimions	ayons	aimé
vs	aimiez	ayez	aimé
ils	aiment	aient	aimé

	Imparfait	Plus-que-parfait	
q. j'	aimasse	eusse	aimé
tu	aimasses	eusses	aimé
il	aimât	eût	aimé
ns	aimassions	eussions	aimé
vs	aimassiez	eussiez	aimé
ils	aimassent	eussent	aimé

CONDITIONNEL

	Présent	Passé	
j'	aimerais	aurais	aimé
tu	aimerais	aurais	aimé
il	aimerait	aurait	aimé
ns	aimerions	aurions	aimé
vs	aimeriez	auriez	aimé
ils	aimeraient	auraient	aimé

IMPÉRATIF

Présent	Passé	
aime	aie	aimé
aimons	ayons	aimé
aimez	ayez	aimé

Konjugation mit doppeltem Hilfsverb

Manche Verbformen setzen sich aus dem konjugierten Hilfsverb *avoir,* dem Partizip II von *avoir* und dem Partizip II des eigentlichen Verbs zusammen.

Une fois qu'il a eu parlé, il est parti.
J'ai eu flirté, dans ma jeunesse.
J'ai eu été renversé par un camion, il y a bien longtemps.

In diesen Fällen darf *avoir* weder im *passé simple* noch im *impératif* noch im *imparfait du subjonctif* konjugiert werden.

Das *Conditionnel passé 2e forme*

Diese Form erscheint nicht in unseren Tabellen; sie ist für alle Verben mit dem *subjonctif plus-que-parfait* identisch.

Der Imperativ

Die 2. Person Singular bildet man ohne die Endung *-s :*

— bei allen Verben auf *-er :*

Chante! Tu chantes.

— bei den Verben *assaillir, couvrir* (und bei allen Verben mit dem gleichen Stamm), *cueillir* (und bei allen Verben mit dem gleichen Stamm), *défaillir, offrir, ouvrir* (und bei allen Verben mit dem gleichen Stamm), *souffrir, tressaillir.*

Das *-s* der Endung bleibt vor den Pronomen *y* und *en* erhalten.
Beide werden mit Bindestrich verbunden.

Chantes-y, à cette réunion!
Offres-en, des bonbons!

(Das *-s* der Endung entfällt jedoch, wenn *y* und *en* ein Infinitiv nachfolgt : *Daigne en prendre, des bonbons.*)

Das Partizip I und seine adjektivische Form

Beachten Sie die verschiedenen Schreibweisen der beiden Formen :

PARTIZIP I	ADJEKTIVISCHE FORM	PARTIZIP I	ADJEKTIVISCHE FORM
adhérant	adhérent	extravaguant	extravagant
affluant	affluent	fatiguant	fatigant
coïncidant	coïncident	fringuant	fringant
communiquant	communicant	influant	influent
convainquant	convaincant	intriguant	intrigant
convergeant	convergent	naviguant	navigant
détergeant	détergent	négligeant	négligent
différant	différent	précédant	précédent
divergeant	divergent	provoquant	provocant
émergeant	émergent	résidant	résident
équivalant	équivalent	somnolant	somnolent
excellant	excellent	suffoquant	suffocant
expédiant	expédient	vaquant	vacant

Das Passiv

INFINITIF

Présent	Passé
être aimé	avoir été aimé

INDICATIF

Présent

je	suis	aimé
tu	es	aimé
il	est	aimé
ns	sommes	aimés
vs	êtes	aimés
ils	sont	aimés

Passé composé

ai	été	aimé
as	été	aimé
a	été	aimé
avons	été	aimés
avez	été	aimés
ont	été	aimés

Imparfait

j'	étais	aimé
tu	étais	aimé
il	était	aimé
ns	étions	aimés
vs	étiez	aimés
ils	étaient	aimés

Plus-que-parfait

avais	été	aimé
avais	été	aimé
avait	été	aimé
avions	été	aimés
aviez	été	aimés
avaient	été	aimés

Futur simple

je	serai	aimé
tu	seras	aimé
il	sera	aimé
ns	serons	aimés
vs	serez	aimés
ils	seront	aimés

Futur antérieur

aurai	été	aimé
auras	été	aimé
aura	été	aimé
aurons	été	aimés
aurez	été	aimés
auront	été	aimés

Passé simple

je	fus	aimé
tu	fus	aimé
il	fut	aimé
ns	fûmes	aimés
vs	fûtes	aimés
ils	furent	aimés

Passé antérieur

eus	été	aimé
eus	été	aimé
eut	été	aimé
eûmes	été	aimés
eûtes	été	aimés
eurent	été	aimés

PARTICIPE

Présent	Passé
étant aimé	ayant été aimé

SUBJONCTIF

Présent

q. je	sois	aimé
tu	sois	aimé
il	soit	aimé
ns	soyons	aimés
vs	soyez	aimés
ils	soient	aimés

Passé

aie	été	aimé
aies	été	aimé
ait	été	aimé
ayons	été	aimés
ayez	été	aimés
aient	été	aimés

Imparfait

q. je	fusse	aimé
tu	fusses	aimé
il	fût	aimé
ns	fussions	aimés
vs	fussiez	aimés
ils	fussent	aimés

Plus-que-parfait

eusse	été	aimé
eusses	été	aimé
eût	été	aimé
eussions	été	aimés
eussiez	été	aimés
eussent	été	aimés

CONDITIONNEL

Présent

je	serais	aimé
tu	serais	aimé
il	serait	aimé
ns	serions	aimés
vs	seriez	aimés
ils	seraient	aimés

Passé

aurais	été	aimé
aurais	été	aimé
aurait	été	aimé
aurions	été	aimés
auriez	été	aimés
auraient	été	aimés

IMPÉRATIF

Présent

sois	aimé
soyons	aimés
soyez	aimés

Passé

aie	été	aimé
ayons	été	aimés
ayez	été	aimés

Konjugation der reflexiven Verben

INFINITIF

Présent	Passé
se tromper	s'être trompé

PARTICIPE

Présent	Passé
se trompant	s'étant trompé

INDICATIF

		Présent		Passé composé	
je	me	trompe	me	suis	trompé
tu	te	trompes	t'	es	trompé
il	se	trompe	s'	est	trompé
ns	ns	trompons	ns	sommes	trompés
vs	vs	trompez	vs	êtes	trompés
ils	se	trompent	se	sont	trompés

		Imparfait		Plus-que-parfait	
je	me	trompais	m'	étais	trompé
tu	te	trompais	t'	étais	trompé
il	se	trompait	s'	était	trompé
ns	ns	trompions	ns	étions	trompés
vs	vs	trompiez	vs	étiez	trompés
ils	se	trompaient	s'	étaient	trompés

		Futur simple		Futur antérieur	
je	me	tromperai	me	serai	trompé
tu	te	tromperas	te	seras	trompé
il	se	trompera	se	sera	trompé
ns	ns	tromperons	ns	serons	trompés
vs	vs	tromperez	vs	serez	trompés
ils	se	tromperont	se	seront	trompés

		Passé simple		Passé antérieur	
je	me	trompai	me	fus	trompé
tu	te	trompas	te	fus	trompé
il	se	trompa	se	fut	trompé
ns	ns	trompâmes	ns	fûmes	trompés
vs	vs	trompâtes	vs	fûtes	trompés
ils	se	trompèrent	se	furent	trompés

SUBJONCTIF

		Présent		Passé	
q. je	me	trompe	me	sois	trompé
tu	te	trompes	te	sois	trompé
il	se	trompe	se	soit	trompé
ns	ns	trompions	ns	soyons	trompés
vs	vs	trompiez	vs	soyez	trompés
ils	se	trompent	se	soient	trompés

		Imparfait		Plus-que-parfait	
q. je	me	trompasse	me	fusse	trompé
tu	te	trompasses	te	fusses	trompé
il	se	trompât	se	fût	trompé
ns	ns	trompassions	ns	fussions	trompés
vs	vs	trompassiez	vs	fussiez	trompés
ils	se	trompassent	se	fussent	trompés

CONDITIONNEL

		Présent		Passé	
je	me	tromperais	me	serais	trompé
tu	te	tromperais	te	serais	trompé
il	se	tromperait	se	serait	trompé
ns	ns	tromperions	ns	serions	trompés
vs	vs	tromperiez	vs	seriez	trompés
ils	se	tromperaient	se	seraient	trompés

IMPÉRATIF

Présent	Passé
trompe-toi	*(inusité)*
trompons-nous	—
trompez-vous	—

Konjugation mit doppeltem Hilfsverb : Ein reflexives Verb wird mit doppeltem Hilfsverb wie folgt konjugiert : mit dem konjugierten Hilfsverb *être*, dem Partizip II von *avoir* und dem Partizip II des eigentlichen Verbs. *Quand je me suis eu réfugié dans la cabane, la pluie s'arrêta.*

Konjugation in der Frageform

INDICATIF

Présent	Passé composé		Futur simple	Futur antérieur	
resté-je ? *(selten)*	suis-je	resté ?	resterai-je ?	serai-je	resté ?
restes-tu ?	es-tu	resté ?	resteras-tu ?	seras-tu	resté ?
reste-t-il?	est-il	resté ?	restera-t-il ?	sera-t-il	resté ?
restons-nous ?	sommes-nous	restés ?	resterons-nous ?	serons-nous	restés ?
restez-vous ?	êtes-vous	restés ?	resterez-vous ?	serez-vous	restés ?
restent-ils ?	sont-ils	restés ?	resteront-ils ?	seront-ils	restés ?

Imparfait	Plus-que-parfait		Passé simple	Passé antérieur	
restais-je ?	étais-je	resté ?	restai-je ?	fus-je	resté ? *(selten)*
restais-tu ?	étais-tu	resté ?	restas-tu ?	fus-tu	resté ?
restait-il ?	était-il	resté ?	resta-t-il ?	fut-il	resté ?
restions-nous ?	étions-nous	restés ?	restâmes-nous ?	fûmes-nous	restés ?
restiez-vous ?	étiez-vous	restés ?	restâtes-vous ?	fûtes-vous	restés ?
restaient-ils ?	étaient-ils	restés ?	restèrent-ils ?	furent-ils	restés ?

CONDITIONNEL

Présent		Passé			
resterais-je ?	resterions-nous ?	serais-je	resté ?	serions-nous	restés ?
resterais-tu ?	resteriez-vous ?	serais-tu	resté ?	seriez-vous	restés ?
resterait-il ?	resteraient-ils ?	serait-il	resté ?	seraient-ils	restés ?

Die Fragestellung

In der gehobenen Sprache unterscheidet man zwei Formen der Fragestellung :
— das Subjekt ist ein Personalpronomen : Es wird dem Verb nachgestellt.

Viens-tu ce soir ?

— das Subjekt ist kein Personalpronomen : Es geht dem Verb voraus und wird durch ein Pronomen wiederaufgenommen.

Paul vient-il ce soir ?

In beiden Fällen setzt man einen Bindestrich zwischen Verb und Pronomen.

Zwischen dem nachgestellten Personalpronomen in der dritten Person und einem Verb, dessen Endung ein Selbstlaut ist, steht ein *t* (zwischen Bindestrichen) :

Va-t-il me laisser tranquille ?
Chante-t-elle aussi bien qu'on le dit ?
A-t-on pensé à l'avertir ?

Die Endung *d* bei manchen Verben der 3. Gruppe wird [t] ausgesprochen :

Prend-il son médicament ? [-til-]
Rend-elle régulièrement ses devoirs ? [-tel-]

Wird *je* einem Verb nachgestellt, dessen Endung *e* ist, muß diese Endung in *é* geändert werden :

Chanté-je ce soir ?

1 avoir ▷ *haben*

INFINITIF

Présent	Passé
avoir [avwar]	avoir eu [avwary]

INDICATIF

Présent / **Passé composé**

j'	ai	[ɛ]	ai	eu
tu	as	[a]	as	eu
il	a	[a]	a	eu
ns	avons	[avɔ̃]	avons	eu
vs	avez	[ave]	avez	eu
ils	ont	[ɔ̃]	ont	eu

Imparfait / **Plus-que-parfait**

j'	avais	[avɛ]	avais	eu
tu	avais	[avɛ]	avais	eu
il	avait	[avɛ]	avait	eu
ns	avions	[avjɔ̃]	avions	eu
vs	aviez	[avje]	aviez	eu
ils	avaient	[avɛ]	avaient	eu

Futur simple / **Futur antérieur**

j'	aurai	[ɔre]	aurai	eu
tu	auras	[ɔra]	auras	eu
il	aura	[ɔra]	aura	eu
ns	aurons	[ɔrɔ̃]	aurons	eu
vs	aurez	[ɔre]	aurez	eu
ils	auront	[ɔrɔ̃]	auront	eu

Passé simple / **Passé antérieur**

j'	eus	[y]	eus	eu
tu	eus	[y]	eus	eu
il	eut	[y]	eut	eu
ns	eûmes	[ym]	eûmes	eu
vs	eûtes	[yt]	eûtes	eu
ils	eurent	[yr]	eurent	eu

PARTICIPE

Présent	Passé
ayant [ejɑ̃]	eu, eue [y]

SUBJONCTIF

Présent / **Passé**

q. j'	aie	[ɛ]	aie	eu
tu	aies	[ɛ]	aies	eu
il	ait	[ɛ]	ait	eu
ns	ayons	[ejɔ̃]	ayons	eu
vs	ayez	[eje]	ayez	eu
ils	aient	[ɛ]	aient	eu

Imparfait / **Plus-que-parfait**

q. j'	eusse	[ys]	eusse	eu
tu	eusses	[ys]	eusses	eu
il	eût	[y]	eût	eu
ns	eussions	[ysjɔ̃]	eussions	eu
vs	eussiez	[ysje]	eussiez	eu
ils	eussent	[ys]	eussent	eu

CONDITIONNEL

Présent / **Passé**

j'	aurais	[ɔrɛ]	aurais	eu
tu	aurais	[ɔrɛ]	aurais	eu
il	aurait	[ɔrɛ]	aurait	eu
ns	aurions	[ɔrjɔ̃]	aurions	eu
vs	auriez	[ɔrje]	auriez	eu
ils	auraient	[ɔrɛ]	auraient	eu

IMPÉRATIF

Présent / **Passé**

aie	[ɛ]	aie	eu
ayons	[ejɔ̃]	ayons	eu
ayez	[eje]	ayez	eu

2 être ▷ *sein*

INFINITIF

Présent	Passé
être	avoir été
[ɛtr]	[avwarete]

PARTICIPE

Présent	Passé
étant	été
[etɑ̃]	[ete]

INDICATIF

Présent

je	suis	[sɥi]
tu	es	[ɛ]
il	est	[ɛ]
ns	sommes	[sɔm]
vs	êtes	[ɛt]
ils	sont	[sɔ̃]

Passé composé

ai	été
as	été
a	été
avons	été
avez	été
ont	été

Imparfait

j'	étais	[etɛ]
tu	étais	[etɛ]
il	était	[etɛ]
ns	étions	[etjɔ̃]
vs	étiez	[etje]
ils	étaient	[etɛ]

Plus-que-parfait

avais	été
avais	été
avait	été
avions	été
aviez	été
avaient	été

Futur simple

je	serai	[s(ə)re]
tu	seras	[s(ə)ra]
il	sera	[s(ə)ra]
ns	serons	[s(ə)rɔ̃]
vs	serez	[s(ə)re]
ils	seront	[s(ə)rɔ̃]

Futur antérieur

aurai	été
auras	été
aura	été
aurons	été
aurez	été
auront	été

Passé simple

je	fus	[fy]
tu	fus	[fy]
il	fut	[fy]
ns	fûmes	[fym]
vs	fûtes	[fyt]
ils	furent	[fyr]

Passé antérieur

eus	été
eus	été
eut	été
eûmes	été
eûtes	été
eurent	été

SUBJONCTIF

Présent

q. je	sois	[swa]
tu	sois	[swa]
il	soit	[swa]
ns	soyons	[swajɔ̃]
vs	soyez	[swaje]
ils	soient	[swa]

Passé

aie	été
aies	été
ait	été
ayons	été
ayez	été
aient	été

Imparfait

q. je	fusse	[fys]
tu	fusses	[fys]
il	fût	[fy]
ns	fussions	[fysjɔ̃]
vs	fussiez	[fysje]
ils	fussent	[fys]

Plus-que-parfait

eusse	été
eusses	été
eût	été
eussions	été
eussiez	été
eussent	été

CONDITIONNEL

Présent

je	serais	[s(ə)rɛ]
tu	serais	[s(ə)rɛ]
il	serait	[s(ə)rɛ]
ns	serions	[sərjɔ̃]
vs	seriez	[sərje]
ils	seraient	[s(ə)rɛ]

Passé

aurais	été
aurais	été
aurait	été
aurions	été
auriez	été
auraient	été

IMPÉRATIF

Présent

sois	[swa]
soyons	[swajɔ̃]
soyez	[swaje]

Passé

aie	été
ayons	été
ayez	été

3 chanter ▷ *singen*

INFINITIF

Présent	Passé
chanter	avoir chanté
[ʃɑ̃te]	[avwarʃɑ̃te]

PARTICIPE

Présent	Passé
chantant	chanté, e
[ʃɑ̃tɑ̃]	[ʃɑ̃te]

INDICATIF

Présent

je	chante	[-ɑ̃t]
tu	chantes	[-ɑ̃t]
il	chante	[-ɑ̃t]
ns	chantons	[-ɑ̃tɔ̃]
vs	chantez	[-ɑ̃te]
ils	chantent	[-ɑ̃t]

Passé composé

ai	chanté
as	chanté
a	chanté
avons	chanté
avez	chanté
ont	chanté

Imparfait

je	chantais	[-ɑ̃tɛ]
tu	chantais	[-ɑ̃tɛ]
il	chantait	[-ɑ̃tɛ]
ns	chantions	[-ɑ̃tjɔ̃]
vs	chantiez	[-ɑ̃tje]
ils	chantaient	[-ɑ̃tɛ]

Plus-que-parfait

avais	chanté
avais	chanté
avait	chanté
avions	chanté
aviez	chanté
avaient	chanté

Futur simple

je	chanterai	[-ɑ̃tre]
tu	chanteras	[-ɑ̃tra]
il	chantera	[-ɑ̃tra]
ns	chanterons	[-ɑ̃trɔ̃]
vs	chanterez	[-ɑ̃tre]
ils	chanteront	[-ɑ̃trɔ̃]

Futur antérieur

aurai	chanté
auras	chanté
aura	chanté
aurons	chanté
aurez	chanté
auront	chanté

Passé simple

je	chantai	[-ɑ̃te]
tu	chantas	[-ɑ̃ta]
il	chanta	[-ɑ̃ta]
ns	chantâmes	[-ɑ̃tam]
vs	chantâtes	[-ɑ̃tat]
ils	chantèrent	[-ɑ̃tɛr]

Passé antérieur

eus	chanté
eus	chanté
eut	chanté
eûmes	chanté
eûtes	chanté
eurent	chanté

SUBJONCTIF

Présent

q. je	chante	[-ɑ̃t]
tu	chantes	[-ɑ̃t]
il	chante	[-ɑ̃t]
ns	chantions	[-ɑ̃tjɔ̃]
vs	chantiez	[-ɑ̃tje]
ils	chantent	[-ɑ̃t]

Passé

aie	chanté
aies	chanté
ait	chanté
ayons	chanté
ayez	chanté
aient	chanté

Imparfait

q. je	chantasse	[-ɑ̃tas]
tu	chantasses	[-ɑ̃tas]
il	chantât	[-ɑ̃ta]
ns	chantassions	[-ɑ̃tasjɔ̃]
vs	chantassiez	[-ɑ̃tasje]
ils	chantassent	[-ɑ̃tas]

Plus-que-parfait

eusse	chanté
eusses	chanté
eût	chanté
eussions	chanté
eussiez	chanté
eussent	chanté

CONDITIONNEL

Présent

je	chanterais	[-ɑ̃trɛ]
tu	chanterais	[-ɑ̃trɛ]
il	chanterait	[-ɑ̃trɛ]
ns	chanterions	[-ɑ̃tərjɔ̃]
vs	chanteriez	[-ɑ̃tərje]
ils	chanteraient	[-ɑ̃trɛ]

Passé

aurais	chanté
aurais	chanté
aurait	chanté
aurions	chanté
auriez	chanté
auraient	chanté

IMPÉRATIF

Présent

chante	[-ɑ̃t]
chantons	[-ɑ̃tɔ̃]
chantez	[-ɑ̃te]

Passé

aie	chanté
ayons	chanté
ayez	chanté

4 baisser ▷ *herunterlassen*

INFINITIF

Présent	Passé
baisser [bese]	avoir baissé [avwarbese]

PARTICIPE

Présent	Passé
baissant [besɑ̃]	baissé, e [bese]

INDICATIF

Présent / **Passé composé**

je	baisse	[bɛs]	ai	baissé
tu	baisses	[bɛs]	as	baissé
il	baisse	[bɛs]	a	baissé
ns	baissons	[besɔ̃]	avons	baissé
vs	baissez	[bese]	avez	baissé
ils	baissent	[bɛs]	ont	baissé

Imparfait / **Plus-que-parfait**

je	baissais	[besɛ]	avais	baissé
tu	baissais	[besɛ]	avais	baissé
il	baissait	[besɛ]	avait	baissé
ns	baissions	[besjɔ̃]	avions	baissé
vs	baissiez	[besje]	aviez	baissé
ils	baissaient	[besɛ]	avaient	baissé

Futur simple / **Futur antérieur**

je	baisserai	[bɛsre]	aurai	baissé
tu	baisseras	[bɛsra]	auras	baissé
il	baissera	[bɛsra]	aura	baissé
ns	baisserons	[bɛsrɔ̃]	aurons	baissé
vs	baisserez	[bɛsre]	aurez	baissé
ils	baisseront	[bɛsrɔ̃]	auront	baissé

Passé simple / **Passé antérieur**

je	baissai	[bese]	eus	baissé
tu	baissas	[besa]	eus	baissé
il	baissa	[besa]	eut	baissé
ns	baissâmes	[besam]	eûmes	baissé
vs	baissâtes	[besat]	eûtes	baissé
ils	baissèrent	[besɛr]	eurent	baissé

SUBJONCTIF

Présent / **Passé**

q. je	baisse	[bɛs]	aie	baissé
tu	baisses	[bɛs]	aies	baissé
il	baisse	[bɛs]	ait	baissé
ns	baissions	[besjɔ̃]	ayons	baissé
vs	baissiez	[besje]	ayez	baissé
ils	baissent	[bɛs]	aient	baissé

Imparfait / **Plus-que-parfait**

q. je	baissasse	[besas]	eusse	baissé
tu	baissasses	[besas]	eusses	baissé
il	baissât	[besa]	eût	baissé
ns	baissassions	[besasjɔ̃]	eussions	baissé
vs	baissassiez	[besasje]	eussiez	baissé
ils	baissassent	[besas]	eussent	baissé

CONDITIONNEL

Présent / **Passé**

je	baisserais	[bɛsrɛ]	aurais	baissé
tu	baisserais	[bɛsrɛ]	aurais	baissé
il	baisserait	[bɛsrɛ]	aurait	baissé
ns	baisserions	[besərjɔ̃]	aurions	baissé
vs	baisseriez	[besərje]	auriez	baissé
ils	baisseraient	[bɛsrɛ]	auraient	baissé

IMPÉRATIF

Présent / **Passé**

baisse	[bɛs]	aie	baissé
baissons	[besɔ̃]	ayons	baissé
baissez	[bese]	ayez	baissé

5 pleurer ▷ *weinen*

INFINITIF

Présent	Passé
pleurer [pløre]	avoir pleuré [avwarpløre]

PARTICIPE

Présent	Passé
pleurant [plørɑ̃]	pleuré, e [pløre]

INDICATIF

Présent / **Passé composé**

je	pleure	[plœr]	ai	pleuré
tu	pleures	[plœr]	as	pleuré
il	pleure	[plœr]	a	pleuré
ns	pleurons	[plørɔ̃]	avons	pleuré
vs	pleurez	[pløre]	avez	pleuré
ils	pleurent	[plœr]	ont	pleuré

Imparfait / **Plus-que-parfait**

je	pleurais	[plørɛ]	avais	pleuré
tu	pleurais	[plørɛ]	avais	pleuré
il	pleurait	[plørɛ]	avait	pleuré
ns	pleurions	[plørjɔ̃]	avions	pleuré
vs	pleuriez	[plørje]	aviez	pleuré
ils	pleuraient	[plørɛ]	avaient	pleuré

Futur simple / **Futur antérieur**

je	pleurerai	[plør(ə)re]	aurai	pleuré
tu	pleureras	[plør(ə)ra]	auras	pleuré
il	pleurera	[plør(ə)ra]	aura	pleuré
ns	pleurerons	[plør(ə)rɔ̃]	aurons	pleuré
vs	pleurerez	[plør(ə)re]	aurez	pleuré
ils	pleureront	[plør(ə)rɔ̃]	auront	pleuré

Passé simple / **Passé antérieur**

je	pleurai	[pløre]	eus	pleuré
tu	pleuras	[pløra]	eus	pleuré
il	pleura	[pløra]	eut	pleuré
ns	pleurâmes	[pløram]	eûmes	pleuré
vs	pleurâtes	[pløra t]	eûtes	pleuré
ils	pleurèrent	[plørɛr]	eurent	pleuré

SUBJONCTIF

Présent / **Passé**

q. je	pleure	[plœr]	aie	pleuré
tu	pleures	[plœr]	aies	pleuré
il	pleure	[plœr]	ait	pleuré
ns	pleurions	[plørjɔ̃]	ayons	pleuré
vs	pleuriez	[plørje]	ayez	pleuré
ils	pleurent	[plœr]	aient	pleuré

Imparfait / **Plus-que-parfait**

q. je	pleurasse	[pløras]	eusse	pleuré
tu	pleurasses	[pløras]	eusses	pleuré
il	pleurât	[pløra]	eût	pleuré
ns	pleurassions	[plørasjɔ̃]	eussions	pleuré
vs	pleurassiez	[plørasje]	eussiez	pleuré
ils	pleurassent	[pløras]	eussent	pleuré

CONDITIONNEL

Présent / **Passé**

je	pleurerais	[plør(ə)rɛ]	aurais	pleuré
tu	pleurerais	[plør(ə)rɛ]	aurais	pleuré
il	pleurerait	[plør(ə)rɛ]	aurait	pleuré
ns	pleurerions	[plørərjɔ̃]	aurions	pleuré
vs	pleureriez	[plørərje]	auriez	pleuré
ils	pleureraient	[plør(ə)rɛ]	auraient	pleuré

IMPÉRATIF

Présent / **Passé**

pleure	[plœr]	aie	pleuré
pleurons	[plørɔ̃]	ayons	pleuré
pleurez	[pløre]	ayez	pleuré

6 jouer ▷ *spielen*

INFINITIF

Présent	Passé
jouer [ʒwe]	avoir joué [avwarʒwe]

PARTICIPE

Présent	Passé
jouant [ʒwɑ̃]	joué, e [ʒwe]

INDICATIF

	Présent		Passé composé	
je	joue	[ʒu]	ai	joué
tu	joues	[ʒu]	as	joué
il	joue	[ʒu]	a	joué
ns	jouons	[ʒwɔ̃]	avons	joué
vs	jouez	[ʒwe]	avez	joué
ils	jouent	[ʒu]	ont	joué

	Imparfait		Plus-que-parfait	
je	jouais	[ʒwɛ]	avais	joué
tu	jouais	[ʒwɛ]	avais	joué
il	jouait	[ʒwɛ]	avait	joué
ns	jouions	[ʒujɔ̃]	avions	joué
vs	jouiez	[ʒuje]	aviez	joué
ils	jouaient	[ʒwɛ]	avaient	joué

	Futur simple		Futur antérieur	
je	jouerai	[ʒure]	aurai	joué
tu	joueras	[ʒura]	auras	joué
il	jouera	[ʒura]	aura	joué
ns	jouerons	[ʒurɔ̃]	aurons	joué
vs	jouerez	[ʒure]	aurez	joué
ils	joueront	[ʒurɔ̃]	auront	joué

	Passé simple		Passé antérieur	
je	jouai	[ʒwe]	eus	joué
tu	jouas	[ʒwa]	eus	joué
il	joua	[ʒwa]	eut	joué
ns	jouâmes	[ʒwam]	eûmes	joué
vs	jouâtes	[ʒwat]	eûtes	joué
ils	jouèrent	[ʒwɛr]	eurent	joué

SUBJONCTIF

	Présent		Passé	
q. je	joue	[ʒu]	aie	joué
tu	joues	[ʒu]	aies	joué
il	joue	[ʒu]	ait	joué
ns	jouions	[ʒujɔ̃]	ayons	joué
vs	jouiez	[ʒuje]	ayez	joué
ils	jouent	[ʒu]	aient	joué

	Imparfait		Plus-que-parfait	
q. je	jouasse	[ʒwas]	eusse	joué
tu	jouasses	[ʒwas]	eusses	joué
il	jouât	[ʒwa]	eût	joué
ns	jouassions	[ʒwasjɔ̃]	eussions	joué
vs	jouassiez	[ʒwasje]	eussiez	joué
ils	jouassent	[ʒwas]	eussent	joué

CONDITIONNEL

	Présent		Passé	
je	jouerais	[ʒurɛ]	aurais	joué
tu	jouerais	[ʒurɛ]	aurais	joué
il	jouerait	[ʒurɛ]	aurait	joué
ns	jouerions	[ʒurjɔ̃]	aurions	joué
vs	joueriez	[ʒurje]	auriez	joué
ils	joueraient	[ʒurɛ]	auraient	joué

IMPÉRATIF

Présent		Passé	
joue	[ʒu]	aie	joué
jouons	[ʒwɔ̃]	ayons	joué
jouez	[ʒwe]	ayez	joué

7 saluer ▷ *grüßen*

INFINITIF

Présent	Passé
saluer [salɥe]	avoir salué [avwarsalɥe]

INDICATIF

Présent

je	salue	[-ly]
tu	salues	[-ly]
il	salue	[-ly]
ns	saluons	[-lɥɔ̃]
vs	saluez	[-lɥe]
ils	saluent	[-ly]

Passé composé

ai	salué
as	salué
a	salué
avons	salué
avez	salué
ont	salué

Imparfait

je	saluais	[-lɥɛ]
tu	saluais	[-lɥɛ]
il	saluait	[-lɥɛ]
ns	saluions	[-lyjɔ̃]
vs	saluiez	[-lyje]
ils	saluaient	[-lɥɛ]

Plus-que-parfait

avais	salué
avais	salué
avait	salué
avions	salué
aviez	salué
avaient	salué

Futur simple

je	saluerai	[-lyre]
tu	salueras	[-lyra]
il	saluera	[-lyra]
ns	saluerons	[-lyrɔ̃]
vs	saluerez	[-lyre]
ils	salueront	[-lyrɔ̃]

Futur antérieur

aurai	salué
auras	salué
aura	salué
aurons	salué
aurez	salué
auront	salué

Passé simple

je	saluai	[-lɥe]
tu	saluas	[-lɥa]
il	salua	[-lɥa]
ns	saluâmes	[-lɥam]
vs	saluâtes	[-lɥat]
ils	saluèrent	[-lɥɛr]

Passé antérieur

eus	salué
eus	salué
eut	salué
eûmes	salué
eûtes	salué
eurent	salué

PARTICIPE

Présent	Passé
saluant [salɥɑ̃]	salué, e [salɥe]

SUBJONCTIF

Présent

q. je	salue	[-ly]
tu	salues	[-ly]
il	salue	[-ly]
ns	saluions	[-lyjɔ̃]
vs	saluiez	[-lyje]
ils	saluent	[-ly]

Passé

aie	salué
aies	salué
ait	salué
ayons	salué
ayez	salué
aient	salué

Imparfait

q. je	saluasse	[-lɥas]
tu	saluasses	[-lɥas]
il	saluât	[-lɥa]
ns	saluassions	[-lɥasjɔ̃]
vs	saluassiez	[-lɥasje]
ils	saluassent	[-lɥas]

Plus-que-parfait

eusse	salué
eusses	salué
eût	salué
eussions	salué
eussiez	salué
eussent	salué

CONDITIONNEL

Présent

je	saluerais	[-lyrɛ]
tu	saluerais	[-lyrɛ]
il	saluerait	[-lyrɛ]
ns	saluerions	[-lyrjɔ̃]
vs	salueriez	[-lyrje]
ils	salueraient	[-lyrɛ]

Passé

aurais	salué
aurais	salué
aurait	salué
aurions	salué
auriez	salué
auraient	salué

IMPÉRATIF

Présent

salue	[-ly]
saluons	[-lɥɔ̃]
saluez	[-lɥe]

Passé

aie	salué
ayons	salué
ayez	salué

8 arguer ▷ *folgern*

INFINITIF

Présent	Passé
arguer [arg(ɥ)e]	avoir argué [avwararg(ɥ)e]

PARTICIPE

Présent	Passé
arguant [arg(ɥ)ɑ̃]	argué, e [arg(ɥ)e]

INDICATIF

	Présent		Passé composé	
j'	argue	[-g]	ai	argué
	arguë	[-gy]		
tu	argues	[-g]	as	argué
	arguës	[-gy]		
il	argue	[-g]	a	argué
	arguë	[-gy]		
ns	arguons	[-g(ɥ)ɔ̃]	avons	argué
vs	arguez	[-g(ɥ)e]	avez	argué
ils	arguent	[-g]	ont	argué
	arguënt	[-gy]		

	Imparfait		Plus-que-parfait	
j'	arguais	[-g(ɥ)ɛ]	avais	argué
tu	arguais	[-g(ɥ)ɛ]	avais	argué
il	arguait	[-g(ɥ)ɛ]	avait	argué
ns	arguions	[-g(y)jɔ̃]	avions	argué
vs	arguiez	[-g(y)je]	aviez	argué
ils	arguaient	[-g(ɥ)ɛ]	avaient	argué

	Futur simple		Futur antérieur	
j'	arguerai	[-gəre]	aurai	argué
	arguërai	[-gyre]		
tu	argueras	[-gəra]	auras	argué
	arguëras	[-gyra]		
il	arguera	[-gəra]	aura	argué
	arguëra	[-gyra]		
ns	arguerons	[-gərɔ̃]	aurons	argué
	arguërons	[-gyrɔ̃]		
vs	arguerez	[-gəre]	aurez	argué
	arguërez	[-gyre]		
ils	argueront	[-gərɔ̃]	auront	argué
	arguëront	[-gyrɔ̃]		

	Passé simple		Passé antérieur	
j'	arguai	[-g(ɥ)e]	eus	argué
tu	arguas	[-g(ɥ)a]	eus	argué
il	argua	[-g(ɥ)a]	eut	argué
ns	arguâmes	[-g(ɥ)am]	eûmes	argué
vs	arguâtes	[-g(ɥ)at]	eûtes	argué
ils	arguèrent	[-g(ɥ)ɛr]	eurent	argué

SUBJONCTIF

	Présent		Passé	
q. j'	argue	[-g]	aie	argué
	arguë	[-gy]		
tu	argues	[-g]	aies	argué
	arguës	[-gy]		
il	argue	[-g]	ait	argué
	arguë	[-gy]		
ns	arguions	[-g(y)jɔ̃]	ayons	argué
vs	arguiez	[-g(y)je]	ayez	argué
ils	arguent	[-g]	aient	argué
	arguënt	[-gy]		

	Imparfait		Plus-que-parfait	
q. j'	arguasse	[-g(ɥ)as]	eusse	argué
tu	arguasses	[-g(ɥ)as]	eusses	argué
il	arguât	[-g(ɥ)a]	eût	argué
ns	arguassions	[-g(ɥ)asjɔ̃]	eussions	argué
vs	arguassiez	[-g(ɥ)asje]	eussiez	argué
ils	arguassent	[-g(ɥ)as]	eussent	argué

CONDITIONNEL

	Présent		Passé	
j'	arguerais	[-gərɛ]	aurais	argué
	arguërais	[-gyrɛ]		
tu	arguerais	[-gərɛ]	aurais	argué
	arguërais	[-gyrɛ]		
il	arguerait	[-gərɛ]	aurait	argué
	arguërait	[-gyrɛ]		
ns	arguerions	[-gərjɔ̃]	aurions	argué
	arguërions	[-gyrjɔ̃]		
vs	argueriez	[-gərje]	auriez	argué
	arguëriez	[-gyrje]		
ils	argueraient	[-gərɛ]	auraient	argué
	arguëraient	[-gyrɛ]		

IMPÉRATIF

Présent		Passé	
argue	[-g]	aie	argué
arguë	[-gy]		
arguons	[-g(ɥ)ɔ̃]	ayons	argué
arguez	[-g(ɥ)e]	ayez	argué

9 copier ▷ *abschreiben*

INFINITIF

Présent	Passé
copier	avoir copié
[kɔpje]	[avwarkɔpje]

PARTICIPE

Présent	Passé
copiant	copié, e
[kɔpjɑ̃]	[kɔpje]

INDICATIF

	Présent		Passé composé	
je	copie	[-pi]	ai	copié
tu	copies	[-pi]	as	copié
il	copie	[-pi]	a	copié
ns	copions	[-pjɔ̃]	avons	copié
vs	copiez	[-pje]	avez	copié
ils	copient	[-pi]	ont	copié

	Imparfait		Plus-que-parfait	
je	copiais	[-pjɛ]	avais	copié
tu	copiais	[-pjɛ]	avais	copié
il	copiait	[-pjɛ]	avait	copié
ns	copiions	[-pijɔ̃]	avions	copié
vs	copiiez	[-pije]	aviez	copié
ils	copiaient	[-pjɛ]	avaient	copié

	Futur simple		Futur antérieur	
je	copierai	[-pire]	aurai	copié
tu	copieras	[-pira]	auras	copié
il	copiera	[-pira]	aura	copié
ns	copierons	[-pirɔ̃]	aurons	copié
vs	copierez	[-pire]	aurez	copié
ils	copieront	[-pirɔ̃]	auront	copié

	Passé simple		Passé antérieur	
je	copiai	[-pje]	eus	copié
tu	copias	[-pja]	eus	copié
il	copia	[-pja]	eut	copié
ns	copiâmes	[-pjam]	eûmes	copié
vs	copiâtes	[-pjat]	eûtes	copié
ils	copièrent	[-pjɛr]	eurent	copié

SUBJONCTIF

	Présent		Passé	
q. je	copie	[-pi]	aie	copié
tu	copies	[-pi]	aies	copié
il	copie	[-pi]	ait	copié
ns	copiions	[-pijɔ̃]	ayons	copié
vs	copiiez	[-pije]	ayez	copié
ils	copient	[-pi]	aient	copié

	Imparfait		Plus-que-parfait	
q. je	copiasse	[-pjas]	eusse	copié
tu	copiasses	[-pjas]	eusses	copié
il	copiât	[-pja]	eût	copié
ns	copiassions	[-pjasjɔ̃]	eussions	copié
vs	copiassiez	[-pjasje]	eussiez	copié
ils	copiassent	[-pjas]	eussent	copié

CONDITIONNEL

	Présent		Passé	
je	copierais	[-pirɛ]	aurais	copié
tu	copierais	[-pirɛ]	aurais	copié
il	copierait	[-pirɛ]	aurait	copié
ns	copierions	[-pirjɔ̃]	aurions	copié
vs	copieriez	[-pirje]	auriez	copié
ils	copieraient	[-pirɛ]	auraient	copié

IMPÉRATIF

Présent		Passé	
copie	[-pi]	aie	copié
copions	[-pjɔ̃]	ayons	copié
copiez	[-pje]	ayez	copié

10 prier ▷ *beten, bitten*

INFINITIF

Présent	Passé
prier [prije]	avoir prié [avwarprije]

INDICATIF

Présent

je	prie	[pri]
tu	pries	[pri]
il	prie	[pri]
ns	prions	[prijɔ̃]
vs	priez	[prije]
ils	prient	[pri]

Passé composé

ai	prié
as	prié
a	prié
avons	prié
avez	prié
ont	prié

Imparfait

je	priais	[prijɛ]
tu	priais	[prijɛ]
il	priait	[prijɛ]
ns	priions	[prijjɔ̃]
vs	priiez	[prijje]
ils	priaient	[prijɛ]

Plus-que-parfait

avais	prié
avais	prié
avait	prié
avions	prié
aviez	prié
avait	prié

Futur simple

je	prierai	[prire]
tu	prieras	[prira]
il	priera	[prira]
ns	prierons	[prirɔ̃]
vs	prierez	[prire]
ils	prieront	[prirɔ̃]

Futur antérieur

aurai	prié
auras	prié
aura	prié
aurons	prié
aurez	prié
auront	prié

Passé simple

je	priai	[prije]
tu	prias	[prija]
il	pria	[prija]
ns	priâmes	[prijam]
vs	priâtes	[prijat]
ils	prièrent	[prijɛr]

Passé antérieur

eus	prié
eus	prié
eut	prié
eûmes	prié
eûtes	prié
eurent	prié

PARTICIPE

Présent	Passé
priant [prijɑ̃]	prié, e [prije]

SUBJONCTIF

Présent

q. je	prie	[pri]
tu	pries	[pri]
il	prie	[pri]
ns	priions	[prijjɔ̃]
vs	priiez	[prijje]
ils	prient	[pri]

Passé

aie	prié
aies	prié
ait	prié
ayons	prié
ayez	prié
aient	prié

Imparfait

q. je	priasse	[prijas]
tu	priasses	[prijas]
il	priât	[prija]
ns	priassions	[prijasjɔ̃]
vs	priassiez	[prijasje]
ils	priassent	[prijas]

Plus-que-parfait

eusse	prié
eusses	prié
eût	prié
eussions	prié
eussiez	prié
eussent	prié

CONDITIONNEL

Présent

je	prierais	[prirɛ]
tu	prierais	[prirɛ]
il	prierait	[prirɛ]
ns	prierions	[prirjɔ̃]
vs	prieriez	[prirje]
ils	prieraient	[prirɛ]

Passé

aurais	prié
aurais	prié
aurait	prié
aurions	prié
auriez	prié
auraient	prié

IMPÉRATIF

Présent

prie	[pri]
prions	[prijɔ̃]
priez	[prije]

Passé

aie	prié
ayons	prié
ayez	prié

11 payer (1) ▷ *bezahlen*

INFINITIF

Présent	Passé
payer [peje]	avoir payé [avwarpeje]

PARTICIPE

Présent	Passé
payant [pejɑ̃]	payé, e [peje]

INDICATIF

Présent

je	paie	[pɛ]
tu	paies	[pɛ]
il	paie	[pɛ]
ns	payons	[pejɔ̃]
vs	payez	[peje]
ils	paient	[pɛ]

Passé composé

ai	payé
as	payé
a	payé
avons	payé
avez	payé
ont	payé

Imparfait

je	payais	[pejɛ]
tu	payais	[pejɛ]
il	payait	[pejɛ]
ns	payions	[pejjɔ̃]
vs	payiez	[pejje]
ils	payaient	[pejɛ]

Plus-que-parfait

avais	payé
avais	payé
avait	payé
avions	payé
aviez	payé
avaient	payé

Futur simple

je	paierai	[pere]
tu	paieras	[pera]
il	paiera	[pera]
ns	paierons	[perɔ̃]
vs	paierez	[pere]
ils	paieront	[perɔ̃]

Futur antérieur

aurai	payé
auras	payé
aura	payé
aurons	payé
aurez	payé
auront	payé

Passé simple

je	payai	[peje]
tu	payas	[peja]
il	paya	[peja]
ns	payâmes	[pejam]
vs	payâtes	[pejat]
ils	payèrent	[pejɛr]

Passé antérieur

eus	payé
eus	payé
eut	payé
eûmes	payé
eûtes	payé
eurent	payé

SUBJONCTIF

Présent

q. je	paie	[pɛ]
tu	paies	[pɛ]
il	paie	[pɛ]
ns	payions	[pejjɔ̃]
vs	payiez	[pejje]
ils	paient	[pɛ]

Passé

aie	payé
aies	payé
ait	payé
ayons	payé
ayez	payé
aient	payé

Imparfait

q. je	payasse	[pejas]
tu	payasses	[pejas]
il	payât	[peja]
ns	payassions	[pejasjɔ̃]
vs	payassiez	[pejasje]
ils	payassent	[pejas]

Plus-que-parfait

eusse	payé
eusses	payé
eût	payé
eussions	payé
eussiez	payé
eussent	payé

CONDITIONNEL

Présent

je	paierais	[perɛ]
tu	paierais	[perɛ]
il	paierait	[perɛ]
ns	paierions	[perjɔ̃]
vs	paieriez	[perje]
ils	paieraient	[perɛ]

Passé

aurais	payé
aurais	payé
aurait	payé
aurions	payé
auriez	payé
auraient	payé

IMPÉRATIF

Présent

paie	[pɛ]
payons	[pejɔ̃]
payez	[peje]

Passé

aie	payé
ayons	payé
ayez	payé

Hinweis : Bei manchen Grammatikern behält das Verb *rayer* (und alle Verben mit dem gleichen Stamm) das *y* in der gesamten Konjugation — siehe *payer* (2).

11 payer (2) ▷ *bezahlen*

INFINITIF

Présent	Passé
payer	avoir payé
[peje]	[avwarpeje]

PARTICIPE

Présent	Passé
payant	payé, e
[pejɑ̃]	[peje]

INDICATIF

Présent / **Passé composé**

je	paye	[pɛj]	ai	payé
tu	payes	[pɛj]	as	payé
il	paye	[pɛj]	a	payé
ns	payons	[pejɔ̃]	avons	payé
vs	payez	[peje]	avez	payé
ils	payent	[pɛj]	ont	payé

Imparfait / **Plus-que-parfait**

je	payais	[pejɛ]	avais	payé
tu	payais	[pejɛ]	avais	payé
il	payait	[pejɛ]	avait	payé
ns	payions	[pejjɔ̃]	avions	payé
vs	payiez	[pejje]	aviez	payé
ils	payaient	[pejɛ]	avaient	payé

Futur simple / **Futur antérieur**

je	payerai	[pejre]	aurai	payé
tu	payeras	[pejra]	auras	payé
il	payera	[pejra]	aura	payé
ns	payerons	[pejrɔ̃]	aurons	payé
vs	payerez	[pejre]	aurez	payé
ils	payeront	[pejrɔ̃]	auront	payé

Passé simple / **Passé antérieur**

je	payai	[peje]	eus	payé
tu	payas	[peja]	eus	payé
il	paya	[peja]	eut	payé
ns	payâmes	[pejam]	eûmes	payé
vs	payâtes	[pejat]	eûtes	payé
ils	payèrent	[pejɛr]	eurent	payé

SUBJONCTIF

Présent / **Passé**

q. je	paye	[pɛj]	aie	payé
tu	payes	[pɛj]	aies	payé
il	paye	[pɛj]	ait	payé
ns	payions	[pejjɔ̃]	ayons	payé
vs	payiez	[pejje]	ayez	payé
ils	payent	[pɛj]	aient	payé

Imparfait / **Plus-que-parfait**

q. je	payasse	[pejas]	eusse	payé
tu	payasses	[pejas]	eusses	payé
il	payât	[peja]	eût	payé
ns	payassions	[pejasjɔ̃]	eussions	payé
vs	payassiez	[pejasje]	eussiez	payé
ils	payassent	[pejas]	eussent	payé

CONDITIONNEL

Présent / **Passé**

je	payerais	[pɛjrɛ]	aurais	payé
tu	payerais	[pɛjrɛ]	aurais	payé
il	payerait	[pɛjrɛ]	aurait	payé
ns	payerions	[pɛjərjɔ̃]	aurions	payé
vs	payeriez	[pɛjərje]	auriez	payé
ils	payeraient	[pɛjrɛ]	auraient	payé

IMPÉRATIF

Présent / **Passé**

paye	[pɛj]	aie	payé
payons	[pejɔ̃]	ayons	payé
payez	[peje]	ayez	payé

12 grasseyer ▷ *guttural sprechen*

INFINITIF

Présent	Passé
grasseyer [graseje]	avoir grasseyé [avwargraseje]

PARTICIPE

Présent	Passé
grasseyant [grasejɑ̃]	grasseyé, e [graseje]

INDICATIF

	Présent		Passé composé	
je	grasseye	[-sɛj]	ai	grasseyé
tu	grasseyes	[-sɛj]	as	grasseyé
il	grasseye	[-sɛj]	a	grasseyé
ns	grasseyons	[-sejɔ̃]	avons	grasseyé
vs	grasseyez	[-seje]	avez	grasseyé
ils	grasseyent	[-sɛj]	ont	grasseyé

	Imparfait		Plus-que-parfait	
je	grasseyais	[-sejɛ]	avais	grasseyé
tu	grasseyais	[-sejɛ]	avais	grasseyé
il	grasseyait	[-sejɛ]	avait	grasseyé
ns	grasseyions	[-sejjɔ̃]	avions	grasseyé
vs	grasseyiez	[-sejje]	aviez	grasseyé
ils	grasseyaient	[-sejɛ]	avaient	grasseyé

	Futur simple		Futur antérieur	
je	grasseyerai	[-sejre]	aurai	grasseyé
tu	grasseyeras	[-sejra]	auras	grasseyé
il	grasseyera	[-sejra]	aura	grasseyé
ns	grasseyerons	[-sejrɔ̃]	aurons	grasseyé
vs	grasseyerez	[-sejre]	aurez	grasseyé
ils	grasseyeront	[-sejrɔ̃]	auront	grasseyé

	Passé simple		Passé antérieur	
je	grasseyai	[-seje]	eus	grasseyé
tu	grasseyas	[-seja]	eus	grasseyé
il	grasseya	[-seja]	eut	grasseyé
ns	grasseyâmes	[-sejam]	eûmes	grasseyé
vs	grasseyâtes	[-sejat]	eûtes	grasseyé
ils	grasseyèrent	[-sejɛr]	eurent	grasseyé

SUBJONCTIF

	Présent		Passé	
q. je	grasseye	[-sɛj]	aie	grasseyé
tu	grasseyes	[-sɛj]	aies	grasseyé
il	grasseye	[-sɛj]	ait	grasseyé
ns	grasseyions	[-sejjɔ̃]	ayons	grasseyé
vs	grasseyiez	[-sejje]	ayez	grasseyé
ils	grasseyent	[-sɛj]	aient	grasseyé

	Imparfait		Plus-que-parfait	
q. je	grasseyasse	[-sejas]	eusse	grasseyé
tu	grasseyasses	[-sejas]	eusses	grasseyé
il	grasseyât	[-seja]	eût	grasseyé
ns	grasseyassions	[-sejasjɔ̃]	eussions	grasseyé
vs	grasseyassiez	[-sejasje]	eussiez	grasseyé
ils	grasseyassent	[-sejas]	eussent	grasseyé

CONDITIONNEL

	Présent		Passé	
je	grasseyerais	[-sɛjrɛ]	aurais	grasseyé
tu	grasseyerais	[-sɛjrɛ]	aurais	grasseyé
il	grasseyerait	[-sɛjrɛ]	aurait	grasseyé
ns	grasseyerions	[-sejərjɔ̃]	aurions	grasseyé
vs	grasseyeriez	[-sejərje]	auriez	grasseyé
ils	grasseyeraient	[-sɛjrɛ]	auraient	grasseyé

IMPÉRATIF

Présent		Passé	
grasseye	[-sɛj]	aie	grasseyé
grasseyons	[-sejɔ̃]	ayons	grasseyé
grasseyez	[-seje]	ayez	grasseyé

13 ployer ▷ *biegen*

INFINITIF

Présent	Passé
ployer [plwaje]	avoir ployé [avwarplwaje]

INDICATIF

Présent

je	ploie	[-wa]
tu	ploies	[-wa]
il	ploie	[-wa]
ns	ployons	[-wajɔ̃]
vs	ployez	[-waje]
ils	ploient	[-wa]

Passé composé

ai	ployé
as	ployé
a	ployé
avons	ployé
avez	ployé
ont	ployé

Imparfait

je	ployais	[-wajɛ]
tu	ployais	[-wajɛ]
il	ployait	[-wajɛ]
ns	ployions	[-wajjɔ̃]
vs	ployiez	[-wajje]
ils	ployaient	[-wajɛ]

Plus-que-parfait

avais	ployé
avais	ployé
avait	ployé
avions	ployé
aviez	ployé
avaient	ployé

Futur simple

je	ploierai	[-ware]
tu	ploieras	[-wara]
il	ploiera	[-wara]
ns	ploierons	[-warɔ̃]
vs	ploierez	[-ware]
ils	ploieront	[-warɔ̃]

Futur antérieur

aurai	ployé
auras	ployé
aura	ployé
aurons	ployé
aurez	ployé
auront	ployé

Passé simple

je	ployai	[-waje]
tu	ployas	[-waja]
il	ploya	[-waja]
ns	ployâmes	[-wajam]
vs	ployâtes	[-wajat]
ils	ployèrent	[-wajɛr]

Passé antérieur

eus	ployé
eus	ployé
eut	ployé
eûmes	ployé
eûtes	ployé
eurent	ployé

PARTICIPE

Présent	Passé
ployant [plwajɑ̃]	ployé, e [plwaje]

SUBJONCTIF

Présent

q. je	ploie	[-wa]
tu	ploies	[-wa]
il	ploie	[-wa]
ns	ployions	[-wajjɔ̃]
vs	ployiez	[-wajje]
ils	ploient	[-wa]

Passé

aie	ployé
aies	ployé
ait	ployé
ayons	ployé
ayez	ployé
aient	ployé

Imparfait

q. je	ployasse	[-wajas]
tu	ployasses	[-wajas]
il	ployât	[-waja]
ns	ployassions	[-wajasjɔ̃]
vs	ployassiez	[-wajasje]
ils	ployassent	[-wajas]

Plus-que-parfait

eusse	ployé
eusses	ployé
eût	ployé
eussions	ployé
eussiez	ployé
eussent	ployé

CONDITIONNEL

Présent

je	ploierais	[-warɛ]
tu	ploierais	[-warɛ]
il	ploierait	[-warɛ]
ns	ploierions	[-warjɔ̃]
vs	ploieriez	[-warje]
ils	ploieraient	[-warɛ]

Passé

aurais	ployé
aurais	ployé
aurait	ployé
aurions	ployé
auriez	ployé
auraient	ployé

IMPÉRATIF

Présent

ploie	[-wa]
ployons	[-wajɔ̃]
ployez	[-waje]

Passé

aie	ployé
ayons	ployé
ayez	ployé

14 essuyer ▷ *abwischen*

INFINITIF

Présent	Passé
essuyer [esɥije]	avoir essuyé [avwaresɥije]

PARTICIPE

Présent	Passé
essuyant [esɥijɑ̃]	essuyé, e [esɥije]

INDICATIF

Présent

j'	essuie	[-ɥi]
tu	essuies	[-ɥi]
il	essuie	[-ɥi]
ns	essuyons	[-ɥijɔ̃]
vs	essuyez	[-ɥije]
ils	essuient	[-ɥi]

Passé composé

ai	essuyé
as	essuyé
a	essuyé
avons	essuyé
avez	essuyé
ont	essuyé

Imparfait

j'	essuyais	[-ɥijɛ]
tu	essuyais	[-ɥijɛ]
il	essuyait	[-ɥijɛ]
ns	essuyions	[-ɥijjɔ̃]
vs	essuyiez	[-ɥijje]
ils	essuyaient	[-ɥijɛ]

Plus-que-parfait

avais	essuyé
avais	essuyé
avait	essuyé
avions	essuyé
aviez	essuyé
avaient	essuyé

Futur simple

j'	essuierai	[-ɥire]
tu	essuieras	[-ɥira]
il	essuiera	[-ɥira]
ns	essuierons	[-ɥirɔ̃]
vs	essuierez	[-ɥire]
ils	essuieront	[-ɥirɔ̃]

Futur antérieur

aurai	essuyé
auras	essuyé
aura	essuyé
aurons	essuyé
aurez	essuyé
auront	essuyé

Passé simple

j'	essuyai	[-ɥije]
tu	essuyas	[-ɥija]
il	essuya	[-ɥija]
ns	essuyâmes	[-ɥijam]
vs	essuyâtes	[-ɥijat]
ils	essuyèrent	[-ɥijɛr]

Passé antérieur

eus	essuyé
eus	essuyé
eut	essuyé
eûmes	essuyé
eûtes	essuyé
eurent	essuyé

SUBJONCTIF

Présent

q. j'	essuie	[-ɥi]
tu	essuies	[-ɥi]
il	essuie	[-ɥi]
ns	essuyions	[-ɥijjɔ̃]
vs	essuyiez	[-ɥijje]
ils	essuient	[-ɥi]

Passé

aie	essuyé
aies	essuyé
ait	essuyé
ayons	essuyé
ayez	essuyé
aient	essuyé

Imparfait

q. j'	essuyasse	[-ɥijas]
tu	essuyasses	[-ɥijas]
il	essuyât	[-ɥija]
ns	essuyassions	[-ɥijasjɔ̃]
vs	essuyassiez	[-ɥijasje]
ils	essuyassent	[-ɥijas]

Plus-que-parfait

eusse	essuyé
eusses	essuyé
eût	essuyé
eussions	essuyé
eussiez	essuyé
eussent	essuyé

CONDITIONNEL

Présent

j'	essuierais	[-ɥirɛ]
tu	essuierais	[-ɥirɛ]
il	essuierait	[-ɥirɛ]
ns	essuierions	[-ɥirjɔ̃]
vs	essuieriez	[-ɥirje]
ils	essuieraient	[-ɥirɛ]

Passé

aurais	essuyé
aurais	essuyé
aurait	essuyé
aurions	essuyé
auriez	essuyé
auraient	essuyé

IMPÉRATIF

Présent

essuie	[-ɥi]
essuyons	[-ɥijɔ̃]
essuyez	[-ɥije]

Passé

aie	essuyé
ayons	essuyé
ayez	essuyé

15 créer ▷ *schaffen*

INFINITIF

Présent	Passé
créer	avoir créé
[kree]	[avwarkree]

PARTICIPE

Présent	Passé
créant	créé, e
[kreɑ̃]	[kree]

INDICATIF

Présent

je	crée	[-ɛ]
tu	crées	[-ɛ]
il	crée	[-ɛ]
ns	créons	[-eɔ̃]
vs	créez	[-ee]
ils	créent	[-ɛ]

Passé composé

ai	créé
as	créé
a	créé
avons	créé
avez	créé
ont	créé

Imparfait

je	créais	[-eɛ]
tu	créais	[-eɛ]
il	créait	[-eɛ]
ns	créions	[-ejɔ̃]
vs	créiez	[-eje]
ils	créaient	[-eɛ]

Plus-que-parfait

avais	créé
avais	créé
avait	créé
avions	créé
aviez	créé
avaient	créé

Futur simple

je	créerai	[-ere]
tu	créeras	[-era]
il	créera	[-era]
ns	créerons	[-erɔ̃]
vs	créerez	[-ere]
ils	créeront	[-erɔ̃]

Futur antérieur

aurai	créé
auras	créé
aura	créé
aurons	créé
aurez	créé
auront	créé

Passé simple

je	créai	[-ee]
tu	créas	[-ea]
il	créa	[-ea]
ns	créâmes	[-eam]
vs	créâtes	[-eat]
ils	créèrent	[-eɛr]

Passé antérieur

eus	créé
eus	créé
eut	créé
eûmes	créé
eûtes	créé
eurent	créé

SUBJONCTIF

Présent

q.	je	crée	[-ɛ]
	tu	crées	[-ɛ]
	il	crée	[-ɛ]
	ns	créions	[-ejɔ̃]
	vs	créiez	[-eje]
	ils	créent	[-ɛ]

Passé

aie	créé
aies	créé
ait	créé
ayons	créé
ayez	créé
aient	créé

Imparfait

q.	je	créasse	[-eas]
	tu	créasses	[-eas]
	il	créât	[-ea]
	ns	créassions	[-easjɔ̃]
	vs	créassiez	[-easje]
	ils	créassent	[-eas]

Plus-que-parfait

eusse	créé
eusses	créé
eût	créé
eussions	créé
eussiez	créé
eussent	créé

CONDITIONNEL

Présent

je	créerais	[-erɛ]
tu	créerais	[-erɛ]
il	créerait	[-erɛ]
ns	créerions	[-erjɔ̃]
vs	créeriez	[-erje]
ils	créeraient	[-erɛ]

Passé

aurais	créé
aurais	créé
aurait	créé
aurions	créé
auriez	créé
auraient	créé

IMPÉRATIF

Présent

crée	[-ɛ]
créons	[-eɔ̃]
créez	[-ee]

Passé

aie	créé
ayons	créé
ayez	créé

16 avancer ▷ *vorwärtsgehen*

INFINITIF

Présent	Passé
avancer [avɑ̃se]	avoir avancé [avwaravɑ̃se]

INDICATIF

Présent

j'	avance	[-ɑ̃s]
tu	avances	[-ɑ̃s]
il	avance	[-ɑ̃s]
ns	avançons	[-ɑ̃sɔ̃]
vs	avancez	[-ɑ̃se]
ils	avancent	[-ɑ̃s]

Passé composé

ai	avancé
as	avancé
a	avancé
avons	avancé
avez	avancé
ont	avancé

Imparfait

j'	avançais	[-ɑ̃sɛ]
tu	avançais	[-ɑ̃sɛ]
il	avançait	[-ɑ̃sɛ]
ns	avancions	[-ɑ̃sjɔ̃]
vs	avanciez	[-ɑ̃sje]
ils	avançaient	[-ɑ̃sɛ]

Plus-que-parfait

avais	avancé
avais	avancé
avait	avancé
avions	avancé
aviez	avancé
avaient	avancé

Futur simple

j'	avancerai	[-ɑ̃sre]
tu	avanceras	[-ɑ̃sra]
il	avancera	[-ɑ̃sra]
ns	avancerons	[-ɑ̃srɔ̃]
vs	avancerez	[-ɑ̃sre]
ils	avanceront	[-ɑ̃srɔ̃]

Futur antérieur

aurai	avancé
auras	avancé
aura	avancé
aurons	avancé
aurez	avancé
auront	avancé

Passé simple

j'	avançai	[-ɑ̃se]
tu	avanças	[-ɑ̃sa]
il	avança	[-ɑ̃sa]
ns	avançâmes	[-ɑ̃sam]
vs	avançâtes	[-ɑ̃sat]
ils	avancèrent	[-ɑ̃sɛr]

Passé antérieur

eus	avancé
eus	avancé
eut	avancé
eûmes	avancé
eûtes	avancé
eurent	avancé

PARTICIPE

Présent	Passé
avançant [avɑ̃sɑ̃]	avancé, e [avɑ̃se]

SUBJONCTIF

Présent

q. j'	avance	[-ɑ̃s]
tu	avances	[-ɑ̃s]
il	avance	[-ɑ̃s]
ns	avancions	[-ɑ̃sjɔ̃]
vs	avanciez	[-ɑ̃sje]
ils	avancent	[-ɑ̃s]

Passé

aie	avancé
aies	avancé
ait	avancé
ayons	avancé
ayez	avancé
aient	avancé

Imparfait

q. j'	avançasse	[-ɑ̃sas]
tu	avançasses	[-ɑ̃sas]
il	avançât	[-ɑ̃sa]
ns	avançassions	[-ɑ̃sasjɔ̃]
vs	avançassiez	[-ɑ̃sasje]
ils	avançassent	[-ɑ̃sas]

Plus-que-parfait

eusse	avancé
eusses	avancé
eût	avancé
eussions	avancé
eussiez	avancé
eussent	avancé

CONDITIONNEL

Présent

j'	avancerais	[-ɑ̃srɛ]
tu	avancerais	[-ɑ̃srɛ]
il	avancerait	[-ɑ̃srɛ]
ns	avancerions	[-ɑ̃sərjɔ̃]
vs	avanceriez	[-ɑ̃sərje]
ils	avanceraient	[-ɑ̃srɛ]

Passé

aurais	avancé
aurais	avancé
aurait	avancé
aurions	avancé
auriez	avancé
auraient	avancé

IMPÉRATIF

Présent

avance	[-ɑ̃s]
avançons	[-ɑ̃sɔ̃]
avancez	[-ɑ̃se]

Passé

aie	avancé
ayons	avancé
ayez	avancé

17 manger ▷ *essen*

INFINITIF

Présent		Passé
manger [mɑ̃ʒe]		avoir mangé [avwarmɑ̃ʒe]

INDICATIF

Présent

je	mange	[mɑ̃ʒ]
tu	manges	[mɑ̃ʒ]
il	mange	[mɑ̃ʒ]
ns	mangeons	[mɑ̃ʒɔ̃]
vs	mangez	[mɑ̃ʒe]
ils	mangent	[mɑ̃ʒ]

Passé composé

ai	mangé
as	mangé
a	mangé
avons	mangé
avez	mangé
ont	mangé

Imparfait

je	mangeais	[mɑ̃ʒɛ]
tu	mangeais	[mɑ̃ʒɛ]
il	mangeait	[mɑ̃ʒɛ]
ns	mangions	[mɑ̃ʒjɔ̃]
vs	mangiez	[mɑ̃ʒje]
ils	mangeaient	[mɑ̃ʒɛ]

Plus-que-parfait

avais	mangé
avais	mangé
avait	mangé
avions	mangé
aviez	mangé
avaient	mangé

Futur simple

je	mangerai	[mɑ̃ʒre]
tu	mangeras	[mɑ̃ʒra]
il	mangera	[mɑ̃ʒra]
ns	mangerons	[mɑ̃ʒrɔ̃]
vs	mangerez	[mɑ̃ʒre]
ils	mangeront	[mɑ̃ʒrɔ̃]

Futur antérieur

aurai	mangé
auras	mangé
aura	mangé
aurons	mangé
aurez	mangé
auront	mangé

Passé simple

je	mangeai	[mɑ̃ʒe]
tu	mangeas	[mɑ̃ʒa]
il	mangea	[mɑ̃ʒa]
ns	mangeâmes	[mɑ̃ʒam]
vs	mangeâtes	[mɑ̃ʒat]
ils	mangèrent	[mɑ̃ʒɛr]

Passé antérieur

eus	mangé
eus	mangé
eut	mangé
eûmes	mangé
eûtes	mangé
eurent	mangé

PARTICIPE

Présent	Passé
mangeant [mɑ̃ʒɑ̃]	mangé, e [mɑ̃ʒe]

SUBJONCTIF

Présent

q. je	mange	[mɑ̃ʒ]
tu	manges	[mɑ̃ʒ]
il	mange	[mɑ̃ʒ]
ns	mangions	[mɑ̃ʒjɔ̃]
vs	mangiez	[mɑ̃ʒje]
ils	mangent	[mɑ̃ʒ]

Passé

aie	mangé
aies	mangé
ait	mangé
ayons	mangé
ayez	mangé
aient	mangé

Imparfait

q. je	mangeasse	[mɑ̃ʒas]
tu	mangeasses	[mɑ̃ʒas]
il	mangeât	[mɑ̃ʒa]
ns	mangeassions	[mɑ̃ʒasjɔ̃]
vs	mangeassiez	[mɑ̃ʒasje]
ils	mangeassent	[mɑ̃ʒas]

Plus-que-parfait

eusse	mangé
eusses	mangé
eût	mangé
eussions	mangé
eussiez	mangé
eussent	mangé

CONDITIONNEL

Présent

je	mangerais	[mɑ̃ʒrɛ]
tu	mangerais	[mɑ̃ʒrɛ]
il	mangerait	[mɑ̃ʒrɛ]
ns	mangerions	[mɑ̃ʒərjɔ̃]
vs	mangeriez	[mɑ̃ʒərje]
ils	mangeraient	[mɑ̃ʒrɛ]

Passé

aurais	mangé
aurais	mangé
aurait	mangé
aurions	mangé
auriez	mangé
auraient	mangé

IMPÉRATIF

Présent

mange	[mɑ̃ʒ]
mangeons	[mɑ̃ʒɔ̃]
mangez	[mɑ̃ʒe]

Passé

aie	mangé
ayons	mangé
ayez	mangé

18 céder ▷ *abtreten*

INFINITIF

Présent	Passé
céder [sede]	avoir cédé [avwarsede]

INDICATIF

Présent

je	cède	[sɛd]
tu	cèdes	[sɛd]
il	cède	[sɛd]
ns	cédons	[sedɔ̃]
vs	cédez	[sede]
ils	cèdent	[sɛd]

Passé composé

ai	cédé
as	cédé
a	cédé
avons	cédé
avez	cédé
ont	cédé

Imparfait

je	cédais	[sedɛ]
tu	cédais	[sedɛ]
il	cédait	[sedɛ]
ns	cédions	[sedjɔ̃]
vs	cédiez	[sedje]
ils	cédaient	[sedɛ]

Plus-que-parfait

avais	cédé
avais	cédé
avait	cédé
avions	cédé
aviez	cédé
avaient	cédé

Futur simple

je	céderai	[sɛdre]
tu	céderas	[sɛdra]
il	cédera	[sɛdra]
ns	céderons	[sɛdrɔ̃]
vs	céderez	[sɛdre]
ils	céderont	[sɛdrɔ̃]

Futur antérieur

aurai	cédé
auras	cédé
aura	cédé
aurons	cédé
aurez	cédé
auront	cédé

Passé simple

je	cédai	[sede]
tu	cédas	[seda]
il	céda	[seda]
ns	cédâmes	[sedam]
vs	cédâtes	[sedat]
ils	cédèrent	[sedɛr]

Passé antérieur

eus	cédé
eus	cédé
eut	cédé
eûmes	cédé
eûtes	cédé
eurent	cédé

PARTICIPE

Présent	Passé
cédant [sedɑ̃]	cédé, e [sede]

SUBJONCTIF

Présent

q. je	cède	[sɛd]
tu	cèdes	[sɛd]
il	cède	[sɛd]
ns	cédions	[sedjɔ̃]
vs	cédiez	[sedje]
ils	cèdent	[sɛd]

Passé

aie	cédé
aies	cédé
ait	cédé
ayons	cédé
ayez	cédé
aient	cédé

Imparfait

q. je	cédasse	[sedas]
tu	cédasses	[sedas]
il	cédât	[seda]
ns	cédassions	[sedasjɔ̃]
vs	cédassiez	[sedasje]
ils	cédassent	[sedas]

Plus-que-parfait

eusse	cédé
eusses	cédé
eût	cédé
eussions	cédé
eussiez	cédé
eussent	cédé

CONDITIONNEL

Présent

je	céderais	[sɛdrɛ]
tu	céderais	[sɛdrɛ]
il	céderait	[sɛdrɛ]
ns	céderions	[sedərjɔ̃]
vs	céderiez	[sedərje]
ils	céderaient	[sɛdrɛ]

Passé

aurais	cédé
aurais	cédé
aurait	cédé
aurions	cédé
auriez	cédé
auraient	cédé

IMPÉRATIF

Présent

cède	[sɛd]
cédons	[sedɔ̃]
cédez	[sede]

Passé

aie	cédé
ayons	cédé
ayez	cédé

19 semer ▷ *säen*

INFINITIF

Présent	Passé
semer [s(ə)me]	avoir semé [avwars(ə)me]

PARTICIPE

Présent	Passé
semant [s(ə)mɑ̃]	semé, e [s(ə)me]

INDICATIF

Présent

je	sème	[sɛm]
tu	sèmes	[sɛm]
il	sème	[sɛm]
ns	semons	[s(ə)mɔ̃]
vs	semez	[s(ə)me]
ils	sèment	[sɛm]

Passé composé

ai	semé
as	semé
a	semé
avons	semé
avez	semé
ont	semé

Imparfait

je	semais	[s(ə)mɛ]
tu	semais	[s(ə)mɛ]
il	semait	[s(ə)mɛ]
ns	semions	[səmjɔ̃]
vs	semiez	[səmje]
ils	semaient	[s(ə)mɛ]

Plus-que-parfait

avais	semé
avais	semé
avait	semé
avions	semé
aviez	semé
avaient	semé

Futur simple

je	sèmerai	[sɛmre]
tu	sèmeras	[sɛmra]
il	sèmera	[sɛmra]
ns	sèmerons	[sɛmrɔ̃]
vs	sèmerez	[sɛmre]
ils	sèmeront	[sɛmrɔ̃]

Futur antérieur

aurai	semé
auras	semé
aura	semé
aurons	semé
aurez	semé
auront	semé

Passé simple

je	semai	[səme]
tu	semas	[səma]
il	sema	[səma]
ns	semâmes	[səmam]
vs	semâtes	[səmat]
ils	semèrent	[səmɛr]

Passé antérieur

eus	semé
eus	semé
eut	semé
eûmes	semé
eûtes	semé
eurent	semé

SUBJONCTIF

Présent

q. je	sème	[sɛm]
tu	sèmes	[sɛm]
il	sème	[sɛm]
ns	semions	[səmjɔ̃]
vs	semiez	[səmje]
ils	sèment	[sɛm]

Passé

aie	semé
aies	semé
ait	semé
ayons	semé
ayez	semé
aient	semé

Imparfait

q. je	semasse	[səmas]
tu	semasses	[səmas]
il	semât	[səma]
ns	semassions	[səmasjɔ̃]
vs	semassiez	[səmasje]
ils	semassent	[səmas]

Plus-que-parfait

eusse	semé
eusses	semé
eût	semé
eussions	semé
eussiez	semé
eussent	semé

CONDITIONNEL

Présent

je	sèmerais	[sɛmrɛ]
tu	sèmerais	[sɛmrɛ]
il	sèmerait	[sɛmrɛ]
ns	sèmerions	[sɛmərjɔ̃]
vs	sèmeriez	[sɛmərje]
ils	sèmeraient	[sɛmrɛ]

Passé

aurais	semé
aurais	semé
aurait	semé
aurions	semé
auriez	semé
auraient	semé

IMPÉRATIF

Présent

sème	[sɛm]
semons	[s(ə)mɔ̃]
semez	[s(ə)me]

Passé

aie	semé
ayons	semé
ayez	semé

20 rapiécer ▷ *flicken*

INFINITIF

Présent	Passé
rapiécer [rapjese]	avoir rapiécé [avwarrapjese]

INDICATIF

Présent

je	rapièce	[-jɛs]
tu	rapièces	[-jɛs]
il	rapièce	[-jɛs]
ns	rapiéçons	[-jesɔ̃]
vs	rapiécez	[-jese]
ils	rapiècent	[-jɛs]

Passé composé

ai	rapiécé
as	rapiécé
a	rapiécé
avons	rapiécé
avez	rapiécé
ont	rapiécé

Imparfait

je	rapiéçais	[-jesɛ]
tu	rapiéçais	[-jesɛ]
il	rapiéçait	[-jesɛ]
ns	rapiécions	[-jesjɔ̃]
vs	rapiéciez	[-jesje]
ils	rapiéçaient	[-jesɛ]

Plus-que-parfait

avais	rapiécé
avais	rapiécé
avait	rapiécé
avions	rapiécé
aviez	rapiécé
avaient	rapiécé

Futur simple

je	rapiécerai	[-jɛsre]
tu	rapiéceras	[-jɛsra]
il	rapiécera	[-jɛsra]
ns	rapiécerons	[-jɛsrɔ̃]
vs	rapiécerez	[-jɛsre]
ils	rapiéceront	[-jɛsrɔ̃]

Futur antérieur

aurai	rapiécé
auras	rapiécé
aura	rapiécé
aurons	rapiécé
aurez	rapiécé
auront	rapiécé

Passé simple

je	rapiéçai	[-jese]
tu	rapiéças	[-jesa]
il	rapiéça	[-jesa]
ns	rapiéçâmes	[-jesam]
vs	rapiéçâtes	[-jesat]
ils	rapiécèrent	[-jesɛr]

Passé antérieur

eus	rapiécé
eus	rapiécé
eut	rapiécé
eûmes	rapiécé
eûtes	rapiécé
eurent	rapiécé

PARTICIPE

Présent	Passé
rapiéçant [rapjesɑ̃]	rapiécé, e [rapjese]

SUBJONCTIF

Présent

q. je	rapièce	[-jɛs]
tu	rapièces	[-jɛs]
il	rapièce	[-jɛs]
ns	rapiécions	[-jesjɔ̃]
vs	rapiéciez	[-jesje]
ils	rapiècent	[-jɛs]

Passé

aie	rapiécé
aies	rapiécé
ait	rapiécé
ayons	rapiécé
ayez	rapiécé
aient	rapiécé

Imparfait

q. je	rapiéçasse	[-jesas]
tu	rapiéçasses	[-jesas]
il	rapiéçât	[-jesa]
ns	rapiéçassions	[-jesasjɔ̃]
vs	rapiéçassiez	[-jesasje]
ils	rapiéçassent	[-jesas]

Plus-que-parfait

eusse	rapiécé
eusses	rapiécé
eût	rapiécé
eussions	rapiécé
eussiez	rapiécé
eussent	rapiécé

CONDITIONNEL

Présent

je	rapiécerais	[-jɛsrɛ]
tu	rapiécerais	[-jɛsrɛ]
il	rapiécerait	[-jɛsrɛ]
ns	rapiécerions	[-jesərjɔ̃]
vs	rapiéceriez	[-jesərje]
ils	rapiéceraient	[-jɛsrɛ]

Passé

aurais	rapiécé
aurais	rapiécé
aurait	rapiécé
aurions	rapiécé
auriez	rapiécé
auraient	rapiécé

IMPÉRATIF

Présent

rapièce	[-jɛs]
rapiéçons	[-jesɔ̃]
rapiécez	[-jese]

Passé

aie	rapiécé
ayons	rapiécé
ayez	rapiécé

21 acquiescer ▷ *zustimmen*

INFINITIF

Présent	Passé
acquiescer [akjese]	avoir acquiescé [avwarakjese]

PARTICIPE

Présent	Passé
acquiesçant [akjesɑ̃]	acquiescé [akjese]

INDICATIF

Présent / **Passé composé**

j'	acquiesce	[-jɛs]	ai	acquiescé
tu	acquiesces	[-jɛs]	as	acquiescé
il	acquiesce	[-jɛs]	a	acquiescé
ns	acquiesçons	[-jesɔ̃]	avons	acquiescé
vs	acquiescez	[-jese]	avez	acquiescé
ils	acquiescent	[-jɛs]	ont	acquiescé

Imparfait / **Plus-que-parfait**

j'	acquiesçais	[-jesɛ]	avais	acquiescé
tu	acquiesçais	[-jesɛ]	avais	acquiescé
il	acquiesçait	[-jesɛ]	avait	acquiescé
ns	acquiescions	[-jesjɔ̃]	avions	acquiescé
vs	acquiesciez	[-jesje]	aviez	acquiescé
ils	acquiesçaient	[-jesɛ]	avaient	acquiescé

Futur simple / **Futur antérieur**

j'	acquiescerai	[-jɛsre]	aurai	acquiescé
tu	acquiesceras	[-jɛsra]	auras	acquiescé
il	acquiescera	[-jɛsra]	aura	acquiescé
ns	acquiescerons	[-jɛsrɔ̃]	aurons	acquiescé
vs	acquiescerez	[-jɛsre]	aurez	acquiescé
ils	acquiesceront	[-jɛsrɔ̃]	auront	acquiescé

Passé simple / **Passé antérieur**

j'	acquiesçai	[-jese]	eus	acquiescé
tu	acquiesças	[-jesa]	eus	acquiescé
il	acquiesça	[-jesa]	eut	acquiescé
ns	acquiesçâmes	[-jesam]	eûmes	acquiescé
vs	acquiesçâtes	[-jesat]	eûtes	acquiescé
ils	acquiescèrent	[-jesɛr]	eurent	acquiescé

SUBJONCTIF

Présent / **Passé**

q. j'	acquiesce	[-jɛs]	aie	acquiescé
tu	acquiesces	[-jɛs]	aies	acquiescé
il	acquiesce	[-jɛs]	ait	acquiescé
ns	acquiescions	[-jesjɔ̃]	ayons	acquiescé
vs	acquiesciez	[-jesje]	ayez	acquiescé
ils	acquiescent	[-jɛs]	aient	acquiescé

Imparfait / **Plus-que-parfait**

q. j'	acquiesçasse	[-jesas]	eusse	acquiescé
tu	acquiesçasses	[-jesas]	eusses	acquiescé
il	acquiesçât	[-jesa]	eût	acquiescé
ns	acquiesçassions	[-jesasjɔ̃]	eussions	acquiescé
vs	acquiesçassiez	[-jesasje]	eussiez	acquiescé
ils	acquiesçassent	[-jesas]	eussent	acquiescé

CONDITIONNEL

Présent / **Passé**

j'	acquiescerais	[-jɛsrɛ]	aurais	acquiescé
tu	acquiescerais	[-jɛsrɛ]	aurais	acquiescé
il	acquiescerait	[-jɛsrɛ]	aurait	acquiescé
ns	acquiescerions	[-jesərjɔ̃]	aurions	acquiescé
vs	acquiesceriez	[-jesərje]	auriez	acquiescé
ils	acquiesceraient	[-jɛsrɛ]	auraient	acquiescé

IMPÉRATIF

Présent / **Passé**

acquiesce	[-jɛs]	aie	acquiescé
acquiesçons	[-jesɔ̃]	ayons	acquiescé
acquiescez	[-jese]	ayez	acquiescé

22 siéger ▷ tagen

INFINITIF

Présent	Passé
siéger [sjeʒe]	avoir siégé [avwarsjeʒe]

INDICATIF

Présent

je	siège	[-jɛʒ]
tu	sièges	[-jɛʒ]
il	siège	[-jɛʒ]
ns	siégeons	[-jeʒɔ̃]
vs	siégez	[-jeʒe]
ils	siègent	[-jɛʒ]

Passé composé

ai	siégé
as	siégé
a	siégé
avons	siégé
avez	siégé
ont	siégé

Imparfait

je	siégeais	[-jeʒɛ]
tu	siégeais	[-jeʒɛ]
il	siégeait	[-jeʒɛ]
ns	siégions	[-jeʒjɔ̃]
vs	siégiez	[-jeʒje]
ils	siégeaient	[-jeʒɛ]

Plus-que-parfait

avais	siégé
avais	siégé
avait	siégé
avions	siégé
aviez	siégé
avaient	siégé

Futur simple

je	siégerai	[-jɛʒre]
tu	siégeras	[-jɛʒra]
il	siégera	[-jɛʒra]
ns	siégerons	[-jɛʒrɔ̃]
vs	siégerez	[-jɛʒre]
ils	siégeront	[-jɛʒrɔ̃]

Futur antérieur

aurai	siégé
auras	siégé
aura	siégé
aurons	siégé
aurez	siégé
auront	siégé

Passé simple

je	siégeai	[-jeʒe]
tu	siégeas	[-jeʒa]
il	siégea	[-jeʒa]
ns	siégeâmes	[-jeʒam]
vs	siégeâtes	[-jeʒat]
ils	siégèrent	[-jeʒɛr]

Passé antérieur

eus	siégé
eus	siégé
eut	siégé
eûmes	siégé
eûtes	siégé
eurent	siégé

PARTICIPE

Présent	Passé
siégeant [sjeʒɑ̃]	siégé [sjeʒe]

SUBJONCTIF

Présent

q.	je	siège	[-jɛʒ]
	tu	sièges	[-jɛʒ]
	il	siège	[-jɛʒ]
	ns	siégions	[-jeʒjɔ̃]
	vs	siégiez	[-jeʒje]
	ils	siègent	[-jɛʒ]

Passé

aie	siégé
aies	siégé
ait	siégé
ayons	siégé
ayez	siégé
aient	siégé

Imparfait

q.	je	siégeasse	[-jeʒas]
	tu	siégeasses	[-jeʒas]
	il	siégeât	[-jeʒa]
	ns	siégeassions	[-jeʒasjɔ̃]
	vs	siégeassiez	[-jeʒasje]
	ils	siégeassent	[-jeʒas]

Plus-que-parfait

eusse	siégé
eusses	siégé
eût	siégé
eussions	siégé
eussiez	siégé
eussent	siégé

CONDITIONNEL

Présent

je	siégerais	[-jɛʒrɛ]
tu	siégerais	[-jɛʒrɛ]
il	siégerait	[-jɛʒrɛ]
ns	siégerions	[-jeʒərjɔ̃]
vs	siégeriez	[-jeʒərje]
ils	siégeraient	[-jɛʒrɛ]

Passé

aurais	siégé
aurais	siégé
aurait	siégé
aurions	siégé
auriez	siégé
auraient	siégé

IMPÉRATIF

Présent

siège	[-jɛʒ]
siégeons	[-jeʒɔ̃]
siégez	[-jeʒe]

Passé

aie	siégé
ayons	siégé
ayez	siégé

Hinweis : *Assiéger* wird wie *siéger* konjugiert — es hat aber ein veränderliches Partizip II.

23 déneiger ▷ *Schnee räumen*

INFINITIF

Présent	Passé
déneiger [deneʒe]	avoir déneigé [avwardeneʒe]

PARTICIPE

Présent	Passé
déneigeant [deneʒɑ̃]	déneigé, e [deneʒe]

INDICATIF

	Présent		Passé composé	
je	déneige	[-ɛʒ]	ai	déneigé
tu	déneiges	[-ɛʒ]	as	déneigé
il	déneige	[-ɛʒ]	a	déneigé
ns	déneigeons	[-eʒɔ̃]	avons	déneigé
vs	déneigez	[-eʒe]	avez	déneigé
ils	déneigent	[-ɛʒ]	ont	déneigé

	Imparfait		Plus-que-parfait	
je	déneigeais	[-eʒɛ]	avais	déneigé
tu	déneigeais	[-eʒɛ]	avais	déneigé
il	déneigeait	[-eʒɛ]	avait	déneigé
ns	déneigions	[-eʒjɔ̃]	avions	déneigé
vs	déneigiez	[-eʒje]	aviez	déneigé
ils	déneigeaient	[-eʒɛ]	avaient	déneigé

	Futur simple		Futur antérieur	
je	déneigerai	[-ɛʒre]	aurai	déneigé
tu	déneigeras	[-ɛʒra]	auras	déneigé
il	déneigera	[-ɛʒra]	aura	déneigé
ns	déneigerons	[-ɛʒrɔ̃]	aurons	déneigé
vs	déneigerez	[-ɛʒre]	aurez	déneigé
ils	déneigeront	[-ɛʒrɔ̃]	auront	déneigé

	Passé simple		Passé antérieur	
je	déneigeai	[-eʒe]	eus	déneigé
tu	déneigeas	[-eʒa]	eus	déneigé
il	déneigea	[-eʒa]	eut	déneigé
ns	déneigeâmes	[-eʒam]	eûmes	déneigé
vs	déneigeâtes	[-eʒat]	eûtes	déneigé
ils	déneigèrent	[-eʒɛr]	eurent	déneigé

SUBJONCTIF

	Présent		Passé	
q. je	déneige	[-ɛʒ]	aie	déneigé
tu	déneiges	[-ɛʒ]	aies	déneigé
il	déneige	[-ɛʒ]	ait	déneigé
ns	déneigions	[-eʒjɔ̃]	ayons	déneigé
vs	déneigiez	[-eʒje]	ayez	déneigé
ils	déneigent	[-ɛʒ]	aient	déneigé

	Imparfait		Plus-que-parfait	
q. je	déneigeasse	[-eʒas]	eusse	déneigé
tu	déneigeasses	[-eʒas]	eusses	déneigé
il	déneigeât	[-eʒa]	eût	déneigé
ns	déneigeassions	[-eʒasjɔ̃]	eussions	déneigé
vs	déneigeassiez	[-eʒasje]	eussiez	déneigé
ils	déneigeassent	[-eʒas]	eussent	déneigé

CONDITIONNEL

	Présent		Passé	
je	déneigerais	[-ɛʒrɛ]	aurais	déneigé
tu	déneigerais	[-ɛʒrɛ]	aurais	déneigé
il	déneigerait	[-ɛʒrɛ]	aurait	déneigé
ns	déneigerions	[-eʒərjɔ̃]	aurions	déneigé
vs	déneigeriez	[-eʒərje]	auriez	déneigé
ils	déneigeraient	[-ɛʒrɛ]	auraient	déneigé

IMPÉRATIF

Présent		Passé	
déneige	[-ɛʒ]	aie	déneigé
déneigeons	[-eʒɔ̃]	ayons	déneigé
déneigez	[-eʒe]	ayez	déneigé

24 appeler ▷ *rufen*

INFINITIF

Présent	Passé
appeler	avoir appelé
[aple]	[avwaraple]

PARTICIPE

Présent	Passé
appelant	appelé, e
[aplɑ̃]	[aple]

INDICATIF

	Présent		Passé composé	
j'	appelle	[apɛl]	ai	appelé
tu	appelles	[apɛl]	as	appelé
il	appelle	[apɛl]	a	appelé
ns	appelons	[aplɔ̃]	avons	appelé
vs	appelez	[aple]	avez	appelé
ils	appellent	[apɛl]	ont	appelé

	Imparfait		Plus-que-parfait	
j'	appelais	[aplɛ]	avais	appelé
tu	appelais	[aplɛ]	avais	appelé
il	appelait	[aplɛ]	avait	appelé
ns	appelions	[apəljɔ̃]	avions	appelé
vs	appeliez	[apəlje]	aviez	appelé
ils	appelaient	[aplɛ]	avaient	appelé

	Futur simple		Futur antérieur	
j'	appellerai	[apɛlre]	aurai	appelé
tu	appelleras	[apɛlra]	auras	appelé
il	appellera	[apɛlra]	aura	appelé
ns	appellerons	[apɛlrɔ̃]	aurons	appelé
vs	appellerez	[apɛlre]	aurez	appelé
ils	appelleront	[apɛlrɔ̃]	auront	appelé

	Passé simple		Passé antérieur	
j'	appelai	[aple]	eus	appelé
tu	appelas	[apla]	eus	appelé
il	appela	[apla]	eut	appelé
ns	appelâmes	[aplam]	eûmes	appelé
vs	appelâtes	[aplat]	eûtes	appelé
ils	appelèrent	[aplɛr]	eurent	appelé

SUBJONCTIF

	Présent		Passé	
q. j'	appelle	[apɛl]	aie	appelé
tu	appelles	[apɛl]	aies	appelé
il	appelle	[apɛl]	ait	appelé
ns	appelions	[apəljɔ̃]	ayons	appelé
vs	appeliez	[apəlje]	ayez	appelé
ils	appellent	[apɛl]	aient	appelé

	Imparfait		Plus-que-parfait	
q. j'	appelasse	[aplas]	eusse	appelé
tu	appelasses	[aplas]	eusses	appelé
il	appelât	[apla]	eût	appelé
ns	appelassions	[aplasjɔ̃]	eussions	appelé
vs	appelassiez	[aplasje]	eussiez	appelé
ils	appelassent	[aplas]	eussent	appelé

CONDITIONNEL

	Présent		Passé	
j'	appellerais	[apɛlrɛ]	aurais	appelé
tu	appellerais	[apɛlrɛ]	aurais	appelé
il	appellerait	[apɛlrɛ]	aurait	appelé
ns	appellerions	[apelərjɔ̃]	aurions	appelé
vs	appelleriez	[apelərje]	auriez	appelé
ils	appelleraient	[apɛlrɛ]	auraient	appelé

IMPÉRATIF

Présent		Passé	
appelle	[apɛl]	aie	appelé
appelons	[aplɔ̃]	ayons	appelé
appelez	[aple]	ayez	appelé

25 peler ▷ *schälen*

INFINITIF

Présent	Passé
peler	avoir pelé
[pəle]	[avwarpəle]

PARTICIPE

Présent	Passé
pelant	pelé, e
[pəlɑ̃]	[pəle]

INDICATIF

Présent

je	pèle	[-ɛl]
tu	pèles	[-ɛl]
il	pèle	[-ɛl]
ns	pelons	[-əlɔ̃]
vs	pelez	[-əle]
ils	pèlent	[-ɛl]

Passé composé

ai	pelé
as	pelé
a	pelé
avons	pelé
avez	pelé
ont	pelé

Imparfait

je	pelais	[-əlɛ]
tu	pelais	[-əlɛ]
il	pelait	[-əlɛ]
ns	pelions	[-əljɔ̃]
vs	peliez	[-əlje]
ils	pelaient	[-əlɛ]

Plus-que-parfait

avais	pelé
avais	pelé
avait	pelé
avions	pelé
aviez	pelé
avaient	pelé

Futur simple

je	pèlerai	[-ɛlre]
tu	pèleras	[-ɛlra]
il	pèlera	[-ɛlra]
ns	pèlerons	[-ɛlrɔ̃]
vs	pèlerez	[-ɛlre]
ils	pèleront	[-ɛlrɔ̃]

Futur antérieur

aurai	pelé
auras	pelé
aura	pelé
aurons	pelé
aurez	pelé
auront	pelé

Passé simple

je	pelai	[-əle]
tu	pelas	[-əla]
il	pela	[-əla]
ns	pelâmes	[-əlam]
vs	pelâtes	[-əlat]
ils	pelèrent	[-əlɛr]

Passé antérieur

eus	pelé
eus	pelé
eut	pelé
eûmes	pelé
eûtes	pelé
eurent	pelé

SUBJONCTIF

Présent

q. je	pèle	[-ɛl]
tu	pèles	[-ɛl]
il	pèle	[-ɛl]
ns	pelions	[-əljɔ̃]
vs	peliez	[-əlje]
ils	pèlent	[-ɛl]

Passé

aie	pelé
aies	pelé
ait	pelé
ayons	pelé
ayez	pelé
aient	pelé

Imparfait

q. je	pelasse	[-əlas]
tu	pelasses	[-əlas]
il	pelât	[-əla]
ns	pelassions	[-əlasjɔ̃]
vs	pelassiez	[-əlasje]
ils	pelassent	[-əlas]

Plus-que-parfait

eusse	pelé
eusses	pelé
eût	pelé
eussions	pelé
eussiez	pelé
eussent	pelé

CONDITIONNEL

Présent

je	pèlerais	[-ɛlrɛ]
tu	pèlerais	[-ɛlrɛ]
il	pèlerait	[-ɛlrɛ]
ns	pèlerions	[-elərjɔ̃]
vs	pèleriez	[-elərje]
ils	pèleraient	[-ɛlrɛ]

Passé

aurais	pelé
aurais	pelé
aurait	pelé
aurions	pelé
auriez	pelé
auraient	pelé

IMPÉRATIF

Présent

pèle	[-ɛl]
pelons	[-əlɔ̃]
pelez	[-əle]

Passé

aie	pelé
ayons	pelé
ayez	pelé

26 interpeller ▷ *anreden*

INFINITIF

Présent	Passé
interpeller [ɛ̃tɛrpəle]	avoir interpellé [avwarɛ̃tɛrpəle]

PARTICIPE

Présent	Passé
interpellant [ɛ̃tɛrpəlɑ̃]	interpellé, e [ɛ̃tɛrpəle]

INDICATIF

	Présent		Passé composé	
j'	interpelle	[-ɛl]	ai	interpellé
tu	interpelles	[-ɛl]	as	interpellé
il	interpelle	[-ɛl]	a	interpellé
ns	interpellons	[-əlɔ̃]	avons	interpellé
vs	interpellez	[-əle]	avez	interpellé
ils	interpellent	[-ɛl]	ont	interpellé

	Imparfait		Plus-que-parfait	
j'	interpellais	[-əlɛ]	avais	interpellé
tu	interpellais	[-əlɛ]	avais	interpellé
il	interpellait	[-əlɛ]	avait	interpellé
ns	interpellions	[-əljɔ̃]	avions	interpellé
vs	interpelliez	[-əlje]	aviez	interpellé
ils	interpellaient	[-əlɛ]	avaient	interpellé

	Futur simple		Futur antérieur	
j'	interpellerai	[-ɛlre]	aurai	interpellé
tu	interpelleras	[-ɛlra]	auras	interpellé
il	interpellera	[-ɛlra]	aura	interpellé
ns	interpellerons	[-ɛlrɔ̃]	aurons	interpellé
vs	interpellerez	[-ɛlre]	aurez	interpellé
ils	interpelleront	[-ɛlrɔ̃]	auront	interpellé

	Passé simple		Passé antérieur	
j'	interpellai	[-əle]	eus	interpellé
tu	interpellas	[-əla]	eus	interpellé
il	interpella	[-əla]	eut	interpellé
ns	interpellâmes	[-əlam]	eûmes	interpellé
vs	interpellâtes	[-əlat]	eûtes	interpellé
ils	interpellèrent	[-əlɛr]	eurent	interpellé

SUBJONCTIF

	Présent		Passé	
q. j'	interpelle	[-ɛl]	aie	interpellé
tu	interpelles	[-ɛl]	aies	interpellé
il	interpelle	[-ɛl]	ait	interpellé
ns	interpellions	[-əljɔ̃]	ayons	interpellé
vs	interpelliez	[-əlje]	ayez	interpellé
ils	interpellent	[-ɛl]	aient	interpellé

	Imparfait		Plus-que-parfait	
q. j'	interpellasse	[-əlas]	eusse	interpellé
tu	interpellasses	[-əlas]	eusses	interpellé
il	interpellât	[-əla]	eût	interpellé
ns	interpellassions	[-əlasjɔ̃]	eussions	interpellé
vs	interpellassiez	[-əlasje]	eussiez	interpellé
ils	interpellassent	[-əlas]	eussent	interpellé

CONDITIONNEL

	Présent		Passé	
j'	interpellerais	[-ɛlrɛ]	aurais	interpellé
tu	interpellerais	[-ɛlrɛ]	aurais	interpellé
il	interpellerait	[-ɛlrɛ]	aurait	interpellé
ns	interpellerions	[-ɛlərjɔ̃]	aurions	interpellé
vs	interpelleriez	[-ɛlərje]	auriez	interpellé
ils	interpelleraient	[-ɛlrɛ]	auraient	interpellé

IMPÉRATIF

Présent		Passé	
interpelle	[-ɛl]	aie	interpellé
interpellons	[-əlɔ̃]	ayons	interpellé
interpellez	[-əle]	ayez	interpellé

27 jeter ▷ *werfen*

INFINITIF

Présent	Passé
jeter	avoir jeté
[ʒəte]	[avwarʒəte]

PARTICIPE

Présent	Passé
jetant	jeté, e
[ʒətɑ̃]	[ʒəte]

INDICATIF

Présent / **Passé composé**

je	jette	[-ɛt]	ai	jeté
tu	jettes	[-ɛt]	as	jeté
il	jette	[-ɛt]	a	jeté
ns	jetons	[-ətɔ̃]	avons	jeté
vs	jetez	[-əte]	avez	jeté
ils	jettent	[-ɛt]	ont	jeté

Imparfait / **Plus-que-parfait**

je	jetais	[-ətɛ]	avais	jeté
tu	jetais	[-ətɛ]	avais	jeté
il	jetait	[-ətɛ]	avait	jeté
ns	jetions	[-ətjɔ̃]	avions	jeté
vs	jetiez	[-ətje]	aviez	jeté
ils	jetaient	[-ətɛ]	avaient	jeté

Futur simple / **Futur antérieur**

je	jetterai	[-ɛtre]	aurai	jeté
tu	jetteras	[-ɛtra]	auras	jeté
il	jettera	[-ɛtra]	aura	jeté
ns	jetterons	[-ɛtrɔ̃]	aurons	jeté
vs	jetterez	[-ɛtre]	aurez	jeté
ils	jetteront	[-ɛtrɔ̃]	auront	jeté

Passé simple / **Passé antérieur**

je	jetai	[-əte]	eus	jeté
tu	jetas	[-əta]	eus	jeté
il	jeta	[-əta]	eut	jeté
ns	jetâmes	[-ətam]	eûmes	jeté
vs	jetâtes	[-ətat]	eûtes	jeté
ils	jetèrent	[-ətɛr]	eurent	jeté

SUBJONCTIF

Présent / **Passé**

q. je	jette	[-ɛt]	aie	jeté
tu	jettes	[-ɛt]	aies	jeté
il	jette	[-ɛt]	ait	jeté
ns	jetions	[-ətjɔ̃]	ayons	jeté
vs	jetiez	[-ətje]	ayez	jeté
ils	jettent	[-ɛt]	aient	jeté

Imparfait / **Plus-que-parfait**

q. je	jetasse	[-ətas]	eusse	jeté
tu	jetasses	[-ətas]	eusses	jeté
il	jetât	[-əta]	eût	jeté
ns	jetassions	[-ətasjɔ̃]	eussions	jeté
vs	jetassiez	[-ətasje]	eussiez	jeté
ils	jetassent	[-ətas]	eussent	jeté

CONDITIONNEL

Présent / **Passé**

je	jetterais	[-ɛtrɛ]	aurais	jeté
tu	jetterais	[-ɛtrɛ]	aurais	jeté
il	jetterait	[-ɛtrɛ]	aurait	jeté
ns	jetterions	[-etərjɔ̃]	aurions	jeté
vs	jetteriez	[-etərje]	auriez	jeté
ils	jetteraient	[-ɛtrɛ]	auraient	jeté

IMPÉRATIF

Présent / **Passé**

jette	[-ɛt]	aie	jeté
jetons	[-ətɔ̃]	ayons	jeté
jetez	[-əte]	ayez	jeté

28 acheter ▷ *kaufen*

INFINITIF

Présent	Passé
acheter	avoir acheté
[aʃte]	[avwaraʃte]

PARTICIPE

Présent	Passé
achetant	acheté, e
[aʃtɑ̃]	[aʃte]

INDICATIF

Présent

j'	achète	[-ʃɛt]
tu	achètes	[-ʃɛt]
il	achète	[-ʃɛt]
ns	achetons	[-ʃtɔ̃]
vs	achetez	[-ʃte]
ils	achètent	[-ʃɛt]

Passé composé

ai	acheté
as	acheté
a	acheté
avons	acheté
avez	acheté
ont	acheté

Imparfait

j'	achetais	[-ʃtɛ]
tu	achetais	[-ʃtɛ]
il	achetait	[-ʃtɛ]
ns	achetions	[-ʃ(ə)tjɔ̃]
vs	achetiez	[-ʃ(ə)tje]
ils	achetaient	[-ʃtɛ]

Plus-que-parfait

avais	acheté
avais	acheté
avait	acheté
avions	acheté
aviez	acheté
avaient	acheté

Futur simple

j'	achèterai	[-ʃɛtre]
tu	achèteras	[-ʃɛtra]
il	achètera	[-ʃɛtra]
ns	achèterons	[-ʃɛtrɔ̃]
vs	achèterez	[-ʃɛtre]
ils	achèteront	[-ʃɛtrɔ̃]

Futur antérieur

aurai	acheté
auras	acheté
aura	acheté
aurons	acheté
aurez	acheté
auront	acheté

Passé simple

j'	achetai	[-ʃte]
tu	achetas	[-ʃta]
il	acheta	[-ʃta]
ns	achetâmes	[-ʃtam]
vs	achetâtes	[-ʃtat]
ils	achetèrent	[-ʃtɛr]

Passé antérieur

eus	acheté
eus	acheté
eut	acheté
eûmes	acheté
eûtes	acheté
eurent	acheté

SUBJONCTIF

Présent

q. j'	achète	[-ʃɛt]
tu	achètes	[-ʃɛt]
il	achète	[-ʃɛt]
ns	achetions	[-ʃ(ə)tjɔ̃]
vs	achetiez	[-ʃ(ə)tje]
ils	achètent	[-ʃɛt]

Passé

aie	acheté
aies	acheté
ait	acheté
ayons	acheté
ayez	acheté
aient	acheté

Imparfait

q. j'	achetasse	[-ʃtas]
tu	achetasses	[-ʃtas]
il	achetât	[-ʃta]
ns	achetassions	[-ʃtasjɔ̃]
vs	achetassiez	[-ʃtasje]
ils	achetassent	[-ʃtas]

Plus-que-parfait

eusse	acheté
eusses	acheté
eût	acheté
eussions	acheté
eussiez	acheté
eussent	acheté

CONDITIONNEL

Présent

j'	achèterais	[-ʃɛtrɛ]
tu	achèterais	[-ʃɛtrɛ]
il	achèterait	[-ʃɛtrɛ]
ns	achèterions	[-ʃɛtərjɔ̃]
vs	achèteriez	[-ʃɛtərje]
ils	achèteraient	[-ʃɛtrɛ]

Passé

aurais	acheté
aurais	acheté
aurait	acheté
aurions	acheté
auriez	acheté
auraient	acheté

IMPÉRATIF

Présent

achète	[-ʃɛt]
achetons	[-ʃtɔ̃]
achetez	[-ʃte]

Passé

aie	acheté
ayons	acheté
ayez	acheté

29 dépecer ▷ *zerreißen*

INFINITIF

Présent	Passé
dépecer [depəse]	avoir dépecé [avwardepəse]

PARTICIPE

Présent	Passé
dépeçant [depəsɑ̃]	dépecé, e [depəse]

INDICATIF

Présent

je	dépèce	[depɛs]
tu	dépèces	[depɛs]
il	dépèce	[depɛs]
ns	dépeçons	[depəsɔ̃]
vs	dépecez	[depəse]
ils	dépècent	[depɛs]

Passé composé

ai	dépecé
as	dépecé
a	dépecé
avons	dépecé
avez	dépecé
ont	dépecé

Imparfait

je	dépeçais	[depəsɛ]
tu	dépeçais	[depəsɛ]
il	dépeçait	[depəsɛ]
ns	dépecions	[depəsjɔ̃]
vs	dépeciez	[depəsje]
ils	dépeçaient	[depəsɛ]

Plus-que-parfait

avais	dépecé
avais	dépecé
avait	dépecé
avions	dépecé
aviez	dépecé
avaient	dépecé

Futur simple

je	dépècerai	[depɛsre]
tu	dépèceras	[depɛsra]
il	dépècera	[depɛsra]
ns	dépècerons	[depɛsrɔ̃]
vs	dépècerez	[depɛsre]
ils	dépèceront	[depɛsrɔ̃]

Futur antérieur

aurai	dépecé
auras	dépecé
aura	dépecé
aurons	dépecé
aurez	dépecé
auront	dépecé

Passé simple

je	dépeçai	[depəse]
tu	dépeças	[depəsa]
il	dépeça	[depəsa]
ns	dépeçâmes	[depəsam]
vs	dépeçâtes	[depəsat]
ils	dépecèrent	[depəsɛr]

Passé antérieur

eus	dépecé
eus	dépecé
eut	dépecé
eûmes	dépecé
eûtes	dépecé
eurent	dépecé

SUBJONCTIF

Présent

q. je	dépèce	[depɛs]
tu	dépèces	[depɛs]
il	dépèce	[depɛs]
ns	dépecions	[depəsjɔ̃]
vs	dépeciez	[depəsje]
ils	dépècent	[depɛs]

Passé

aie	dépecé
aies	dépecé
ait	dépecé
ayons	dépecé
ayez	dépecé
aient	dépecé

Imparfait

q. je	dépeçasse	[depəsas]
tu	dépeçasses	[depəsas]
il	dépeçât	[depəsa]
ns	dépeçassions	[depəsasjɔ̃]
vs	dépeçassiez	[depəsasje]
ils	dépeçassent	[depəsas]

Plus-que-parfait

eusse	dépecé
eusses	dépecé
eût	dépecé
eussions	dépecé
eussiez	dépecé
eussent	dépecé

CONDITIONNEL

Présent

je	dépècerais	[depɛsrɛ]
tu	dépècerais	[depɛsrɛ]
il	dépècerait	[depɛsrɛ]
ns	dépècerions	[depesərjɔ̃]
vs	dépèceriez	[depesərje]
ils	dépèceraient	[depɛsrɛ]

Passé

aurais	dépecé
aurais	dépecé
aurait	dépecé
aurions	dépecé
auriez	dépecé
auraient	dépecé

IMPÉRATIF

Présent

dépèce	[depɛs]
dépeçons	[depəsɔ̃]
dépecez	[depəse]

Passé

aie	dépecé
ayons	dépecé
ayez	dépecé

30 envoyer ▷ *schicken*

INFINITIF

Présent	Passé
envoyer	avoir envoyé
[ɑ̃vwaje]	[avwarɑ̃vwaje]

PARTICIPE

Présent	Passé
envoyant	envoyé, e
[ɑ̃vwajɑ̃]	[ɑ̃vwaje]

INDICATIF

	Présent		Passé composé	
j'	envoie	[-vwa]	ai	envoyé
tu	envoies	[-vwa]	as	envoyé
il	envoie	[-vwa]	a	envoyé
ns	envoyons	[-vwajɔ̃]	avons	envoyé
vs	envoyez	[-vwaje]	avez	envoyé
ils	envoient	[-vwa]	ont	envoyé

	Imparfait		Plus-que-parfait	
j'	envoyais	[-vwajɛ]	avais	envoyé
tu	envoyais	[-vwajɛ]	avais	envoyé
il	envoyait	[-vwajɛ]	avait	envoyé
ns	envoyions	[-vwajjɔ̃]	avions	envoyé
vs	envoyiez	[-vwajje]	aviez	envoyé
ils	envoyaient	[-vwajɛ]	avaient	envoyé

	Futur simple		Futur antérieur	
j'	enverrai	[-vere]	aurai	envoyé
tu	enverras	[-vera]	auras	envoyé
il	enverra	[-vera]	aura	envoyé
ns	enverrons	[-verɔ̃]	aurons	envoyé
vs	enverrez	[-vere]	aurez	envoyé
ils	enverront	[-verɔ̃]	auront	envoyé

	Passé simple		Passé antérieur	
j'	envoyai	[-vwaje]	eus	envoyé
tu	envoyas	[-vwaja]	eus	envoyé
il	envoya	[-vwaja]	eut	envoyé
ns	envoyâmes	[-vwajam]	eûmes	envoyé
vs	envoyâtes	[-vwajat]	eûtes	envoyé
ils	envoyèrent	[-vwajɛr]	eurent	envoyé

SUBJONCTIF

	Présent		Passé	
q. j'	envoie	[-vwa]	aie	envoyé
tu	envoies	[-vwa]	aies	envoyé
il	envoie	[-vwa]	ait	envoyé
ns	envoyions	[-vwajjɔ̃]	ayons	envoyé
vs	envoyiez	[-vwajje]	ayez	envoyé
ils	envoient	[-vwa]	aient	envoyé

	Imparfait		Plus-que-parfait	
q. j'	envoyasse	[-vwajas]	eusse	envoyé
tu	envoyasses	[-vwajas]	eusses	envoyé
il	envoyât	[-vwaja]	eût	envoyé
ns	envoyassions	[-vwajasjɔ̃]	eussions	envoyé
vs	envoyassiez	[-vwajasje]	eussiez	envoyé
ils	envoyassent	[-vwajas]	eussent	envoyé

CONDITIONNEL

	Présent		Passé	
j'	enverrais	[-verɛ]	aurais	envoyé
tu	enverrais	[-verɛ]	aurais	envoyé
il	enverrait	[-verɛ]	aurait	envoyé
ns	enverrions	[-verjɔ̃]	aurions	envoyé
vs	enverriez	[-verje]	auriez	envoyé
ils	enverraient	[-verɛ]	auraient	envoyé

IMPÉRATIF

Présent		Passé	
envoie	[-vwa]	aie	envoyé
envoyons	[-vwajɔ̃]	ayons	envoyé
envoyez	[-vwaje]	ayez	envoyé

31 aller ▷ *gehen*

INFINITIF

Présent	Passé
aller	être allé
[ale]	[ɛtrale]

PARTICIPE

Présent	Passé
allant	allé, e
[alɑ̃]	[ale]

INDICATIF

Présent

je	vais	[vɛ]
tu	vas	[va]
il	va	[va]
ns	allons	[alɔ̃]
vs	allez	[ale]
ils	vont	[vɔ̃]

Passé composé

suis	allé
es	allé
est	allé
sommes	allés
êtes	allés
sont	allés

Imparfait

j'	allais	[alɛ]
tu	allais	[alɛ]
il	allait	[alɛ]
ns	allions	[aljɔ̃]
vs	alliez	[alje]
ils	allaient	[alɛ]

Plus-que-parfait

étais	allé
étais	allé
était	allé
étions	allés
étiez	allés
étaient	allés

Futur simple

j'	irai	[ire]
tu	iras	[ira]
il	ira	[ira]
ns	irons	[irɔ̃]
vs	irez	[ire]
ils	iront	[irɔ̃]

Futur antérieur

serai	allé
seras	allé
sera	allé
serons	allés
serez	allés
seront	allés

Passé simple

j'	allai	[ale]
tu	allas	[ala]
il	alla	[ala]
ns	allâmes	[alam]
vs	allâtes	[alat]
ils	allèrent	[alɛr]

Passé antérieur

fus	allé
fus	allé
fut	allé
fûmes	allés
fûtes	allés
furent	allés

SUBJONCTIF

Présent

q. j'	aille	[aj]
tu	ailles	[aj]
il	aille	[aj]
ns	allions	[aljɔ̃]
vs	alliez	[alje]
ils	aillent	[aj]

Passé

sois	allé
sois	allé
soit	allé
soyons	allés
soyez	allés
soient	allés

Imparfait

q. j'	allasse	[alas]
tu	allasses	[alas]
il	allât	[ala]
ns	allassions	[alasjɔ̃]
vs	allassiez	[alasje]
ils	allassent	[alas]

Plus-que-parfait

fusse	allé
fusses	allé
fût	allé
fussions	allés
fussiez	allés
fussent	allés

CONDITIONNEL

Présent

j'	irais	[irɛ]
tu	irais	[irɛ]
il	irait	[irɛ]
ns	irions	[irjɔ̃]
vs	iriez	[irje]
ils	iraient	[irɛ]

Passé

serais	allé
serais	allé
serait	allé
serions	allés
seriez	allés
seraient	allés

IMPÉRATIF

Présent

va	[va]
allons	[alɔ̃]
allez	[ale]

Passé

sois	allé
soyons	allés
soyez	allés

Hinweis : *Aller* im Imperativ ergibt *vas* in *vas-y ; s'en aller : va-t'en, allons-nous-en, allez-vous-en.* In zusammengesetzten Zeiten kann man *être* statt *aller* benutzen : *avoir été, j'ai été* etc. In den zusammengesetzten Zeiten von *s'en aller* steht *en* normalerweise vor dem Hilfsverb : *je m'en suis allé ;* man sagt aber mehr und mehr *je me suis en allé.*

32 finir ▷ *beenden*

INFINITIF

Présent	Passé
finir	avoir fini
[finir]	[avwarfini]

PARTICIPE

Présent	Passé
finissant	fini, e
[finisɑ̃]	[fini]

INDICATIF

Présent

je	finis	[-ni]
tu	finis	[-ni]
il	finit	[-ni]
ns	finissons	[-nisɔ̃]
vs	finissez	[-nise]
ils	finissent	[-nis]

Passé composé

ai	fini
as	fini
a	fini
avons	fini
avez	fini
ont	fini

Imparfait

je	finissais	[-nisɛ]
tu	finissais	[-nisɛ]
il	finissait	[-nisɛ]
ns	finissions	[-nisjɔ̃]
vs	finissiez	[-nisje]
ils	finissaient	[-nisɛ]

Plus-que-parfait

avais	fini
avais	fini
avait	fini
avions	fini
aviez	fini
avaient	fini

Futur simple

je	finirai	[-nire]
tu	finiras	[-nira]
il	finira	[-nira]
ns	finirons	[-nirɔ̃]
vs	finirez	[-nire]
ils	finiront	[-nirɔ̃]

Futur antérieur

aurai	fini
auras	fini
aura	fini
aurons	fini
aurez	fini
auront	fini

Passé simple

je	finis	[-ni]
tu	finis	[-ni]
il	finit	[-ni]
ns	finîmes	[-nim]
vs	finîtes	[-nit]
ils	finirent	[-nir]

Passé antérieur

eus	fini
eus	fini
eut	fini
eûmes	fini
eûtes	fini
eurent	fini

SUBJONCTIF

Présent

q. je	finisse	[-nis]
tu	finissés	[-nis]
il	finisse	[-nis]
ns	finissions	[-nisjɔ̃]
vs	finissiez	[-nisje]
ils	finissent	[-nis]

Passé

aie	fini
aies	fini
ait	fini
ayons	fini
ayez	fini
aient	fini

Imparfait

q. je	finisse	[-nis]
tu	finisses	[-nis]
il	finît	[-ni]
ns	finissions	[-nisjɔ̃]
vs	finissiez	[-nisje]
ils	finissent	[-nis]

Plus-que-parfait

eusse	fini
eusses	fini
eût	fini
eussions	fini
eussiez	fini
eussent	fini

CONDITIONNEL

Présent

je	finirais	[-nirɛ]
tu	finirais	[-nirɛ]
il	finirait	[-nirɛ]
ns	finirions	[-nirjɔ̃]
vs	finiriez	[-nirje]
ils	finiraient	[-nirɛ]

Passé

aurais	fini
aurais	fini
aurait	fini
aurions	fini
auriez	fini
auraient	fini

IMPÉRATIF

Présent

finis	[-ni]
finissons	[-nisɔ̃]
finissez	[-nise]

Passé

aie	fini
ayons	fini
ayez	fini

Hinweis : Das Partizip II von *bénir* hat 2 Formen : *béni, bénie* und *bénit, bénite. Maudire* (Tabelle 104) und *bruire* (105) konjugieren sich wie *finir.* Das Partizip II von *maudire* heißt aber *maudit, maudite; bruire* ist unvollständig.

33 haïr ▷ *hassen*

INFINITIF

Présent	Passé
haïr	avoir haï
[air]	[avwarai]

PARTICIPE

Présent	Passé
haïssant	haï, e
[aisɑ̃]	[ai]

INDICATIF

Présent

je	hais	[ɛ]
tu	hais	[ɛ]
il	hait	[ɛ]
ns	haïssons	[aisɔ̃]
vs	haïssez	[aise]
ils	haïssent	[ais]

Passé composé

ai	haï
as	haï
a	haï
avons	haï
avez	haï
ont	haï

Imparfait

je	haïssais	[aisɛ]
tu	haïssais	[aisɛ]
il	haïssait	[aisɛ]
ns	haïssions	[aisjɔ̃]
vs	haïssiez	[aisje]
ils	haïssaient	[aisɛ]

Plus-que-parfait

avais	haï
avais	haï
avait	haï
avions	haï
aviez	haï
avaient	haï

Futur simple

je	haïrai	[aire]
tu	haïras	[aira]
il	haïra	[aira]
ns	haïrons	[airɔ̃]
vs	haïrez	[aire]
ils	haïront	[airɔ̃]

Futur antérieur

aurai	haï
auras	haï
aura	haï
aurons	haï
aurez	haï
auront	haï

Passé simple

je	haïs	[ai]
tu	haïs	[ai]
il	haït	[ai]
ns	haïmes	[aim]
vs	haïtes	[ait]
ils	haïrent	[air]

Passé antérieur

eus	haï
eus	haï
eut	haï
eûmes	haï
eûtes	haï
eurent	haï

SUBJONCTIF

Présent

q. je	haïsse	[ais]
tu	haïsses	[ais]
il	haïsse	[ais]
ns	haïssions	[aisjɔ̃]
vs	haïssiez	[aisje]
ils	haïssent	[ais]

Passé

aie	haï
aies	haï
ait	haï
ayons	haï
ayez	haï
aient	haï

Imparfait

q. je	haïsse	[ais]
tu	haïsses	[ais]
il	haït	[ai]
ns	haïssions	[aisjɔ̃]
vs	haïssiez	[aisje]
ils	haïssent	[ais]

Plus-que-parfait

eusse	haï
eusses	haï
eût	haï
eussions	haï
eussiez	haï
eussent	haï

CONDITIONNEL

Présent

je	haïrais	[airɛ]
tu	haïrais	[airɛ]
il	haïrait	[airɛ]
ns	haïrions	[airjɔ̃]
vs	haïriez	[airje]
ils	haïraient	[airɛ]

Passé

aurais	haï
aurais	haï
aurait	haï
aurions	haï
auriez	haï
auraient	haï

IMPÉRATIF

Présent

hais	[ɛ]
haïssons	[aisɔ̃]
haïssez	[aise]

Passé

aie	haï
ayons	haï
ayez	haï

34 ouvrir ▷ *öffnen*

INFINITIF

Présent	Passé
ouvrir	avoir ouvert
[uvrir]	[avwaruvɛr]

PARTICIPE

Présent	Passé
ouvrant	ouvert, e
[uvrɑ̃]	[uvɛr, -ɛrt]

INDICATIF

Présent

j'	ouvre	[uvr]	
tu	ouvres	[uvr]	
il	ouvre	[uvr]	
ns	ouvrons	[uvrɔ̃]	
vs	ouvrez	[uvre]	
ils	ouvrent	[uvr]	

Passé composé

ai	ouvert
as	ouvert
a	ouvert
avons	ouvert
avez	ouvert
ont	ouvert

Imparfait

j'	ouvrais	[uvrɛ]
tu	ouvrais	[uvrɛ]
il	ouvrait	[uvrɛ]
ns	ouvrions	[uvrijɔ̃]
vs	ouvriez	[uvrije]
ils	ouvraient	[uvrɛ]

Plus-que-parfait

avais	ouvert
avais	ouvert
avait	ouvert
avions	ouvert
aviez	ouvert
avaient	ouvert

Futur simple

j'	ouvrirai	[uvrire]
tu	ouvriras	[uvrira]
il	ouvrira	[uvrira]
ns	ouvrirons	[uvrirɔ̃]
vs	ouvrirez	[uvrire]
ils	ouvriront	[uvrirɔ̃]

Futur antérieur

aurai	ouvert
auras	ouvert
aura	ouvert
aurons	ouvert
aurez	ouvert
auront	ouvert

Passé simple

j'	ouvris	[uvri]
tu	ouvris	[uvri]
il	ouvrit	[uvri]
ns	ouvrîmes	[uvrim]
vs	ouvrîtes	[uvrit]
ils	ouvrirent	[uvrir]

Passé antérieur

eus	ouvert
eus	ouvert
eut	ouvert
eûmes	ouvert
eûtes	ouvert
eurent	ouvert

SUBJONCTIF

Présent

q.	j'	ouvre	[uvr]
	tu	ouvres	[uvr]
	il	ouvre	[uvr]
	ns	ouvrions	[uvrijɔ̃]
	vs	ouvriez	[uvrije]
	ils	ouvrent	[uvr]

Passé

aie	ouvert
aies	ouvert
ait	ouvert
ayons	ouvert
ayez	ouvert
aient	ouvert

Imparfait

q.	j'	ouvrisse	[uvris]
	tu	ouvrisses	[uvris]
	il	ouvrît	[uvri]
	ns	ouvrissions	[uvrisjɔ̃]
	vs	ouvrissiez	[uvrisje]
	ils	ouvrissent	[uvris]

Plus-que-parfait

eusse	ouvert
eusses	ouvert
eût	ouvert
eussions	ouvert
eussiez	ouvert
eussent	ouvert

CONDITIONNEL

Présent

j'	ouvrirais	[uvrirɛ]
tu	ouvrirais	[uvrirɛ]
il	ouvrirait	[uvrirɛ]
ns	ouvririons	[uvrirjɔ̃]
vs	ouvririez	[uvrirje]
ils	ouvriraient	[uvrirɛ]

Passé

aurais	ouvert
aurais	ouvert
aurait	ouvert
aurions	ouvert
auriez	ouvert
auraient	ouvert

IMPÉRATIF

Présent

ouvre	[uvr]
ouvrons	[uvrɔ̃]
ouvrez	[uvre]

Passé

aie	ouvert
ayons	ouvert
ayez	ouvert

35 fuir ▷ *fliehen*

INFINITIF

Présent	Passé
fuir [fɥir]	avoir fui [avwarfɥi]

PARTICIPE

Présent	Passé
fuyant [fɥijɑ̃]	fui, e [fɥi]

INDICATIF

Présent

je	fuis	[fɥi]
tu	fuis	[fɥi]
il	fuit	[fɥi]
ns	fuyons	[fɥijɔ̃]
vs	fuyez	[fɥije]
ils	fuient	[fɥi]

Passé composé

ai	fui
as	fui
a	fui
avons	fui
avez	fui
ont	fui

Imparfait

je	fuyais	[fɥijɛ]
tu	fuyais	[fɥijɛ]
il	fuyait	[fɥijɛ]
ns	fuyions	[fɥijjɔ̃]
vs	fuyiez	[fɥijje]
ils	fuyaient	[fɥijɛ]

Plus-que-parfait

avais	fui
avais	fui
avait	fui
avions	fui
aviez	fui
avaient	fui

Futur simple

je	fuirai	[fɥire]
tu	fuiras	[fɥira]
il	fuira	[fɥira]
ns	fuirons	[fɥirɔ̃]
vs	fuirez	[fɥire]
ils	fuiront	[fɥirɔ̃]

Futur antérieur

aurai	fui
auras	fui
aura	fui
aurons	fui
aurez	fui
auront	fui

Passé simple

je	fuis	[fɥi]
tu	fuis	[fɥi]
il	fuit	[fɥi]
ns	fuîmes	[fɥim]
vs	fuîtes	[fɥit]
ils	fuirent	[fɥir]

Passé antérieur

eus	fui
eus	fui
eut	fui
eûmes	fui
eûtes	fui
eurent	fui

SUBJONCTIF

Présent

q. je	fuie	[fɥi]
tu	fuies	[fɥi]
il	fuie	[fɥi]
ns	fuyions	[fɥijjɔ̃]
vs	fuyiez	[fɥijje]
ils	fuient	[fɥi]

Passé

aie	fui
aies	fui
ait	fui
ayons	fui
ayez	fui
aient	fui

Imparfait

q. je	fuisse	[fɥis]
tu	fuisses	[fɥis]
il	fuît	[fɥi]
ns	fuissions	[fɥisjɔ̃]
vs	fuissiez	[fɥisje]
ils	fuissent	[fɥis]

Plus-que-parfait

eusse	fui
eusses	fui
eût	fui
eussions	fui
eussiez	fui
eussent	fui

CONDITIONNEL

Présent

je	fuirais	[fɥirɛ]
tu	fuirais	[fɥirɛ]
il	fuirait	[fɥirɛ]
ns	fuirions	[fɥirjɔ̃]
vs	fuiriez	[fɥirje]
ils	fuiraient	[fɥirɛ]

Passé

aurais	fui
aurais	fui
aurait	fui
aurions	fui
auriez	fui
auraient	fui

IMPÉRATIF

Présent

fuis	[fɥi]
fuyons	[fɥijɔ̃]
fuyez	[fɥije]

Passé

aie	fui
ayons	fui
ayez	fui

36 dormir ▷ *schlafen*

INFINITIF

Présent	Passé
dormir [dɔrmir]	avoir dormi [avwardɔrmi]

PARTICIPE

Présent	Passé
dormant [dɔrmɑ̃]	dormi [dɔrmi]

INDICATIF

Présent

je	dors	[dɔr]
tu	dors	[dɔr]
il	dort	[dɔr]
ns	dormons	[dɔrmɔ̃]
vs	dormez	[dɔrme]
ils	dorment	[dɔrm]

Passé composé

ai	dormi
as	dormi
a	dormi
avons	dormi
avez	dormi
ont	dormi

Imparfait

je	dormais	[dɔrmɛ]
tu	dormais	[dɔrmɛ]
il	dormait	[dɔrmɛ]
ns	dormions	[dɔrmjɔ̃]
vs	dormiez	[dɔrmje]
ils	dormaient	[dɔrmɛ]

Plus-que-parfait

avais	dormi
avais	dormi
avait	dormi
avions	dormi
aviez	dormi
avaient	dormi

Futur simple

je	dormirai	[dɔrmire]
tu	dormiras	[dɔrmira]
il	dormira	[dɔrmira]
ns	dormirons	[dɔrmirɔ̃]
vs	dormirez	[dɔrmire]
ils	dormiront	[dɔrmirɔ̃]

Futur antérieur

aurai	dormi
auras	dormi
aura	dormi
aurons	dormi
aurez	dormi
auront	dormi

Passé simple

je	dormis	[dɔrmi]
tu	dormis	[dɔrmi]
il	dormit	[dɔrmi]
ns	dormîmes	[dɔrmim]
vs	dormîtes	[dɔrmit]
ils	dormirent	[dɔrmir]

Passé antérieur

eus	dormi
eus	dormi
eut	dormi
eûmes	dormi
eûtes	dormi
eurent	dormi

SUBJONCTIF

Présent

q.	je	dorme	[dɔrm]
	tu	dormes	[dɔrm]
	il	dorme	[dɔrm]
	ns	dormions	[dɔrmjɔ̃]
	vs	dormiez	[dɔrmje]
	ils	dorment	[dɔrm]

Passé

aie	dormi
aies	dormi
ait	dormi
ayons	dormi
ayez	dormi
aient	dormi

Imparfait

q.	je	dormisse	[dɔrmis]
	tu	dormisses	[dɔrmis]
	il	dormît	[dɔrmi]
	ns	dormissions	[dɔrmisjɔ̃]
	vs	dormissiez	[dɔrmisje]
	ils	dormissent	[dɔrmis]

Plus-que-parfait

eusse	dormi
eusses	dormi
eût	dormi
eussions	dormi
eussiez	dormi
eussent	dormi

CONDITIONNEL

Présent

je	dormirais	[dɔrmirɛ]
tu	dormirais	[dɔrmirɛ]
il	dormirait	[dɔrmirɛ]
ns	dormirions	[dɔrmirjɔ̃]
vs	dormiriez	[dɔrmirje]
ils	dormiraient	[dɔrmirɛ]

Passé

aurais	dormi
aurais	dormi
aurait	dormi
aurions	dormi
auriez	dormi
auraient	dormi

IMPÉRATIF

Présent

dors	[dɔr]
dormons	[dɔrmɔ̃]
dormez	[dɔrme]

Passé

aie	dormi
ayons	dormi
ayez	dormi

Hinweis : *Endormir* wird wie *dormir* konjugiert, hat aber ein veränderliches Partizip II.

37 mentir ▷ lügen

INFINITIF

Présent	Passé
mentir [mɑ̃tir]	avoir menti [avwarmɑ̃ti]

PARTICIPE

Présent	Passé
mentant [mɑ̃tɑ̃]	menti [mɑ̃ti]

INDICATIF

Présent

je	mens	[mɑ̃]
tu	mens	[mɑ̃]
il	ment	[mɑ̃]
ns	mentons	[mɑ̃tɔ̃]
vs	mentez	[mɑ̃te]
ils	mentent	[mɑ̃t]

Passé composé

ai	menti
as	menti
a	menti
avons	menti
avez	menti
ont	menti

Imparfait

je	mentais	[mɑ̃tɛ]
tu	mentais	[mɑ̃tɛ]
il	mentait	[mɑ̃tɛ]
ns	mentions	[mɑ̃tjɔ̃]
vs	mentiez	[mɑ̃tje]
ils	mentaient	[mɑ̃tɛ]

Plus-que-parfait

avais	menti
avais	menti
avait	menti
avions	menti
aviez	menti
avaient	menti

Futur simple

je	mentirai	[mɑ̃tire]
tu	mentiras	[mɑ̃tira]
il	mentira	[mɑ̃tira]
ns	mentirons	[mɑ̃tirɔ̃]
vs	mentirez	[mɑ̃tire]
ils	mentiront	[mɑ̃tirɔ̃]

Futur antérieur

aurai	menti
auras	menti
aura	menti
aurons	menti
aurez	menti
auront	menti

Passé simple

je	mentis	[mɑ̃ti]
tu	mentis	[mɑ̃ti]
il	mentit	[mɑ̃ti]
ns	mentîmes	[mɑ̃tim]
vs	mentîtes	[mɑ̃tit]
ils	mentirent	[mɑ̃tir]

Passé antérieur

eus	menti
eus	menti
eut	menti
eûmes	menti
eûtes	menti
eurent	menti

SUBJONCTIF

Présent

q. je	mente	[mɑ̃t]
tu	mentes	[mɑ̃t]
il	mente	[mɑ̃t]
ns	mentions	[mɑ̃tjɔ̃]
vs	mentiez	[mɑ̃tje]
ils	mentent	[mɑ̃t]

Passé

aie	menti
aies	menti
ait	menti
ayons	menti
ayez	menti
aient	menti

Imparfait

q. je	mentisse	[mɑ̃tis]
tu	mentisses	[mɑ̃tis]
il	mentît	[mɑ̃ti]
ns	mentissions	[mɑ̃tisjɔ̃]
vs	mentissiez	[mɑ̃tisje]
ils	mentissent	[mɑ̃tis]

Plus-que-parfait

eusse	menti
eusses	menti
eût	menti
eussions	menti
eussiez	menti
eussent	menti

CONDITIONNEL

Présent

je	mentirais	[mɑ̃tirɛ]
tu	mentirais	[mɑ̃tirɛ]
il	mentirait	[mɑ̃tirɛ]
ns	mentirions	[mɑ̃tirjɔ̃]
vs	mentiriez	[mɑ̃tirje]
ils	mentiraient	[mɑ̃tirɛ]

Passé

aurais	menti
aurais	menti
aurait	menti
aurions	menti
auriez	menti
auraient	menti

IMPÉRATIF

Présent

mens	[mɑ̃]
mentons	[mɑ̃tɔ̃]
mentez	[mɑ̃te]

Passé

aie	menti
ayons	menti
ayez	menti

Hinweis : *Démentir* wird wie *mentir* konjugiert, hat aber ein veränderliches Partizip II.

38 servir ▷ *dienen*

INFINITIF

Présent	Passé
servir [sɛrvir]	avoir servi [avwarsɛrvi]

PARTICIPE

Présent	Passé
servant [sɛrvɑ̃]	servi, e [sɛrvi]

INDICATIF

	Présent		Passé composé	
je	sers	[sɛr]	ai	servi
tu	sers	[sɛr]	as	servi
il	sert	[sɛr]	a	servi
ns	servons	[sɛrvɔ̃]	avons	servi
vs	servez	[sɛrve]	avez	servi
ils	servent	[sɛrv]	ont	servi

	Imparfait		Plus-que-parfait	
je	servais	[sɛrvɛ]	avais	servi
tu	servais	[sɛrvɛ]	avais	servi
il	servait	[sɛrvɛ]	avait	servi
ns	servions	[sɛrvjɔ̃]	avions	servi
vs	serviez	[sɛrvje]	aviez	servi
ils	servaient	[sɛrvɛ]	avaient	servi

	Futur simple		Futur antérieur	
je	servirai	[sɛrvire]	aurai	servi
tu	serviras	[sɛrvira]	auras	servi
il	servira	[sɛrvira]	aura	servi
ns	servirons	[sɛrvirɔ̃]	aurons	servi
vs	servirez	[sɛrvire]	aurez	servi
ils	serviront	[sɛrvirɔ̃]	auront	servi

	Passé simple		Passé antérieur	
je	servis	[sɛrvi]	eus	servi
tu	servis	[sɛrvi]	eus	servi
il	servit	[sɛrvi]	eut	servi
ns	servîmes	[sɛrvim]	eûmes	servi
vs	servîtes	[sɛrvit]	eûtes	servi
ils	servirent	[sɛrvir]	eurent	servi

SUBJONCTIF

	Présent		Passé	
q. je	serve	[sɛrv]	aie	servi
tu	serves	[sɛrv]	aies	servi
il	serve	[sɛrv]	ait	servi
ns	servions	[sɛrvjɔ̃]	ayons	servi
vs	serviez	[sɛrvje]	ayez	servi
ils	servent	[sɛrv]	aient	servi

	Imparfait		Plus-que-parfait	
q. je	servisse	[sɛrvis]	eusse	servi
tu	servisses	[sɛrvis]	eusses	servi
il	servît	[sɛrvi]	eût	servi
ns	servissions	[sɛrvisjɔ̃]	eussions	servi
vs	servissiez	[sɛrvisje]	eussiez	servi
ils	servissent	[sɛrvis]	eussent	servi

CONDITIONNEL

	Présent		Passé	
je	servirais	[sɛrvirɛ]	aurais	servi
tu	servirais	[sɛrvirɛ]	aurais	servi
il	servirait	[sɛrvirɛ]	aurait	servi
ns	servirions	[sɛrvirjɔ̃]	aurions	servi
vs	serviriez	[sɛrvirje]	auriez	servi
ils	serviraient	[sɛrvirɛ]	auraient	servi

IMPÉRATIF

Présent		Passé	
sers	[sɛr]	aie	servi
servons	[sɛrvɔ̃]	ayons	servi
servez	[sɛrve]	ayez	servi

39 acquérir ▷ *erwerben*

INFINITIF

Présent		Passé
acquérir [akerir]		avoir acquis [avwaraki]

PARTICIPE

Présent	Passé
acquérant [akerɑ̃]	acquis, e [aki, -iz]

INDICATIF

Présent

j'	acquiers	[-kjɛr]
tu	acquiers	[-kjɛr]
il	acquiert	[-kjɛr]
ns	acquérons	[-kerɔ̃]
vs	acquérez	[-kere]
ils	acquièrent	[-kjɛr]

Passé composé

ai	acquis
as	acquis
a	acquis
avons	acquis
avez	acquis
ont	acquis

Imparfait

j'	acquérais	[-kerɛ]
tu	acquérais	[-kerɛ]
il	acquérait	[-kerɛ]
ns	acquérions	[-kerjɔ̃]
vs	acquériez	[-kerje]
ils	acquéraient	[-kerɛ]

Plus-que-parfait

avais	acquis
avais	acquis
avait	acquis
avions	acquis
aviez	acquis
avaient	acquis

Futur simple

j'	acquerrai	[-ker(r)e]
tu	acquerras	[-ker(r)a]
il	acquerra	[-ker(r)a]
ns	acquerrons	[-ker(r)ɔ̃]
vs	acquerrez	[-ker(r)e]
ils	acquerront	[-ker(r)ɔ̃]

Futur antérieur

aurai	acquis
auras	acquis
aura	acquis
aurons	acquis
aurez	acquis
auront	acquis

Passé simple

j'	acquis	[aki]
tu	acquis	[aki]
il	acquit	[aki]
ns	acquîmes	[akim]
vs	acquîtes	[akit]
ils	acquirent	[akir]

Passé antérieur

eus	acquis
eus	acquis
eut	acquis
eûmes	acquis
eûtes	acquis
eurent	acquis

SUBJONCTIF

Présent

q. j'	acquière	[-kjɛr]
tu	acquières	[-kjɛr]
il	acquière	[-kjɛr]
ns	acquérions	[-kerjɔ̃]
vs	acquériez	[-kerje]
ils	acquièrent	[-kjɛr]

Passé

aie	acquis
aies	acquis
ait	acquis
ayons	acquis
ayez	acquis
aient	acquis

Imparfait

q. j'	acquisse	[-kis]
tu	acquisses	[-kis]
il	acquît	[-ki]
ns	acquissions	[-kisjɔ̃]
vs	acquissiez	[-kisje]
ils	acquissent	[-kis]

Plus-que-parfait

eusse	acquis
eusses	acquis
eût	acquis
eussions	acquis
eussiez	acquis
eussent	acquis

CONDITIONNEL

Présent

j'	acquerrais	[-ker(r)ɛ]
tu	acquerrais	[-ker(r)ɛ]
il	acquerrait	[-ker(r)ɛ]
ns	acquerrions	[-ker(r)jɔ̃]
vs	acquerriez	[-ker(r)je]
ils	acquerraient	[-ker(r)ɛ]

Passé

aurais	acquis
aurais	acquis
aurait	acquis
aurions	acquis
auriez	acquis
auraient	acquis

IMPÉRATIF

Présent

acquiers	[-kjɛr]
acquérons	[-kerɔ̃]
acquérez	[-kere]

Passé

aie	acquis
ayons	acquis
ayez	acquis

40 venir ▷ *kommen*

INFINITIF

Présent	Passé
venir [v(ə)nir]	être venu [ɛtrəv(ə)ny]

PARTICIPE

Présent	Passé
venant [v(ə)nɑ̃]	venu, e [v(ə)ny]

INDICATIF

Présent

je	viens	[vjɛ̃]
tu	viens	[vjɛ̃]
il	vient	[vjɛ̃]
ns	venons	[v(ə)nɔ̃]
vs	venez	[v(ə)ne]
ils	viennent	[vjɛn]

Passé composé

suis	venu
es	venu
est	venu
sommes	venus
êtes	venus
sont	venus

Imparfait

je	venais	[v(ə)nɛ]
tu	venais	[v(ə)nɛ]
il	venait	[v(ə)nɛ]
ns	venions	[v(ə)njɔ̃]
vs	veniez	[v(ə)nje]
ils	venaient	[v(ə)nɛ]

Plus-que-parfait

étais	venu
étais	venu
était	venu
étions	venus
étiez	venus
étaient	venus

Futur simple

je	viendrai	[vjɛ̃dre]
tu	viendras	[vjɛ̃dra]
il	viendra	[vjɛ̃dra]
ns	viendrons	[vjɛ̃drɔ̃]
vs	viendrez	[vjɛ̃dre]
ils	viendront	[vjɛ̃drɔ̃]

Futur antérieur

serai	venu
seras	venu
sera	venu
serons	venus
serez	venus
seront	venus

Passé simple

je	vins	[vɛ̃]
tu	vins	[vɛ̃]
il	vint	[vɛ̃]
ns	vînmes	[vɛ̃m]
vs	vîntes	[vɛ̃t]
ils	vinrent	[vɛ̃r]

Passé antérieur

fus	venu
fus	venu
fut	venu
fûmes	venus
fûtes	venus
furent	venus

SUBJONCTIF

Présent

q. je	vienne	[vjɛn]
tu	viennes	[vjɛn]
il	vienne	[vjɛn]
ns	venions	[v(ə)njɔ̃]
vs	veniez	[v(ə)nje]
ils	viennent	[vjɛn]

Passé

sois	venu
sois	venu
soit	venu
soyons	venus
soyez	venus
soient	venus

Imparfait

q. je	vinsse	[vɛ̃s]
tu	vinsses	[vɛ̃s]
il	vînt	[vɛ̃]
ns	vinssions	[vɛ̃sjɔ̃]
vs	vinssiez	[vɛ̃sje]
ils	vinssent	[vɛ̃s]

Plus-que-parfait

fusse	venu
fusses	venu
fût	venu
fussions	venus
fussiez	venus
fussent	venus

CONDITIONNEL

Présent

je	viendrais	[vjɛ̃drɛ]
tu	viendrais	[vjɛ̃drɛ]
il	viendrait	[vjɛ̃drɛ]
ns	viendrions	[vjɛ̃drijɔ̃]
vs	viendriez	[vjɛ̃drije]
ils	viendraient	[vjɛ̃drɛ]

Passé

serais	venu
serais	venu
serait	venu
serions	venus
seriez	venus
seraient	venus

IMPÉRATIF

Présent

viens	[vjɛ̃]
venons	[vənɔ̃]
venez	[vəne]

Passé

sois	venu
soyons	venus
soyez	venus

41 cueillir ▷ *pflücken*

INFINITIF

Présent	Passé
cueillir [køjir]	avoir cueilli [avwarkøji]

PARTICIPE

Présent	Passé
cueillant [køjɑ̃]	cueilli, e [køji]

INDICATIF

Présent

je	cueille	[kœj]
tu	cueilles	[kœj]
il	cueille	[kœj]
ns	cueillons	[køjɔ̃]
vs	cueillez	[køje]
ils	cueillent	[kœj]

Passé composé

ai	cueilli
as	cueilli
a	cueilli
avons	cueilli
avez	cueilli
ont	cueilli

Imparfait

je	cueillais	[kœjɛ]
tu	cueillais	[kœjɛ]
il	cueillait	[kœjɛ]
ns	cueillions	[køjjɔ̃]
vs	cueilliez	[køjje]
ils	cueillaient	[kœjɛ]

Plus-que-parfait

avais	cueilli
avais	cueilli
avait	cueilli
avions	cueilli
aviez	cueilli
avaient	cueilli

Futur simple

je	cueillerai	[kœjre]
tu	cueilleras	[kœjra]
il	cueillera	[kœjra]
ns	cueillerons	[kœjrɔ̃]
vs	cueillerez	[kœjre]
ils	cueilleront	[kœjrɔ̃]

Futur antérieur

aurai	cueilli
auras	cueilli
aura	cueilli
aurons	cueilli
aurez	cueilli
auront	cueilli

Passé simple

je	cueillis	[køji]
tu	cueillis	[køji]
il	cueillit	[køji]
ns	cueillîmes	[køjim]
vs	cueillîtes	[køjit]
ils	cueillirent	[køjir]

Passé antérieur

eus	cueilli
eus	cueilli
eut	cueilli
eûmes	cueilli
eûtes	cueilli
eurent	cueilli

SUBJONCTIF

Présent

q. je	cueille	[kœj]
tu	cueilles	[kœj]
il	cueille	[kœj]
ns	cueillions	[køjjɔ̃]
vs	cueilliez	[køjje]
ils	cueillent	[kœj]

Passé

aie	cueilli
aies	cueilli
ait	cueilli
ayons	cueilli
ayez	cueilli
aient	cueilli

Imparfait

q. je	cueillisse	[køjis]
tu	cueillisses	[køjis]
il	cueillît	[køji]
ns	cueillissions	[køjisjɔ̃]
vs	cueillissiez	[køjisje]
ils	cueillissent	[køjis]

Plus-que-parfait

eusse	cueilli
eusses	cueilli
eût	cueilli
eussions	cueilli
eussiez	cueilli
eussent	cueilli

CONDITIONNEL

Présent

je	cueillerais	[kœjrɛ]
tu	cueillerais	[kœjrɛ]
il	cueillerait	[kœjrɛ]
ns	cueillerions	[køjərjɔ̃]
vs	cueilleriez	[køjərje]
ils	cueilleraient	[kœjrɛ]

Passé

aurais	cueilli
aurais	cueilli
aurait	cueilli
aurions	cueilli
auriez	cueilli
auraient	cueilli

IMPÉRATIF

Présent

cueille	[kœj]
cueillons	[køjɔ̃]
cueillez	[køje]

Passé

aie	cueilli
ayons	cueilli
ayez	cueilli

42 mourir ▷ *sterben*

INFINITIF

Présent	Passé
mourir	être mort
[murir]	[ɛtrəmɔr]

INDICATIF

	Présent		Passé composé	
je	meurs	[mœr]	suis	mort
tu	meurs	[mœr]	es	mort
il	meurt	[mœr]	est	mort
ns	mourons	[murɔ̃]	sommes	morts
vs	mourez	[mure]	êtes	morts
ils	meurent	[mœr]	sont	morts

	Imparfait		Plus-que-parfait	
je	mourais	[murɛ]	étais	mort
tu	mourais	[murɛ]	étais	mort
il	mourait	[murɛ]	était	mort
ns	mourions	[murjɔ̃]	étions	morts
vs	mouriez	[murje]	étiez	morts
ils	mouraient	[murɛ]	étaient	morts

	Futur simple		Futur antérieur	
je	mourrai	[mur(r)e]	serai	mort
tu	mourras	[mur(r)a]	seras	mort
il	mourra	[mur(r)a]	sera	mort
ns	mourrons	[mur(r)ɔ̃]	serons	morts
vs	mourrez	[mur(r)e]	serez	morts
ils	mourront	[mur(r)ɔ̃]	seront	morts

	Passé simple		Passé antérieur	
je	mourus	[mury]	fus	mort
tu	mourus	[mury]	fus	mort
il	mourut	[mury]	fut	mort
ns	mourûmes	[murym]	fûmes	morts
vs	mourûtes	[muryt]	fûtes	morts
ils	moururent	[muryr]	furent	morts

PARTICIPE

Présent	Passé
mourant	mort, e
[murɑ̃]	[mɔr, mɔrt]

SUBJONCTIF

	Présent		Passé	
q. je	meure	[mœr]	sois	mort
tu	meures	[mœr]	sois	mort
il	meure	[mœr]	soit	mort
ns	mourions	[murjɔ̃]	soyons	morts
vs	mouriez	[murje]	soyez	morts
ils	meurent	[mœr]	soient	morts

	Imparfait		Plus-que-parfait	
q. je	mourusse	[murys]	fusse	mort
tu	mourusses	[murys]	fusses	mort
il	mourût	[mury]	fût	mort
ns	mourussions	[murysjɔ̃]	fussions	morts
vs	mourussiez	[murysje]	fussiez	morts
ils	mourussent	[murys]	fussent	morts

CONDITIONNEL

	Présent		Passé	
je	mourrais	[mur(r)ɛ]	serais	mort
tu	mourrais	[mur(r)ɛ]	serais	mort
il	mourrait	[mur(r)ɛ]	serait	mort
ns	mourrions	[mur(r)jɔ̃]	serions	morts
vs	mourriez	[mur(r)je]	seriez	morts
ils	mourraient	[mur(r)ɛ]	seraient	morts

IMPÉRATIF

Présent		Passé	
meurs	[mœr]	sois	mort
mourons	[murɔ̃]	soyons	morts
mourez	[mure]	soyez	morts

43 partir ▷ *weggehen*

INFINITIF

Présent	Passé
partir	être parti
[partir]	[ɛtrəparti]

PARTICIPE

Présent	Passé
partant	parti, e
[partɑ̃]	[parti]

INDICATIF

Présent

je	pars	[par]
tu	pars	[par]
il	part	[par]
ns	partons	[partɔ̃]
vs	partez	[parte]
ils	partent	[part]

Passé composé

suis	parti
es	parti
est	parti
sommes	partis
êtes	partis
sont	partis

Imparfait

je	partais	[partɛ]
tu	partais	[partɛ]
il	partait	[partɛ]
ns	partions	[partjɔ̃]
vs	partiez	[partje]
ils	partaient	[partɛ]

Plus-que-parfait

étais	parti
étais	parti
était	parti
étions	partis
étiez	partis
étaient	partis

Futur simple

je	partirai	[partire]
tu	partiras	[partira]
il	partira	[partira]
ns	partirons	[partirɔ̃]
vs	partirez	[partire]
ils	partiront	[partirɔ̃]

Futur antérieur

serai	parti
seras	parti
sera	parti
serons	partis
serez	partis
seront	partis

Passé simple

je	partis	[parti]
tu	partis	[parti]
il	partit	[parti]
ns	partîmes	[partim]
vs	partîtes	[partit]
ils	partirent	[partir]

Passé antérieur

fus	parti
fus	parti
fut	parti
fûmes	partis
fûtes	partis
furent	partis

SUBJONCTIF

Présent

q. je	parte	[part]
tu	partes	[part]
il	parte	[part]
ns	partions	[partjɔ̃]
vs	partiez	[partje]
ils	partent	[part]

Passé

sois	parti
sois	parti
soit	parti
soyons	partis
soyez	partis
soient	partis

Imparfait

q. je	partisse	[partis]
tu	partisses	[partis]
il	partît	[parti]
ns	partissions	[partisjɔ̃]
vs	partissiez	[partisje]
ils	partissent	[partis]

Plus-que-parfait

fusse	parti
fusses	parti
fût	parti
fussions	partis
fussiez	partis
fussent	partis

CONDITIONNEL

Présent

je	partirais	[partirɛ]
tu	partirais	[partirɛ]
il	partirait	[partirɛ]
ns	partirions	[partirjɔ̃]
vs	partiriez	[partirje]
ils	partiraient	[partirɛ]

Passé

serais	parti
serais	parti
serait	parti
serions	partis
seriez	partis
seraient	partis

IMPÉRATIF

Présent

pars	[par]
partons	[partɔ̃]
partez	[parte]

Passé

sois	parti
soyons	partis
soyez	partis

44 revêtir ▷ *anziehen*

INFINITIF

Présent	Passé
revêtir [rəvetir]	avoir revêtu [avwarrəvety]

PARTICIPE

Présent	Passé
revêtant [rəvetɑ̃]	revêtu, e [rəvety]

INDICATIF

	Présent		Passé composé	
je	revêts	[-vɛ]	ai	revêtu
tu	revêts	[-vɛ]	as	revêtu
il	revêt	[-vɛ]	a	revêtu
ns	revêtons	[-vetɔ̃]	avons	revêtu
vs	revêtez	[-vete]	avez	revêtu
ils	revêtent	[-vɛt]	ont	revêtu

	Imparfait		Plus-que-parfait	
je	revêtais	[-vetɛ]	avais	revêtu
tu	revêtais	[-vetɛ]	avais	revêtu
il	revêtait	[-vetɛ]	avait	revêtu
ns	revêtions	[-vetjɔ̃]	avions	revêtu
vs	revêtiez	[-vetje]	aviez	revêtu
ils	revêtaient	[-vetɛ]	avaient	revêtu

	Futur simple		Futur antérieur	
je	revêtirai	[-vetire]	aurai	revêtu
tu	revêtiras	[-vetira]	auras	revêtu
il	revêtira	[-vetira]	aura	revêtu
ns	revêtirons	[-vetirɔ̃]	aurons	revêtu
vs	revêtirez	[-vetire]	aurez	revêtu
ils	revêtiront	[-vetirɔ̃]	auront	revêtu

	Passé simple		Passé antérieur	
je	revêtis	[-veti]	eus	revêtu
tu	revêtis	[-veti]	eus	revêtu
il	revêtit	[-veti]	eut	revêtu
ns	revêtîmes	[-vetim]	eûmes	revêtu
vs	revêtîtes	[-vetit]	eûtes	revêtu
ils	revêtirent	[-vetir]	eurent	revêtu

SUBJONCTIF

	Présent		Passé	
q. je	revête	[-vɛt]	aie	revêtu
tu	revêtes	[-vɛt]	aies	revêtu
il	revête	[-vɛt]	ait	revêtu
ns	revêtions	[-vetjɔ̃]	ayons	revêtu
vs	revêtiez	[-vetje]	ayez	revêtu
ils	revêtent	[-vɛt]	aient	revêtu

	Imparfait		Plus-que-parfait	
q. je	revêtisse	[-vetis]	eusse	revêtu
tu	revêtisses	[-vetis]	eusses	revêtu
il	revêtît	[-veti]	eût	revêtu
ns	revêtissions	[-vetisjɔ̃]	eussions	revêtu
vs	revêtissiez	[-vetisje]	eussiez	revêtu
ils	revêtissent	[-vetis]	eussent	revêtu

CONDITIONNEL

	Présent		Passé	
je	revêtirais	[-vetirɛ]	aurais	revêtu
tu	revêtirais	[-vetirɛ]	aurais	revêtu
il	revêtirait	[-vetirɛ]	aurait	revêtu
ns	revêtirions	[-vetirjɔ̃]	aurions	revêtu
vs	revêtiriez	[-vetirje]	auriez	revêtu
ils	revêtiraient	[-vetirɛ]	auraient	revêtu

IMPÉRATIF

Présent		Passé	
revêts	[-vɛ]	aie	revêtu
revêtons	[-vetɔ̃]	ayons	revêtu
revêtez	[-vete]	ayez	revêtu

45 courir ▷ *rennen*

INFINITIF

Présent	Passé
courir [kurir]	avoir couru [avwarkury]

PARTICIPE

Présent	Passé
courant [kurɑ̃]	couru, e [kury]

INDICATIF

Présent

je	cours	[kur]
tu	cours	[kur]
il	court	[kur]
ns	courons	[kurɔ̃]
vs	courez	[kure]
ils	courent	[kur]

Passé composé

ai	couru
as	couru
a	couru
avons	couru
avez	couru
ont	couru

Imparfait

je	courais	[kurɛ]
tu	courais	[kurɛ]
il	courait	[kurɛ]
ns	courions	[kurjɔ̃]
vs	couriez	[kurje]
ils	couraient	[kurɛ]

Plus-que-parfait

avais	couru
avais	couru
avait	couru
avions	couru
aviez	couru
avaient	couru

Futur simple

je	courrai	[kur(r)e]
tu	courras	[kur(r)a]
il	courra	[kur(r)a]
ns	courrons	[kur(r)ɔ̃]
vs	courrez	[kur(r)e]
ils	courront	[kur(r)ɔ̃]

Futur antérieur

aurai	couru
auras	couru
aura	couru
aurons	couru
aurez	couru
auront	couru

Passé simple

je	courus	[kury]
tu	courus	[kury]
il	courut	[kury]
ns	courûmes	[kurym]
vs	courûtes	[kuryt]
ils	coururent	[kuryr]

Passé antérieur

eus	couru
eus	couru
eut	couru
eûmes	couru
eûtes	couru
eurent	couru

SUBJONCTIF

Présent

q. je	coure	[kur]
tu	coures	[kur]
il	coure	[kur]
ns	courions	[kurjɔ̃]
vs	couriez	[kurje]
ils	courent	[kur]

Passé

aie	couru
aies	couru
ait	couru
ayons	couru
ayez	couru
aient	couru

Imparfait

q. je	courusse	[kurys]
tu	courusses	[kurys]
il	courût	[kury]
ns	courussions	[kurysjɔ̃]
vs	courussiez	[kurysje]
ils	courussent	[kurys]

Plus-que-parfait

eusse	couru
eusses	couru
eût	couru
eussions	couru
eussiez	couru
eussent	couru

CONDITIONNEL

Présent

je	courrais	[kur(r)ɛ]
tu	courrais	[kur(r)ɛ]
il	courrait	[kur(r)ɛ]
ns	courrions	[kur(r)jɔ̃]
vs	courriez	[kur(r)je]
ils	courraient	[kur(r)ɛ]

Passé

aurais	couru
aurais	couru
aurait	couru
aurions	couru
auriez	couru
auraient	couru

IMPÉRATIF

Présent

cours	[kur]
courons	[kurɔ̃]
courez	[kure]

Passé

aie	couru
ayons	couru
ayez	couru

46 faillir ▷ *nahe dran sein...*

INFINITIF

Présent	Passé
faillir [fajir]	avoir failli [avwarfaji]

PARTICIPE

Présent	Passé
faillissant [fajisɑ̃] faillant	failli [faji]

INDICATIF

Présent

je	faillis	faux
tu	faillis	faux
il	faillit	faut
ns	faillissons	faillons
vs	faillissez	faillez
ils	faillissent	faillent

Passé composé

ai	failli
as	failli
a	failli
avons	failli
avez	failli
ont	failli

Imparfait

je	faillissais	faillais
tu	faillissais	faillais
il	faillissait	faillait
ns	faillissions	faillions
vs	faillissiez	failliez
ils	faillissaient	faillaient

Plus-que-parfait

avais	failli
avais	failli
avait	failli
avions	failli
aviez	failli
avaient	failli

Futur simple

je	faillirai	faudrai
tu	failliras	faudras
il	faillira	faudra
ns	faillirons	faudrons
vs	faillirez	faudrez
ils	failliront	faudront

Futur antérieur

aurai	failli
auras	failli
aura	failli
aurons	failli
aurez	failli
auront	failli

Passé simple

je	faillis
tu	faillis
il	faillit
ns	faillîmes
vs	faillîtes
ils	faillirent

Passé antérieur

eus	failli
eus	failli
eut	failli
eûmes	failli
eûtes	failli
eurent	failli

SUBJONCTIF

Présent

q. je	faillisse	faille
tu	faillisses	failles
il	faillisse	faille
ns	faillissions	faillions
vs	faillissiez	failliez
ils	faillissent	faillent

Passé

aie	failli
aies	failli
ait	failli
ayons	failli
ayez	failli
aient	failli

Imparfait

q. je	faillisse
tu	faillisses
il	faillît
ns	faillissions
vs	faillissiez
ils	faillissent

Plus-que-parfait

eusse	failli
eusses	failli
eût	failli
eussions	failli
eussiez	failli
eussent	failli

CONDITIONNEL

Présent

je	faillirais	faudrais
tu	faillirais	faudrais
il	faillirait	faudrait
ns	faillirions	faudrions
vs	failliriez	faudriez
ils	failliraient	faudraient

Passé

aurais	failli
aurais	failli
aurait	failli
aurions	failli
auriez	failli
auraient	failli

IMPÉRATIF

Présent

faillis	faux
faillissons	faillons
faillissez	faillez

Passé

aie	failli
ayons	failli
ayez	failli

Hinweis : *Faillir* wird meistens wie *finir* konjugiert. Die konjugierten Formen dieses Verbs werden aber selten gebraucht. Die Aussprache ist daher nicht angegeben.

47 **défaillir** ▷ *in Ohnmacht fallen*

INFINITIF

Présent	Passé
défaillir [defajir]	avoir défailli [avwardefaji]

PARTICIPE

Présent	Passé
défaillant [defajɑ̃]	défailli [defaji]

INDICATIF

Présent

			Passé composé	
je	défaille	[-faj]	ai	défailli
tu	défailles	[-faj]	as	défailli
il	défaille	[-faj]	a	défailli
ns	défaillons	[-fajɔ̃]	avons	défailli
vs	défaillez	[-faje]	avez	défailli
ils	défaillent	[-faj]	ont	défailli

Imparfait

			Plus-que-parfait	
je	défaillais	[-fajɛ]	avais	défailli
tu	défaillais	[-fajɛ]	avais	défailli
il	défaillait	[-fajɛ]	avait	défailli
ns	défaillions	[-fajjɔ̃]	avions	défailli
vs	défailliez	[-fajje]	aviez	défailli
ils	défaillaient	[-fajɛ]	avaient	défailli

Futur simple

			Futur antérieur	
je	défaillirai	[-fajire]	aurai	défailli
tu	défailliras	[-fajira]	auras	défailli
il	défaillira	[-fajira]	aura	défailli
ns	défaillirons	[-fajirɔ̃]	aurons	défailli
vs	défaillirez	[-fajire]	aurez	défailli
ils	défailliront	[-fajirɔ̃]	auront	défailli

Passé simple

			Passé antérieur	
je	défaillis	[-faji]	eus	défailli
tu	défaillis	[-faji]	eus	défailli
il	défaillit	[-faji]	eut	défailli
ns	défaillîmes	[-fajim]	eûmes	défailli
vs	défaillîtes	[-fajit]	eûtes	défailli
ils	défaillirent	[-fajir]	eurent	défailli

SUBJONCTIF

Présent

			Passé	
q. je	défaille	[-faj]	aie	défailli
tu	défailles	[-faj]	aies	défailli
il	défaille	[-faj]	ait	défailli
ns	défaillions	[-fajjɔ̃]	ayons	défailli
vs	défailliez	[-fajje]	ayez	défailli
ils	défaillent	[-faj]	aient	défailli

Imparfait

			Plus-que-parfait	
q. je	défaillisse	[-fajis]	eusse	défailli
tu	défaillisses	[-fajis]	eusses	défailli
il	défaillît	[-faji]	eût	défailli
ns	défaillissions	[-fajisjɔ̃]	eussions	défailli
vs	défaillissiez	[-fajisje]	eussiez	défailli
ils	défaillissent	[-fajis]	eussent	défailli

CONDITIONNEL

Présent

			Passé	
je	défaillirais	[-fajirɛ]	aurais	défailli
tu	défaillirais	[-fajirɛ]	aurais	défailli
il	défaillirait	[-fajirɛ]	aurait	défailli
ns	défaillirions	[-fajirjɔ̃]	aurions	défailli
vs	défailliriez	[-fajirje]	auriez	défailli
ils	défailliraient	[-fajirɛ]	auraient	défailli

IMPÉRATIF

Présent

		Passé	
défaille	[-faj]	aie	défailli
défaillons	[-fajɔ̃]	ayons	défailli
défaillez	[-faje]	ayez	défailli

Hinweis : Man findet auch *je défaillerai* [defajre], *tu défailleras* [defajra], etc. in der Zukunft, sowie *je défaillerais* [defajrɛ], *tu défaillerais* [defajrɛ] etc. im Konditional. Das gleiche gilt für *tressaillir* und *assaillir*.

48 bouillir ▷ *kochen*

INFINITIF

Présent	Passé
bouillir	avoir bouilli
[bujir]	[avwarbuji]

PARTICIPE

Présent	Passé
bouillant	bouilli, e
[bujɑ̃]	[buji]

INDICATIF

Présent

je	bous	[bu]
tu	bous	[bu]
il	bout	[bu]
ns	bouillons	[bujɔ̃]
vs	bouillez	[buje]
ils	bouillent	[buj]

Passé composé

ai	bouilli
as	bouilli
a	bouilli
avons	bouilli
avez	bouilli
ont	bouilli

Imparfait

je	bouillais	[bujɛ]
tu	bouillais	[bujɛ]
il	bouillait	[bujɛ]
ns	bouillions	[bujjɔ̃]
vs	bouilliez	[bujje]
ils	bouillaient	[bujɛ]

Plus-que-parfait

avais	bouilli
avais	bouilli
avait	bouilli
avions	bouilli
aviez	bouilli
avaient	bouilli

Futur simple

je	bouillirai	[bujire]
tu	bouilliras	[bujira]
il	bouillira	[bujira]
ns	bouillirons	[bujirɔ̃]
vs	bouillirez	[bujire]
ils	bouilliront	[bujirɔ̃]

Futur antérieur

aurai	bouilli
auras	bouilli
aura	bouilli
aurons	bouilli
aurez	bouilli
auront	bouilli

Passé simple

je	bouillis	[buji]
tu	bouillis	[buji]
il	bouillit	[buji]
ns	bouillîmes	[bujim]
vs	bouillîtes	[bujit]
ils	bouillirent	[bujir]

Passé antérieur

eus	bouilli
eus	bouilli
eut	bouilli
eûmes	bouilli
eûtes	bouilli
eurent	bouilli

SUBJONCTIF

Présent

q.	je	bouille	[buj]
	tu	bouilles	[buj]
	il	bouille	[buj]
	ns	bouillions	[bujjɔ̃]
	vs	bouilliez	[bujje]
	ils	bouillent	[buj]

Passé

aie	bouilli
aies	bouilli
ait	bouilli
ayons	bouilli
ayez	bouilli
aient	bouilli

Imparfait

q.	je	bouillisse	[bujis]
	tu	bouillisses	[bujis]
	il	bouillît	[buji]
	ns	bouillissions	[bujisjɔ̃]
	vs	bouillissiez	[bujisje]
	ils	bouillissent	[bujis]

Plus-que-parfait

eusse	bouilli
eusses	bouilli
eût	bouilli
eussions	bouilli
eussiez	bouilli
eussent	bouilli

CONDITIONNEL

Présent

je	bouillirais	[bujirɛ]
tu	bouillirais	[bujirɛ]
il	bouillirait	[bujirɛ]
ns	bouillirions	[bujirjɔ̃]
vs	bouilliriez	[bujirje]
ils	bouilliraient	[bujirɛ]

Passé

aurais	bouilli
aurais	bouilli
aurait	bouilli
aurions	bouilli
auriez	bouilli
auraient	bouilli

IMPÉRATIF

Présent

bous	[bu]
bouillons	[bujɔ̃]
bouillez	[buje]

Passé

aie	bouilli
ayons	bouilli
ayez	bouilli

49 gésir ▷ *liegen*

INFINITIF

Présent

gésir
[ʒezir]

PARTICIPE

Présent

gisant
[ʒizɑ̃]

Remarque : *Gésir* est défectif aux autres temps et modes

INDICATIF

	Présent		Imparfait	
je	gis	[ʒi]	gisais	[ʒizɛ]
tu	gis	[ʒi]	gisais	[ʒizɛ]
il	gît	[ʒi]	gisait	[ʒizɛ]
ns	gisons	[ʒizɔ̃]	gisions	[ʒizjɔ̃]
vs	gisez	[ʒize]	gisiez	[ʒizje]
ils	gisent	[ʒiz]	gisaient	[ʒizɛ]

50 saillir ▷ *hervorschauen*

INFINITIF

Présent	Passé
saillir [sajir]	avoir sailli [avwarsaji]

INDICATIF

	Présent		Passé composé	
il	saille	[saj]	a	sailli
ils	saillent	[saj]	ont	sailli

	Imparfait		Plus-que-parfait	
il	saillait	[sajɛ]	avait	sailli
ils	saillaient	[sajɛ]	avaient	sailli

	Futur simple		Futur antérieur	
il	saillera	[sajra]	aura	sailli
ils	sailleront	[sajrɔ̃]	auront	sailli

	Passé simple		Passé antérieur	
il	saillit	[saji]	eut	sailli
ils	saillirent	[sajir]	eussent	sailli

PARTICIPE

Présent	Passé
saillant [sajɑ̃]	sailli, e [saji]

SUBJONCTIF

	Présent		Passé	
q. il	saille	[saj]	ait	sailli
ils	saillent	[saj]	aient	sailli

	Imparfait		Plus-que-parfait	
q. il	saillît	[saji]	eût	sailli
ils	saillissent	[sajis]	eussent	sailli

CONDITIONNEL

	Présent		Passé	
il	saillerait	[sajrɛ]	aurait	sailli
ils	sailleraient	[sajrɛ]	auraient	sailli

IMPÉRATIF

Présent	Passé
(inusité)	*(inusité)*

Hinweis : *Saillir* heißt hier « hervorschauen ». In der Bedeutung « bespringen » oder « hervorspringen » wird *saillir* wie *finir* konjugiert und praktisch nur im Infinitiv und in der 3. Person Singular und Plural gebraucht.

51 ouïr ▷ *hören*

INFINITIF

Présent	Passé
ouïr [wir]	avoir ouï [avwarwi]

PARTICIPE

Présent	Passé
oyant	ouï, e [wi]

INDICATIF

Présent

j'	ouïs	ois
tu	ouïs	ois
il	ouït	oit
ns	ouïssons	oyons
vs	ouïssez	oyez
ils	ouïssent	oient

Passé composé

ai	ouï
as	ouï
a	ouï
avons	ouï
avez	ouï
ont	ouï

Imparfait

j'	ouïssais	oyais
tu	ouïssais	oyais
il	ouïssait	oyait
ns	ouïssions	oyions
vs	ouïssiez	oyiez
ils	ouïssaient	oyaient

Plus-que-parfait

avais	ouï
avais	ouï
avait	ouï
avions	ouï
aviez	ouï
avaient	ouï

Futur simple

j'	ouïrai	orrai
tu	ouïras	orras
il	ouïra	orra
ns	ouïrons	orrons
vs	ouïrez	orrez
ils	ouïront	orront

Futur antérieur

aurai	ouï
auras	ouï
aura	ouï
aurons	ouï
aurez	ouï
auront	ouï

Passé simple

j'	ouïs
tu	ouïs
il	ouït
ns	ouïmes
vs	ouïtes
ils	ouïrent

Passé antérieur

eus	ouï
eus	ouï
eut	ouï
eûmes	ouï
eûtes	ouï
eurent	ouï

SUBJONCTIF

Présent

q. j'	ouïsse	oie
tu	ouïsses	oies
il	ouïsse	oie
ns	ouïssions	oyions
vs	ouïssiez	oyiez
ils	ouissent	oient

Passé

aie	ouï
aies	ouï
ait	ouï
ayons	ouï
ayez	ouï
aient	ouï

Imparfait

q. j'	ouïsse
tu	ouïsses
il	ouït
ns	ouïssions
vs	ouïssiez
ils	ouïssent

Plus-que-parfait

eusse	ouï
eusses	ouï
eût	ouï
eussions	ouï
eussiez	ouï
eussent	ouï

CONDITIONNEL

Présent

j'	ouïrais	orrais
tu	ouïrais	orrais
il	ouïrait	orrait
ns	ouïrions	orrions
vs	ouïriez	orriez
ils	ouïraient	orraient

Passé

aurais	ouï
aurais	ouï
aurait	ouï
aurions	ouï
auriez	ouï
auraient	ouï

IMPÉRATIF

Présent

ouïs	ois
ouïssons	oyons
ouïssez	oyez

Passé

aie	ouï
ayons	ouï
ayez	ouï

Hinweis : Das Verb *ouïr* wird fast nur noch im Infinitiv und in dem Ausdruck *ouï-dire* gebraucht. In der juristischen Sprache ist das Verb noch gebräuchlich. Die konjugierten Formen sind selten. Die Aussprache ist daher nicht angegeben.

52 recevoir ▷ *erhalten*

INFINITIF

Présent	Passé
recevoir [rəsəvwar]	avoir reçu [avwarrəsy]

PARTICIPE

Présent	Passé
recevant [rəsəvɑ̃]	reçu, e [rəsy]

INDICATIF

Présent / **Passé composé**

je	reçois	[rəswa]	ai	reçu
tu	reçois	[rəswa]	as	reçu
il	reçoit	[rəswa]	a	reçu
ns	recevons	[rəsəvɔ̃]	avons	reçu
vs	recevez	[rəsəve]	avez	reçu
ils	reçoivent	[rəswav]	ont	reçu

Imparfait / **Plus-que-parfait**

je	recevais	[rəsəvɛ]	avais	reçu
tu	recevais	[rəsəvɛ]	avais	reçu
il	recevait	[rəsəvɛ]	avait	reçu
ns	recevions	[rəsəvjɔ̃]	avions	reçu
vs	receviez	[rəsəvje]	aviez	reçu
ils	recevaient	[rəsəvɛ]	avaient	reçu

Futur simple / **Futur antérieur**

je	recevrai	[rəsəvre]	aurai	reçu
tu	recevras	[rəsəvra]	auras	reçu
il	recevra	[rəsəvra]	aura	reçu
ns	recevrons	[rəsəvrɔ̃]	aurons	reçu
vs	recevrez	[rəsəvre]	aurez	reçu
ils	recevront	[rəsəvrɔ̃]	auront	reçu

Passé simple / **Passé antérieur**

je	reçus	[rəsy]	eus	reçu
tu	reçus	[rəsy]	eus	reçu
il	reçut	[rəsy]	eut	reçu
ns	reçûmes	[rəsym]	eûmes	reçu
vs	reçûtes	[rəsyt]	eûtes	reçu
ils	reçurent	[rəsyr]	eurent	reçu

SUBJONCTIF

Présent / **Passé**

q. je	reçoive	[rəswav]	aie	reçu
tu	reçoives	[rəswav]	aies	reçu
il	reçoive	[rəswav]	ait	reçu
ns	recevions	[rəsəvjɔ̃]	ayons	reçu
vs	receviez	[rəsəvje]	ayez	reçu
ils	reçoivent	[rəswav]	aient	reçu

Imparfait / **Plus-que-parfait**

q. je	reçusse	[rəsys]	eusse	reçu
tu	reçusses	[rəsys]	eusses	reçu
il	reçût	[rəsy]	eût	reçu
ns	reçussions	[rəsysjɔ̃]	eussions	reçu
vs	reçussiez	[rəsysje]	eussiez	reçu
ils	reçussent	[rəsys]	eussent	reçu

CONDITIONNEL

Présent / **Passé**

je	recevrais	[rəsəvrɛ]	aurais	reçu
tu	recevrais	[rəsəvrɛ]	aurais	reçu
il	recevrait	[rəsəvrɛ]	aurait	reçu
ns	recevrions	[rəsəvrijɔ̃]	aurions	reçu
vs	recevriez	[rəsəvrije]	auriez	reçu
ils	recevraient	[rəsəvrɛ]	auraient	reçu

IMPÉRATIF

Présent / **Passé**

reçois	[rəswa]	aie	reçu
recevons	[rəsəvɔ̃]	ayons	reçu
recevez	[rəsəve]	ayez	reçu

53 devoir ▷ *müssen, sollen*

INFINITIF

Présent	Passé
devoir [dəvwar]	avoir dû [avwardy]

PARTICIPE

Présent	Passé
devant [dəvɑ̃]	dû, due, dus, dues [dy]

INDICATIF

Présent

je	dois	[dwa]
tu	dois	[dwa]
il	doit	[dwa]
ns	devons	[d(ə)vɔ̃]
vs	devez	[d(ə)ve]
ils	doivent	[dwav]

Passé composé

ai	dû
as	dû
a	dû
avons	dû
avez	dû
ont	dû

Imparfait

je	devais	[d(ə)vɛ]
tu	devais	[d(ə)vɛ]
il	devait	[dəvɛ]
ns	devions	[dəvjɔ̃]
vs	deviez	[dəvje]
ils	devaient	[dəvɛ]

Plus-que-parfait

avais	dû
avais	dû
avait	dû
avions	dû
aviez	dû
avaient	dû

Futur simple

je	devrai	[dəvre]
tu	devras	[dəvra]
il	devra	[dəvra]
ns	devrons	[dəvrɔ̃]
vs	devrez	[dəvre]
ils	devront	[dəvrɔ̃]

Futur antérieur

aurai	dû
auras	dû
aura	dû
aurons	dû
aurez	dû
auront	dû

Passé simple

je	dus	[dy]
tu	dus	[dy]
il	dut	[dy]
ns	dûmes	[dym]
vs	dûtes	[dyt]
ils	durent	[dyr]

Passé antérieur

eus	dû
eus	dû
eut	dû
eûmes	dû
eûtes	dû
eurent	dû

SUBJONCTIF

Présent

q. je	doive	[dwav]
tu	doives	[dwav]
il	doive	[dwav]
ns	devions	[dəvjɔ̃]
vs	deviez	[dəvje]
ils	doivent	[dwav]

Passé

aie	dû
aies	dû
ait	dû
ayons	dû
ayez	dû
aient	dû

Imparfait

q. je	dusse	[dys]
tu	dusses	[dys]
il	dût	[dy]
ns	dussions	[dysjɔ̃]
vs	dussiez	[dysje]
ils	dussent	[dys]

Plus-que-parfait

eusse	dû
eusses	dû
eût	dû
eussions	dû
eussiez	dû
eussent	dû

CONDITIONNEL

Présent

je	devrais	[dəvrɛ]
tu	devrais	[dəvrɛ]
il	devrait	[dəvrɛ]
ns	devrions	[dəvrijɔ̃]
vs	devriez	[dəvrije]
ils	devraient	[dəvrɛ]

Passé

aurais	dû
aurais	dû
aurait	dû
aurions	dû
auriez	dû
auraient	dû

IMPÉRATIF

Présent

dois	[dwa]
devons	[dəvɔ̃]
devez	[dəve]

Passé

aie	dû
ayons	dû
ayez	dû

54 mouvoir ▷ *bewegen*

INFINITIF

Présent	Passé
mouvoir [muvwar]	avoir mû [avwarmy]

PARTICIPE

Présent	Passé
mouvant [muvɑ̃]	mû, mue, mus, mues [my]

INDICATIF

Présent

je	meus	[mø]
tu	meus	[mø]
il	meut	[mø]
ns	mouvons	[muvɔ̃]
vs	mouvez	[muve]
ils	meuvent	[mœv]

Passé composé

ai	mû
as	mû
a	mû
avons	mû
avez	mû
ont	mû

Imparfait

je	mouvais	[muvɛ]
tu	mouvais	[muvɛ]
il	mouvait	[muvɛ]
ns	mouvions	[muvjɔ̃]
vs	mouviez	[muvje]
ils	mouvaient	[muvɛ]

Plus-que-parfait

avais	mû
avais	mû
avait	mû
avions	mû
aviez	mû
avaient	mû

Futur simple

je	mouvrai	[muvre]
tu	mouvras	[muvra]
il	mouvra	[muvra]
ns	mouvrons	[muvrɔ̃]
vs	mouvrez	[muvre]
ils	mouvront	[muvrɔ̃]

Futur antérieur

aurai	mû
auras	mû
aura	mû
aurons	mû
aurez	mû
auront	mû

Passé simple

je	mus	[my]
tu	mus	[my]
il	mut	[my]
ns	mûmes	[mym]
vs	mûtes	[myt]
ils	murent	[myr]

Passé antérieur

eus	mû
eus	mû
eut	mû
eûmes	mû
eûtes	mû
eurent	mû

SUBJONCTIF

Présent

q. je	meuve	[mœv]
tu	meuves	[mœv]
il	meuve	[mœv]
ns	mouvions	[muvjɔ̃]
vs	mouviez	[muvje]
ils	meuvent	[mœv]

Passé

aie	mû
aies	mû
ait	mû
ayons	mû
ayez	mû
aient	mû

Imparfait

q. je	musse	[mys]
tu	musses	[mys]
il	mût	[my]
ns	mussions	[mysjɔ̃]
vs	mussiez	[mysje]
ils	mussent	[mys]

Plus-que-parfait

eusse	mû
eusses	mû
eût	mû
eussions	mû
eussiez	mû
eussent	mû

CONDITIONNEL

Présent

je	mouvrais	[muvrɛ]
tu	mouvrais	[muvrɛ]
il	mouvrait	[muvrɛ]
ns	mouvrions	[muvrijɔ̃]
vs	mouvriez	[muvrije]
ils	mouvraient	[muvrɛ]

Passé

aurais	mû
aurais	mû
aurait	mû
aurions	mû
auriez	mû
auraient	mû

IMPÉRATIF

Présent

meus	[mø]
mouvons	[muvɔ̃]
mouvez	[muve]

Passé

aie	mû
ayons	mû
ayez	mû

55 émouvoir ▷ *rühren*

INFINITIF

Présent	Passé
émouvoir [emuvwar]	avoir ému [avwaremy]

PARTICIPE

Présent	Passé
émouvant [emuvɑ̃]	ému, e [emy]

INDICATIF

Présent / Passé composé

j'	émeus	[-mø]	ai	ému
tu	émeus	[-mø]	as	ému
il	émeut	[-mø]	a	ému
ns	émouvons	[-muvɔ̃]	avons	ému
vs	émouvez	[-muve]	avez	ému
ils	émeuvent	[-mœv]	ont	ému

Imparfait / Plus-que-parfait

j'	émouvais	[-muvɛ]	avais	ému
tu	émouvais	[-muvɛ]	avais	ému
il	émouvait	[-muvɛ]	avait	ému
ns	émouvions	[-muvjɔ̃]	avions	ému
vs	émouviez	[-muvje]	aviez	ému
ils	émouvaient	[-muvɛ]	avaient	ému

Futur simple / Futur antérieur

j'	émouvrai	[-muvre]	aurai	ému
tu	émouvras	[-muvra]	auras	ému
il	émouvra	[-muvra]	aura	ému
ns	émouvrons	[-muvrɔ̃]	aurons	ému
vs	émouvrez	[-muvre]	aurez	ému
ils	émouvront	[-muvrɔ̃]	auront	ému

Passé simple / Passé antérieur

j'	émus	[-my]	eus	ému
tu	émus	[-my]	eus	ému
il	émut	[-my]	eut	ému
ns	émûmes	[-mym]	eûmes	ému
vs	émûtes	[-myt]	eûtes	ému
ils	émurent	[-myr]	eurent	ému

SUBJONCTIF

Présent / Passé

q. j'	émeuve	[-mœv]	aie	ému
tu	émeuves	[-mœv]	aies	ému
il	émeuve	[-mœv]	ait	ému
ns	émouvions	[-muvjɔ̃]	ayons	ému
vs	émouviez	[-muvje]	ayez	ému
ils	émeuvent	[-mœv]	aient	ému

Imparfait / Plus-que-parfait

q. j'	émusse	[-mys]	eusse	ému
tu	émusses	[-mys]	eusses	ému
il	émût	[-my]	eût	ému
ns	émussions	[-mysjɔ̃]	eussions	ému
vs	émussiez	[-mysje]	eussiez	ému
ils	émussent	[-mys]	eussent	ému

CONDITIONNEL

Présent / Passé

j'	émouvrais	[-muvrɛ]	aurais	ému
tu	émouvrais	[-muvrɛ]	aurais	ému
il	émouvrait	[-muvrɛ]	aurait	ému
ns	émouvrions	[-muvrijɔ̃]	aurions	ému
vs	émouvriez	[-muvrije]	auriez	ému
ils	émouvraient	[-muvrɛ]	auraient	ému

IMPÉRATIF

Présent / Passé

émeus	[-mø]	aie	ému
émouvons	[-muvɔ̃]	ayons	ému
émouvez	[-muve]	ayez	ému

56 promouvoir ▷ *befördern*

INFINITIF

Présent	Passé
promouvoir [promuvwar]	avoir promu [avwarpromy]

PARTICIPE

Présent	Passé
promouvant [promuvɑ̃]	promu, e [promy]

INDICATIF

	Présent	Passé composé	
je	promeus	ai	promu
tu	promeus	as	promu
il	promeut	a	promu
ns	promouvons	avons	promu
vs	promouvez	avez	promu
ils	promeuvent	ont	promu

	Imparfait	Plus-que-parfait	
je	promouvais	avais	promu
tu	promouvais	avais	promu
il	promouvait	avait	promu
ns	promouvions	avions	promu
vs	promouviez	aviez	promu
ils	promouvaient	avaient	promu

	Futur simple	Futur antérieur	
je	promouvrai	aurai	promu
tu	promouvras	auras	promu
il	promouvra	aura	promu
ns	promouvrons	aurons	promu
vs	promouvrez	aurez	promu
ils	promouvront	auront	promu

	Passé simple	Passé antérieur	
je	promus	eus	promu
tu	promus	eus	promu
il	promut	eut	promu
ns	promûmes	eûmes	promu
vs	promûtes	eûtes	promu
ils	promurent	eurent	promu

SUBJONCTIF

	Présent	Passé	
q. je	promeuve	aie	promu
tu	promeuves	aies	promu
il	promeuve	ait	promu
ns	promouvions	ayons	promu
vs	promouviez	ayez	promu
ils	promeuvent	aient	promu

	Imparfait	Plus-que-parfait	
q. je	promusse	eusse	promu
tu	promusses	eusses	promu
il	promût	eût	promu
ns	promussions	eussions	promu
vs	promussiez	eussiez	promu
ils	promussent	eussent	promu

CONDITIONNEL

	Présent	Passé	
je	promouvrais	aurais	promu
tu	promouvrais	aurais	promu
il	promouvrait	aurait	promu
ns	promouvrions	aurions	promu
vs	promouvriez	auriez	promu
ils	promouvraient	auraient	promu

IMPÉRATIF

Présent	Passé	
promeus	aie	promu
promouvons	ayons	promu
promouvez	ayez	promu

Hinweis : Die konjugierten Formen sind selten. Die Aussprache ist daher nicht angegeben.

57 **vouloir** ▷ *wollen*

INFINITIF

Présent	Passé
vouloir [vulwar]	avoir voulu [avwarvuly]

INDICATIF

Présent			Passé composé	
je	veux	[vø]	ai	voulu
tu	veux	[vø]	as	voulu
il	veut	[vø]	a	voulu
ns	voulons	[vulɔ̃]	avons	voulu
vs	voulez	[vule]	avez	voulu
ils	veulent	[vœl]	ont	voulu

Imparfait			Plus-que-parfait	
je	voulais	[vulɛ]	avais	voulu
tu	voulais	[vulɛ]	avais	voulu
il	voulait	[vulɛ]	avait	voulu
ns	voulions	[vuljɔ̃]	avions	voulu
vs	vouliez	[vulje]	aviez	voulu
ils	voulaient	[vulɛ]	avaient	voulu

Futur simple			Futur antérieur	
je	voudrai	[vudre]	aurai	voulu
tu	voudras	[vudra]	auras	voulu
il	voudra	[vudra]	aura	voulu
ns	voudrons	[vudrɔ̃]	aurons	voulu
vs	voudrez	[vudre]	aurez	voulu
ils	voudront	[vudrɔ̃]	auront	voulu

Passé simple			Passé antérieur	
je	voulus	[vuly]	eus	voulu
tu	voulus	[vuly]	eus	voulu
il	voulut	[vuly]	eut	voulu
ns	voulûmes	[vulym]	eûmes	voulu
vs	voulûtes	[vulyt]	eûtes	voulu
ils	voulurent	[vulyr]	eurent	voulu

PARTICIPE

Présent	Passé
voulant [vulɑ̃]	voulu, e [vuly]

SUBJONCTIF

Présent				Passé	
q.	je	veuille	[vœj]	aie	voulu
	tu	veuilles	[vœj]	aies	voulu
	il	veuille	[vœj]	ait	voulu
	ns	voulions	[vuljɔ̃]	ayons	voulu
	vs	vouliez	[vulje]	ayez	voulu
	ils	veuillent	[vœj]	aient	voulu

Imparfait				Plus-que-parfait	
q.	je	voulusse	[vulys]	eusse	voulu
	tu	voulusses	[vulys]	eusses	voulu
	il	voulût	[vuly]	eût	voulu
	ns	voulussions	[vulysjɔ̃]	eussions	voulu
	vs	voulussiez	[vulysje]	eussiez	voulu
	ils	voulussent	[vulys]	eussent	voulu

CONDITIONNEL

Présent			Passé	
je	voudrais	[vudrɛ]	aurais	voulu
tu	voudrais	[vudrɛ]	aurais	voulu
il	voudrait	[vudrɛ]	aurait	voulu
ns	voudrions	[vudrijɔ̃]	aurions	voulu
vs	voudriez	[vudrije]	auriez	voulu
ils	voudraient	[vudrɛ]	auraient	voulu

IMPÉRATIF

Présent		Passé	
veux/veuille	[vø]/[vœj]	aie	voulu
voulons/veuillons	[vulɔ̃]/[vøjɔ̃]	ayons	voulu
voulez/veuillez	[vule]/[vøje]	ayez	voulu

58 pouvoir ▷ können

INFINITIF

Présent	Passé
pouvoir	avoir pu
[puvwar]	[avwarpy]

INDICATIF

	Présent		Passé composé	
je	peux	[pø]	ai	pu
ou	puis	[pɥi]		
tu	peux	[pø]	as	pu
il	peut	[pø]	a	pu
ns	pouvons	[puvɔ̃]	avons	pu
vs	pouvez	[puve]	avez	pu
ils	peuvent	[pœv]	ont	pu

	Imparfait		Plus-que-parfait	
je	pouvais	[puvɛ]	avais	pu
tu	pouvais	[puvɛ]	avais	pu
il	pouvait	[puvɛ]	avait	pu
ns	pouvions	[puvjɔ̃]	avions	pu
vs	pouviez	[puvje]	aviez	pu
ils	pouvaient	[puvɛ]	avaient	pu

	Futur simple		Futur antérieur	
je	pourrai	[pure]	aurai	pu
tu	pourras	[pura]	auras	pu
il	pourra	[pura]	aura	pu
ns	pourrons	[purɔ̃]	aurons	pu
vs	pourrez	[pure]	aurez	pu
ils	pourront	[purɔ̃]	auront	pu

	Passé simple		Passé antérieur	
je	pus	[py]	eus	pu
tu	pus	[py]	eus	pu
il	put	[py]	eut	pu
ns	pûmes	[pym]	eûmes	pu
vs	pûtes	[pyt]	eûtes	pu
ils	purent	[pyr]	eurent	pu

PARTICIPE

Présent	Passé
pouvant	pu
[puvɑ̃]	[py]

SUBJONCTIF

	Présent		Passé	
q. je	puisse	[pɥis]	aie	pu
tu	puisses	[pɥis]	aies	pu
il	puisse	[pɥis]	ait	pu
ns	puissions	[pɥisjɔ̃]	ayons	pu
vs	puissiez	[pɥisje]	ayez	pu
ils	puissent	[pɥis]	aient	pu

	Imparfait		Plus-que-parfait	
q. je	pusse	[pys]	eusse	pu
tu	pusses	[pys]	eusses	pu
il	pût	[py]	eût	pu
ns	pussions	[pysjɔ̃]	eussions	pu
vs	pussiez	[pysje]	eussiez	pu
ils	pussent	[pys]	eussent	pu

CONDITIONNEL

	Présent		Passé	
je	pourrais	[purɛ]	aurais	pu
tu	pourrais	[purɛ]	aurais	pu
il	pourrait	[purɛ]	aurait	pu
ns	pourrions	[purjɔ̃]	aurions	pu
vs	pourriez	[purje]	auriez	pu
ils	pourraient	[purɛ]	auraient	pu

IMPÉRATIF

Présent	Passé
(inusité)	*(inusité)*
—	—
—	—

Hinweis : In der Frageform mit nachgestelltem Subjekt hat man nur die Form *puis-je ?*

59 savoir ▷ *wissen*

INFINITIF

Présent	Passé
savoir	avoir su
[savwar]	[avwarsy]

PARTICIPE

Présent	Passé
sachant	su, e
[saʃɑ̃]	[sy]

INDICATIF

Présent

je	sais	[sɛ]
tu	sais	[sɛ]
il	sait	[sɛ]
ns	savons	[savɔ̃]
vs	savez	[save]
ils	savent	[sav]

Passé composé

ai	su
as	su
a	su
avons	su
avez	su
ont	su

Imparfait

je	savais	[savɛ]
tu	savais	[savɛ]
il	savait	[savɛ]
ns	savions	[savjɔ̃]
vs	saviez	[savje]
ils	savaient	[savɛ]

Plus-que-parfait

avais	su
avais	su
avait	su
avions	su
aviez	su
avaient	su

Futur simple

je	saurai	[sɔre]
tu	sauras	[sɔra]
il	saura	[sɔra]
ns	saurons	[sɔrɔ̃]
vs	saurez	[sɔre]
ils	sauront	[sɔrɔ̃]

Futur antérieur

aurai	su
auras	su
aura	su
aurons	su
aurez	su
auront	su

Passé simple

je	sus	[sy]
tu	sus	[sy]
il	sut	[sy]
ns	sûmes	[sym]
vs	sûtes	[syt]
ils	surent	[syr]

Passé antérieur

eus	su
eus	su
eut	su
eûmes	su
eûtes	su
eurent	su

SUBJONCTIF

Présent

q.	je	sache	[saʃ]
	tu	saches	[saʃ]
	il	sache	[saʃ]
	ns	sachions	[saʃjɔ̃]
	vs	sachiez	[saʃje]
	ils	sachent	[saʃ]

Passé

aie	su
aies	su
ait	su
ayons	su
ayez	su
aient	su

Imparfait

q.	je	susse	[sys]
	tu	susses	[sys]
	il	sût	[sy]
	ns	sussions	[sysjɔ̃]
	vs	sussiez	[sysje]
	ils	sussent	[sys]

Plus-que-parfait

eusse	su
eusses	su
eût	su
eussions	su
eussiez	su
eussent	su

CONDITIONNEL

Présent

je	saurais	[sɔrɛ]
tu	saurais	[sɔrɛ]
il	saurait	[sɔrɛ]
ns	saurions	[sɔrjɔ̃]
vs	sauriez	[sɔrje]
ils	sauraient	[sɔrɛ]

Passé

aurais	su
aurais	su
aurait	su
aurions	su
auriez	su
auraient	su

IMPÉRATIF

Présent

sache	[saʃ]
sachons	[saʃɔ̃]
sachez	[saʃe]

Passé

aie	su
ayons	su
ayez	su

60 valoir ▷ *wert sein*

INFINITIF

Présent	Passé
valoir [valwar]	avoir valu [avwarvaly]

PARTICIPE

Présent	Passé
valant [valɑ̃]	valu, e [valy]

INDICATIF

Présent

je	vaux	[vo]
tu	vaux	[vo]
il	vaut	[vo]
ns	valons	[valɔ̃]
vs	valez	[vale]
ils	valent	[val]

Passé composé

ai	valu
as	valu
a	valu
avons	valu
avez	valu
ont	valu

Imparfait

je	valais	[valɛ]
tu	valais	[valɛ]
il	valait	[valɛ]
ns	valions	[valjɔ̃]
vs	valiez	[valje]
ils	valaient	[valɛ]

Plus-que-parfait

avais	valu
avais	valu
avait	valu
avions	valu
aviez	valu
avaient	valu

Futur simple

je	vaudrai	[vodre]
tu	vaudras	[vodra]
il	vaudra	[vodra]
ns	vaudrons	[vodrɔ̃]
vs	vaudrez	[vodre]
ils	vaudront	[vodrɔ̃]

Futur antérieur

aurai	valu
auras	valu
aura	valu
aurons	valu
aurez	valu
auront	valu

Passé simple

je	valus	[valy]
tu	valus	[valy]
il	valut	[valy]
ns	valûmes	[valym]
vs	valûtes	[valyt]
ils	valurent	[valyr]

Passé antérieur

eus	valu
eus	valu
eut	valu
eûmes	valu
eûtes	valu
eurent	valu

SUBJONCTIF

Présent

q. je	vaille	[vaj]
tu	vailles	[vaj]
il	vaille	[vaj]
ns	valions	[valjɔ̃]
vs	valiez	[valje]
ils	vaillent	[vaj]

Passé

aie	valu
aies	valu
ait	valu
ayons	valu
ayez	valu
aient	valu

Imparfait

q. je	valusse	[valys]
tu	valusses	[valys]
il	valût	[valy]
ns	valussions	[valysjɔ̃]
vs	valussiez	[valysje]
ils	valussent	[valys]

Plus-que-parfait

eusse	valu
eusses	valu
eût	valu
eussions	valu
eussiez	valu
eussent	valu

CONDITIONNEL

Présent

je	vaudrais	[vodrɛ]
tu	vaudrais	[vodrɛ]
il	vaudrait	[vodrɛ]
ns	vaudrions	[vodrijɔ̃]
vs	vaudriez	[vodrije]
ils	vaudraient	[vodrɛ]

Passé

aurais	valu
aurais	valu
aurait	valu
aurions	valu
auriez	valu
auraient	valu

IMPÉRATIF

Présent

vaux	[vo]
valons	[valɔ̃]
valez	[vale]

Passé

aie	valu
ayons	valu
ayez	valu

61 prévaloir ▷ *die Oberhand gewinnen*

INFINITIF

Présent	Passé
prévaloir [prevalwar]	avoir prévalu [avwarprevaly]

PARTICIPE

Présent	Passé
prévalant [prevalɑ̃]	prévalu, e [prevaly]

INDICATIF

	Présent		Passé composé	
je	prévaux	[-vo]	ai	prévalu
tu	prévaux	[-vo]	as	prévalu
il	prévaut	[-vo]	a	prévalu
ns	prévalons	[-valɔ̃]	avons	prévalu
vs	prévalez	[-vale]	avez	prévalu
ils	prévalent	[-val]	ont	prévalu

	Imparfait		Plus-que-parfait	
je	prévalais	[-valɛ]	avais	prévalu
tu	prévalais	[-valɛ]	avais	prévalu
il	prévalait	[-valɛ]	avait	prévalu
ns	prévalions	[-valjɔ̃]	avions	prévalu
vs	prévaliez	[-valje]	aviez	prévalu
ils	prévalaient	[-valɛ]	avaient	prévalu

	Futur simple		Futur antérieur	
je	prévaudrai	[-vodre]	aurai	prévalu
tu	prévaudras	[-vodra]	auras	prévalu
il	prévaudra	[-vodra]	aura	prévalu
ns	prévaudrons	[-vodrɔ̃]	aurons	prévalu
vs	prévaudrez	[-vodre]	aurez	prévalu
ils	prévaudront	[-vodrɔ̃]	auront	prévalu

	Passé simple		Passé antérieur	
je	prévalus	[-valy]	eus	prévalu
tu	prévalus	[-valy]	eus	prévalu
il	prévalut	[-valy]	eut	prévalu
ns	prévalûmes	[-valym]	eûmes	prévalu
vs	prévalûtes	[-valyt]	eûtes	prévalu
ils	prévalurent	[-valyr]	eurent	prévalu

SUBJONCTIF

	Présent		Passé	
q. je	prévale	[-val]	aie	prévalu
tu	prévales	[-val]	aies	prévalu
il	prévale	[-val]	ait	prévalu
ns	prévalions	[-valjɔ̃]	ayons	prévalu
vs	prévaliez	[-valje]	ayez	prévalu
ils	prévalent	[-val]	aient	prévalu

	Imparfait		Plus-que-parfait	
q. je	prévalusse	[-valys]	eusse	prévalu
tu	prévalusses	[-valys]	eusses	prévalu
il	prévalût	[-valy]	eût	prévalu
ns	prévalussions	[-valysjɔ̃]	eussions	prévalu
vs	prévalussiez	[-valysje]	eussiez	prévalu
ils	prévalussent	[-valys]	eussent	prévalu

CONDITIONNEL

	Présent		Passé	
je	prévaudrais	[-vodrɛ]	aurais	prévalu
tu	prévaudrais	[-vodrɛ]	aurais	prévalu
il	prévaudrait	[-vodrɛ]	aurait	prévalu
ns	prévaudrions	[-vodrijɔ̃]	aurions	prévalu
vs	prévaudriez	[-vodrije]	auriez	prévalu
ils	prévaudraient	[-vodrɛ]	auraient	prévalu

IMPÉRATIF

Présent		Passé	
prévaux	[-vo]	aie	prévalu
prévalons	[-valɔ̃]	ayons	prévalu
prévalez	[-vale]	ayez	prévalu

62 voir ▷ *sehen*

INFINITIF

Présent	Passé
voir	avoir vu
[vwar]	[avwarvy]

PARTICIPE

Présent	Passé
voyant	vu, e
[vwajɑ̃]	[vy]

INDICATIF

Présent			Passé composé	
je	vois	[vwa]	ai	vu
tu	vois	[vwa]	as	vu
il	voit	[vwa]	a	vu
ns	voyons	[vwajɔ̃]	avons	vu
vs	voyez	[vwaje]	avez	vu
ils	voient	[vwa]	ont	vu

Imparfait			Plus-que-parfait	
je	voyais	[vwajɛ]	avais	vu
tu	voyais	[vwajɛ]	avais	vu
il	voyait	[vwajɛ]	avait	vu
ns	voyions	[vwajjɔ̃]	avions	vu
vs	voyiez	[vwajje]	aviez	vu
ils	voyaient	[vwajɛ]	avaient	vu

Futur simple			Futur antérieur	
je	verrai	[vere]	aurai	vu
tu	verras	[vera]	auras	vu
il	verra	[vera]	aura	vu
ns	verrons	[verɔ̃]	aurons	vu
vs	verrez	[vere]	aurez	vu
ils	verront	[verɔ̃]	auront	vu

Passé simple			Passé antérieur	
je	vis	[vi]	eus	vu
tu	vis	[vi]	eus	vu
il	vit	[vi]	eut	vu
ns	vîmes	[vim]	eûmes	vu
vs	vîtes	[vit]	eûtes	vu
ils	virent	[vir]	eurent	vu

SUBJONCTIF

Présent			Passé	
q. je	voie	[vwa]	aie	vu
tu	voies	[vwa]	aies	vu
il	voie	[vwa]	ait	vu
ns	voyions	[vwajjɔ̃]	ayons	vu
vs	voyiez	[vwajje]	ayez	vu
ils	voient	[vwa]	aient	vu

Imparfait			Plus-que-parfait	
q. je	visse	[vis]	eusse	vu
tu	visses	[vis]	eusses	vu
il	vît	[vi]	eût	vu
ns	vissions	[visjɔ̃]	eussions	vu
vs	vissiez	[visje]	eussiez	vu
ils	vissent	[vis]	eussent	vu

CONDITIONNEL

Présent			Passé	
je	verrais	[verɛ]	aurais	vu
tu	verrais	[verɛ]	aurais	vu
il	verrait	[verɛ]	aurait	vu
ns	verrions	[verjɔ̃]	aurions	vu
vs	verriez	[verje]	auriez	vu
ils	verraient	[verɛ]	auraient	vu

IMPÉRATIF

Présent		Passé	
vois	[vwa]	aie	vu
voyons	[vwajɔ̃]	ayons	vu
voyez	[vwaje]	ayez	vu

63 prévoir ▷ *voraussehen*

INFINITIF

Présent	Passé
prévoir [prevwar]	avoir prévu [avwarprevy]

PARTICIPE

Présent	Passé
prévoyant [prevwajɑ̃]	prévu, e [prevy]

INDICATIF

Présent / **Passé composé**

je	prévois	[-vwa]	ai	prévu
tu	prévois	[-vwa]	as	prévu
il	prévoit	[-vwa]	a	prévu
ns	prévoyons	[-vwajɔ̃]	avons	prévu
vs	prévoyez	[-vwaje]	avez	prévu
ils	prévoient	[-vwa]	ont	prévu

Imparfait / **Plus-que-parfait**

je	prévoyais	[-vwajɛ]	avais	prévu
tu	prévoyais	[-vwajɛ]	avais	prévu
il	prévoyait	[-vwajɛ]	avait	prévu
ns	prévoyions	[-vwajjɔ̃]	avions	prévu
vs	prévoyiez	[-vwajje]	aviez	prévu
ils	prévoyaient	[-vwajɛ]	avaient	prévu

Futur simple / **Futur antérieur**

je	prévoirai	[-vware]	aurai	prévu
tu	prévoiras	[-vwara]	auras	prévu
il	prévoira	[-vwara]	aura	prévu
ns	prévoirons	[-vwarɔ̃]	aurons	prévu
vs	prévoirez	[-vware]	aurez	prévu
ils	prévoiront	[-vwarɔ̃]	auront	prévu

Passé simple / **Passé antérieur**

je	prévis	[-vi]	eus	prévu
tu	prévis	[-vi]	eus	prévu
il	prévit	[-vi]	eut	prévu
ns	prévîmes	[-vim]	eûmes	prévu
vs	prévîtes	[-vit]	eûtes	prévu
ils	prévirent	[-vir]	eurent	prévu

SUBJONCTIF

Présent / **Passé**

q. je	prévoie	[-vwa]	aie	prévu
tu	prévoies	[-vwa]	aies	prévu
il	prévoie	[-vwa]	ait	prévu
ns	prévoyions	[-vwajjɔ̃]	ayons	prévu
vs	prévoyiez	[-vwajje]	ayez	prévu
ils	prévoient	[-vwa]	aient	prévu

Imparfait / **Plus-que-parfait**

q. je	prévisse	[-vis]	eusse	prévu
tu	prévisses	[-vis]	eusses	prévu
il	prévît	[-vi]	eût	prévu
ns	prévissions	[-visjɔ̃]	eussions	prévu
vs	prévissiez	[-visje]	eussiez	prévu
ils	prévissent	[-vis]	eussent	prévu

CONDITIONNEL

Présent / **Passé**

je	prévoirais	[-vwarɛ]	aurais	prévu
tu	prévoirais	[-vwarɛ]	aurais	prévu
il	prévoirait	[-vwarɛ]	aurait	prévu
ns	prévoirions	[-vwarjɔ̃]	aurions	prévu
vs	prévoiriez	[-vwarje]	auriez	prévu
ils	prévoiraient	[-vwarɛ]	auraient	prévu

IMPÉRATIF

Présent / **Passé**

prévois	[-vwa]	aie	prévu
prévoyons	[-vwajɔ̃]	ayons	prévu
prévoyez	[-vwaje]	ayez	prévu

64 pourvoir ▷ *versehen*

INFINITIF

Présent	Passé
pourvoir [purvwar]	avoir pourvu [avwarpurvy]

PARTICIPE

Présent	Passé
pourvoyant [purvwajɑ̃]	pourvu, e [purvy]

INDICATIF

Présent			Passé composé	
je	pourvois	[-vwa]	ai	pourvu
tu	pourvois	[-vwa]	as	pourvu
il	pourvoit	[-vwa]	a	pourvu
ns	pourvoyons	[-vwajɔ̃]	avons	pourvu
vs	pourvoyez	[-vwaje]	avez	pourvu
ils	pourvoient	[-vwa]	ont	pourvu

Imparfait			Plus-que-parfait	
je	pourvoyais	[-vwajɛ]	avais	pourvu
tu	pourvoyais	[-vwajɛ]	avais	pourvu
il	pourvoyait	[-vwajɛ]	avait	pourvu
ns	pourvoyions	[-vwajjɔ̃]	avions	pourvu
vs	pourvoyiez	[-vwajje]	aviez	pourvu
ils	pourvoyaient	[-vwajɛ]	avaient	pourvu

Futur simple			Futur antérieur	
je	pourvoirai	[-vware]	aurai	pourvu
tu	pourvoiras	[-vwara]	auras	pourvu
il	pourvoira	[-vwara]	aura	pourvu
ns	pourvoirons	[-vwarɔ̃]	aurons	pourvu
vs	pourvoirez	[-vware]	aurez	pourvu
ils	pourvoiront	[-vwarɔ̃]	auront	pourvu

Passé simple			Passé antérieur	
je	pourvus	[-vy]	eus	pourvu
tu	pourvus	[-vy]	eus	pourvu
il	pourvut	[-vy]	eut	pourvu
ns	pourvûmes	[-vym]	eûmes	pourvu
vs	pourvûtes	[-vyt]	eûtes	pourvu
ils	pourvurent	[-vyr]	eurent	pourvu

SUBJONCTIF

Présent			Passé	
q. je	pourvoie	[-vwa]	aie	pourvu
tu	pourvoies	[-vwa]	aies	pourvu
il	pourvoie	[-vwa]	ait	pourvu
ns	pourvoyions	[-vwajjɔ̃]	ayons	pourvu
vs	pourvoyiez	[-vwajje]	ayez	pourvu
ils	pourvoient	[-vwa]	aient	pourvu

Imparfait			Plus-que-parfait	
q. je	pourvusse	[-vys]	eusse	pourvu
tu	pourvusses	[-vys]	eusses	pourvu
il	pourvût	[-vy]	eût	pourvu
ns	pourvussions	[-vysjɔ̃]	eussions	pourvu
vs	pourvussiez	[-vysje]	eussiez	pourvu
ils	pourvussent	[-vys]	eussent	pourvu

CONDITIONNEL

Présent			Passé	
je	pourvoirais	[-vwarɛ]	aurais	pourvu
tu	pourvoirais	[-vwarɛ]	aurais	pourvu
il	pourvoirait	[-vwarɛ]	aurait	pourvu
ns	pourvoirions	[-vwarjɔ̃]	aurions	pourvu
vs	pourvoiriez	[-vwarje]	auriez	pourvu
ils	pourvoiraient	[-vwarɛ]	auraient	pourvu

IMPÉRATIF

Présent		Passé	
pourvois	[-vwa]	aie	pourvu
pourvoyons	[-vwajɔ̃]	ayons	pourvu
pourvoyez	[-vwaje]	ayez	pourvu

65 asseoir (1) ▷ *setzen*

INFINITIF

Présent	Passé
asseoir [aswar]	avoir assis [avwarasi]

PARTICIPE

Présent	Passé
asseyant [asejɑ̃]	assis, e [asi, asiz]

INDICATIF

Présent			Passé composé	
j'	assieds	[-je]	ai	assis
tu	assieds	[-je]	as	assis
il	assied	[-je]	a	assis
ns	asseyons	[-ejɔ̃]	avons	assis
vs	asseyez	[-eje]	avez	assis
ils	asseyent	[-ɛj]	ont	assis

Imparfait			Plus-que-parfait	
j'	asseyais	[-ɛjɛ]	avais	assis
tu	asseyais	[-ɛjɛ]	avais	assis
il	asseyait	[-ɛjɛ]	avait	assis
ns	asseyions	[-ejjɔ̃]	avions	assis
vs	asseyiez	[-ejje]	aviez	assis
ils	asseyaient	[-ɛjɛ]	avaient	assis

Futur simple			Futur antérieur	
j'	assiérai	[-jere]	aurai	assis
tu	assiéras	[-jera]	auras	assis
il	assiéra	[-jera]	aura	assis
ns	assiérons	[-jerɔ̃]	aurons	assis
vs	assiérez	[-jere]	aurez	assis
ils	assiéront	[-jerɔ̃]	auront	assis

Passé simple			Passé antérieur	
j'	assis	[-si]	eus	assis
tu	assis	[-si]	eus	assis
il	assit	[-si]	eut	assis
ns	assîmes	[-sim]	eûmes	assis
vs	assîtes	[-sit]	eûtes	assis
ils	assirent	[-sir]	eurent	assis

SUBJONCTIF

Présent			Passé	
q. j'	asseye	[-ɛj]	aie	assis
tu	asseyes	[-ɛj]	aies	assis
il	asseye	[-ɛj]	ait	assis
ns	asseyions	[-ejjɔ̃]	ayons	assis
vs	asseyiez	[-ejje]	ayez	assis
ils	asseyent	[-ɛj]	aient	assis

Imparfait			Plus-que-parfait	
q. j'	assisse	[-is]	eusse	assis
tu	assisses	[-is]	eusses	assis
il	assît	[-i]	eût	assis
ns	assissions	[-isjɔ̃]	eussions	assis
vs	assissiez	[-isje]	eussiez	assis
ils	assissent	[-is]	eussent	assis

CONDITIONNEL

Présent			Passé	
j'	assiérais	[-jerɛ]	aurais	assis
tu	assiérais	[-jerɛ]	aurais	assis
il	assiérait	[-jerɛ]	aurait	assis
ns	assiérions	[-jerjɔ̃]	aurions	assis
vs	assiériez	[-jerje]	auriez	assis
ils	assiéraient	[-jerɛ]	auraient	assis

IMPÉRATIF

Présent		Passé	
assieds	[-sje]	aie	assis
asseyons	[-sejɔ̃]	ayons	assis
asseyez	[-seje]	ayez	assis

65 asseoir (2) ▷ *setzen*

INFINITIF

Présent	Passé
asseoir [aswar]	avoir assis [avwarasi]

PARTICIPE

Présent	Passé
assoyant [aswajɑ̃]	assis, e [asi, asiz]

INDICATIF

Présent

j'	assois	[-wa]	
tu	assois	[-wa]	
il	assoit	[-wa]	
ns	assoyons	[-wajɔ̃]	
vs	assoyez	[-waje]	
ils	assoient	[-wa]	

Passé composé

ai	assis
as	assis
a	assis
avons	assis
avez	assis
ont	assis

Imparfait

j'	assoyais	[-wajɛ]
tu	assoyais	[-wajɛ]
il	assoyait	[-wajɛ]
ns	assoyions	[-wajjɔ̃]
vs	assoyiez	[-wajje]
ils	assoyaient	[-wajɛ]

Plus-que-parfait

avais	assis
avais	assis
avait	assis
avions	assis
aviez	assis
avaient	assis

Futur simple

j'	assoirai	[-ware]
tu	assoiras	[-wara]
il	assoira	[-wara]
ns	assoirons	[-warɔ̃]
vs	assoirez	[-ware]
ils	assoiront	[-warɔ̃]

Futur antérieur

aurai	assis
auras	assis
aura	assis
aurons	assis
aurez	assis
auront	assis

Passé simple

j'	assis	[-i]
tu	assis	[-i]
il	assit	[-i]
ns	assîmes	[-im]
vs	assîtes	[-it]
ils	assirent	[-ir]

Passé antérieur

eus	assis
eus	assis
eut	assis
eûmes	assis
eûtes	assis
eurent	assis

SUBJONCTIF

Présent

q.	j'	assoie	[-wa]
	tu	assoies	[-wa]
	il	assoie	[-wa]
	ns	assoyions	[-wajjɔ̃]
	vs	assoyiez	[-wajje]
	ils	assoient	[-wa]

Passé

aie	assis
aies	assis
ait	assis
ayons	assis
ayez	assis
aient	assis

Imparfait

q.	j'	assisse	[-is]
	tu	assisses	[-is]
	il	assît	[-i]
	ns	assissions	[-isjɔ̃]
	vs	assissiez	[-isje]
	ils	assissent	[-is]

Plus-que-parfait

eusse	assis
eusses	assis
eût	assis
eussions	assis
eussiez	assis
eussent	assis

CONDITIONNEL

Présent

j'	assoirais	[-warɛ]
tu	assoirais	[-warɛ]
il	assoirait	[-warɛ]
ns	assoirions	[-warjɔ̃]
vs	assoiriez	[-warje]
ils	assoiraient	[-warɛ]

Passé

aurais	assis
aurais	assis
aurait	assis
aurions	assis
auriez	assis
auraient	assis

IMPÉRATIF

Présent

assois	[-wa]
assoyons	[-wajɔ̃]
assoyez	[-waje]

Passé

aie	assis
ayons	assis
ayez	assis

Hinweis : Man neigt immer mehr dazu, die *oi*-Formen mit *eoi* zu schreiben : *je m'asseois, il asseoira, que tu asseoies, ils asseoiraient.*

surseoir ▷ *aufschieben*

INFINITIF

Présent	Passé
surseoir [syrswar]	avoir sursis [avwarsyrsi]

PARTICIPE

Présent	Passé
sursoyant [syrswajɑ̃]	sursis, e [syrsi, -siz]

INDICATIF

Présent / **Passé composé**

je	sursois	[-wa]	ai	sursis
tu	sursois	[-wa]	as	sursis
il	sursoit	[-wa]	a	sursis
ns	sursoyons	[-wajɔ̃]	avons	sursis
vs	sursoyez	[-waje]	avez	sursis
ils	sursoient	[-wa]	ont	sursis

Imparfait / **Plus-que-parfait**

je	sursoyais	[-wajɛ]	avais	sursis
tu	sursoyais	[-wajɛ]	avais	sursis
il	sursoyait	[-wajɛ]	avait	sursis
ns	sursoyions	[-wajjɔ̃]	avions	sursis
vs	sursoyiez	[-wajje]	aviez	sursis
ils	sursoyaient	[-wajɛ]	avaient	sursis

Futur simple / **Futur antérieur**

je	surseoirai	[-ware]	aurai	sursis
tu	surseoiras	[-wara]	auras	sursis
il	surseoira	[-wara]	aura	sursis
ns	surseoirons	[-warɔ̃]	aurons	sursis
vs	surseoirez	[-ware]	aurez	sursis
ils	surseoiront	[-warɔ̃]	auront	sursis

Passé simple / **Passé antérieur**

je	sursis	[-i]	eus	sursis
tu	sursis	[-i]	eus	sursis
il	sursit	[-i]	eut	sursis
ns	sursîmes	[-im]	eûmes	sursis
vs	sursîtes	[-it]	eûtes	sursis
ils	sursirent	[-ir]	eurent	sursis

SUBJONCTIF

Présent / **Passé**

q. je	sursoie	[-wa]	aie	sursis
tu	sursoies	[-wa]	aies	sursis
il	sursoie	[-wa]	ait	sursis
ns	sursoyions	[-wajjɔ̃]	ayons	sursis
vs	sursoyiez	[-wajje]	ayez	sursis
ils	sursoient	[-wa]	aient	sursis

Imparfait / **Plus-que-parfait**

q. je	sursisse	[-is]	eusse	sursis
tu	sursisses	[-is]	eusses	sursis
il	sursît	[-i]	eût	sursis
ns	sursissions	[-isjɔ̃]	eussions	sursis
vs	sursissiez	[-isje]	eussiez	sursis
ils	sursissent	[-is]	eussent	sursis

CONDITIONNEL

Présent / **Passé**

je	surseoirais	[-warɛ]	aurais	sursis
tu	surseoirais	[-warɛ]	aurais	sursis
il	surseoirait	[-warɛ]	aurait	sursis
ns	surseoirions	[-warjɔ̃]	aurions	sursis
vs	surseoiriez	[-warje]	auriez	sursis
ils	surseoiraient	[-warɛ]	auraient	sursis

IMPÉRATIF

Présent / **Passé**

sursois	[-wa]	aie	sursis
sursoyons	[-wajɔ̃]	ayons	sursis
sursoyez	[-waje]	ayez	sursis

67 seoir ▷ *stehen (Kleider)*

INFINITIF

Présent	Passé
seoir [swar]	*(inusité)*

PARTICIPE

Présent	Passé
seyant [sejɑ̃]	*(inusité)*

INDICATIF

Présent			Passé composé
il	sied	[sje]	*(inusité)*
ils	siéent	[sje]	—

Imparfait			Plus-que-parfait
il	seyait	[sejɛ]	*(inusité)*
ils	seyaient	[sejɛ]	—

Futur simple			Futur antérieur
il	siéra	[sjera]	*(inusité)*
ils	siéront	[sjerɔ̃]	—

Passé simple	Passé antérieur
(inusité)	*(inusité)*

SUBJONCTIF

Présent			Passé
q. il	siée	[sje]	*(inusité)*
ils	siéent	[sje]	—

Imparfait	Plus-que-parfait
(inusité)	*(inusité)*
—	—

CONDITIONNEL

Présent			Passé
il	siérait	[sjerɛ]	*(inusité)*
ils	siéraient	[sjerɛ]	—

IMPÉRATIF

Présent	Passé
(inusité)	*(inusité)*

Hinweis : *seoir* hat hier die Bedeutung von « stehen », « passen ». In der Bedeutung « liegen », « seinen Sitz haben » zählt *seoir* nur 2 Formen : das Partizip I *(séant)* und das Partizip II *(sis, e)*.

68 pleuvoir ▷ *regnen*

INFINITIF

Présent	Passé
pleuvoir [pløvwar]	avoir plu [avwarply]

PARTICIPE

Présent	Passé
pleuvant [pløvɑ̃]	plu [ply]

INDICATIF

Présent			Passé composé
il	pleut	[plø]	a plu

Imparfait			Plus-que-parfait
il	pleuvait	[pløvɛ]	avait plu

Futur simple			Futur antérieur
il	pleuvra	[pløvra]	aura plu

Passé simple			Passé antérieur
il	plut	[ply]	eut plu

SUBJONCTIF

Présent			Passé
q. il	pleuve	[plœv]	ait plu

Imparfait			Plus-que-parfait
q. il	plût	[ply]	eût plu

CONDITIONNEL

Présent			Passé
il	pleuvrait	[pløvrɛ]	aurait plu

IMPÉRATIF

Présent	Passé
(inusité)	*(inusité)*

Hinweis : Im übertragenen Sinn hat *pleuvoir* eine 3. Person Plural : *Les injures pleuvent, pleuvaient, pleuvront, plurent, pleuvraient* etc.

69 falloir ▷ *müssen*

INFINITIF

Présent	Passé
falloir [falwar]	*(inusité)*

INDICATIF

	Présent		Passé composé	
il	faut	[fo]	a	fallu

	Imparfait		Plus-que-parfait	
il	fallait	[falɛ]	avait	fallu

	Futur simple		Futur antérieur	
il	faudra	[fodra]	aura	fallu

	Passé simple		Passé antérieur	
il	fallut	[faly]	eut	fallu

PARTICIPE

Présent	Passé
(inusité)	fallu [faly]

SUBJONCTIF

	Présent		Passé	
q. il	faille	[faj]	ait	fallu

	Imparfait		Plus-que-parfait	
q. il	fallût	[faly]	eût	fallu

CONDITIONNEL

	Présent		Passé	
il	faudrait	[fodrɛ]	aurait	fallu

IMPÉRATIF

Présent	Passé
(inusité)	*(inusité)*

70 échoir ▷ *zuteil werden*

INFINITIF

Présent	Passé
échoir [eʃwar]	être échu [ɛtreʃy]

INDICATIF

	Présent		Passé composé	
il	échoit	[eʃwa]	est	échu
ils	échoient	[eʃwa]	sont	échus

	Imparfait		Plus-que-parfait	
il	échoyait	[eʃwajɛ]	était	échu
ils	échoyaient	[eʃwajɛ]	étaient	échus

	Futur simple		Futur antérieur	
il	échoira	[eʃwara]	sera	échu
	écherra	[eʃera]		
ils	échoiront	[eʃwarɔ̃]	seront	échus
	écherront	[eʃerɔ̃]		

	Passé simple		Passé antérieur	
il	échut	[eʃy]	fut	échu
ils	échurent	[eʃyr]	furent	échus

PARTICIPE

Présent	Passé
échéant [eʃeɑ̃]	échu, e [eʃy]

SUBJONCTIF

	Présent		Passé	
q. il	échoie	[eʃwa]	soit	échu
ils	échoient	[eʃwa]	soient	échus

	Imparfait		Plus-que-parfait	
q. il	échût	[eʃy]	fût	échu
ils	échussent	[eʃys]	fussent	échus

CONDITIONNEL

	Présent		Passé	
il	échoirait	[eʃwarɛ]	serait	échu
	écherrait	[eʃerɛ]		
ils	échoiraient	[eʃwarɛ]	seraient	échus
	écherraient	[eʃerɛ]		

IMPÉRATIF

Présent	Passé
(inusité)	*(inusité)*
—	—

71 déchoir ▷ *herunterkommen*

INFINITIF

Présent	Passé
déchoir [deʃwar]	avoir déchu [avwardeʃy]

PARTICIPE

Présent	Passé
(inusité)	déchu, e [deʃy]

INDICATIF

Présent

je	déchois	[-ʃwa]
tu	déchois	[-ʃwa]
il	déchoit	[-ʃwa]
ns	déchoyons	[-ʃwajɔ̃]
vs	déchoyez	[-ʃwaje]
ils	déchoient	[-ʃwa]

Passé composé

ai	déchu
as	déchu
a	déchu
avons	déchu
avez	déchu
ont	déchu

Imparfait

j'	*(inusité)*
tu	—
il	—
ns	—
vs	—
ils	—

Plus-que-parfait

avais	déchu
avais	déchu
avait	déchu
avions	déchu
aviez	déchu
avaient	déchu

Futur simple

je	déchoirai	[-ʃware]
tu	déchoiras	[-ʃwara]
il	déchoira	[-ʃwara]
ns	déchoirons	[-ʃwarɔ̃]
vs	déchoirez	[-ʃware]
ils	déchoiront	[-ʃwarɔ̃]

Futur antérieur

aurai	déchu
auras	déchu
aura	déchu
aurons	déchu
aurez	déchu
auront	déchu

Passé simple

je	déchus	[-ʃy]
tu	déchus	[-ʃy]
il	déchut	[-ʃy]
ns	déchûmes	[-ʃym]
vs	déchûtes	[-ʃyt]
ils	déchurent	[-ʃyr]

Passé antérieur

eus	déchu
eus	déchu
eut	déchu
eûmes	déchu
eûtes	déchu
eurent	déchu

SUBJONCTIF

Présent

q. je	déchoie	[-ʃwa]
tu	déchoies	[-ʃwa]
il	déchoie	[-ʃwa]
ns	déchoyions	[-ʃwajjɔ̃]
vs	déchoyiez	[-ʃwajje]
ils	déchoient	[-ʃwa]

Passé

aie	déchu
aies	déchu
ait	déchu
ayons	déchu
ayez	déchu
aient	déchu

Imparfait

q. je	déchusse	[-ʃys]
tu	déchusses	[-ʃys]
il	déchût	[-ʃy]
ns	déchussions	[-ʃysjɔ̃]
vs	déchussiez	[-ʃysje]
ils	déchussent	[-ʃys]

Plus-que-parfait

eusse	déchu
eusses	déchu
eût	déchu
eussions	déchu
eussiez	déchu
eussent	déchu

CONDITIONNEL

Présent

je	déchoirais	[-ʃwarɛ]
tu	déchoirais	[-ʃwarɛ]
il	déchoirait	[-ʃwarɛ]
ns	déchoirions	[-ʃwarjɔ̃]
vs	déchoiriez	[-ʃwarje]
ils	déchoiraient	[-ʃwarɛ]

Passé

aurais	déchu
aurais	déchu
aurait	déchu
aurions	déchu
auriez	déchu
auraient	déchu

IMPÉRATIF

Présent	Passé
(inusité)	*(inusité)*
—	—
—	—

72 choir ▷ *fallen*

INFINITIF

Présent	Passé
choir [ʃwar]	être chu [ɛtrəʃy]

PARTICIPE

Présent	Passé
(inusité)	chu, e [ʃy]

INDICATIF

Présent

je	chois	[ʃwa]
tu	chois	[ʃwa]
il	choit	[ʃwa]
ns	*(inusité)*	
vs	—	
ils	choient	[ʃwa]

Passé composé

suis	chu
es	chu
est	chu
sommes	chus
êtes	chus
sont	chus

Imparfait

je	*(inusité)*
tu	—
il	—
ns	—
vs	—
ils	—

Plus-que-parfait

étais	chu
étais	chu
était	chu
étions	chus
étiez	chus
étaient	chus

Futur simple

je	choirai	[ʃware]
	cherrai	[ʃerre]
tu	choiras	[ʃwara]
	cherras	[ʃerra]
il	choira	[ʃwara]
	cherra	[ʃerra]
ns	choirons	[ʃwarɔ̃]
	cherrons	[ʃerrɔ̃]
vs	choirez	[ʃware]
	cherrez	[ʃerre]
ils	choiront	[ʃwarɔ̃]
	cherront	[ʃerrɔ̃]

Futur antérieur

serai	chu
seras	chu
sera	chu
serons	chus
serez	chus
seront	chus

Passé simple

je	chus	[ʃy]
tu	chus	[ʃy]
il	chut	[ʃy]
ns	chûmes	[ʃym]
vs	chûtes	[ʃyt]
ils	churent	[ʃyr]

Passé antérieur

fus	chu
fus	chu
fut	chu
fûmes	chus
fûtes	chus
furent	chus

SUBJONCTIF

Présent

q.	je	*(inusité)*
	tu	—
	il	—
	ns	—
	vs	—
	ils	—

Passé

sois	chu
sois	chu
soit	chu
soyons	chus
soyez	chus
soient	chus

Imparfait

q.	je	*(inusité)*	
	tu	—	
	il	chût	[ʃy]
	ns	*(inusité)*	
	vs	—	
	ils	—	

Plus-que-parfait

fusse	chu
fusses	chu
fût	chu
fussions	chus
fussiez	chus
fussent	chus

CONDITIONNEL

Présent

je	choirais	[ʃwarɛ]
	cherrais	[ʃerrɛ]
tu	choirais	[ʃwarɛ]
	cherrais	[ʃerrɛ]
il	choirait	[ʃwarɛ]
	cherrait	[ʃerrɛ]
ns	choirions	[ʃwarjɔ̃]
	cherrions	[ʃerrjɔ̃]
vs	choiriez	[ʃwarje]
	cherriez	[ʃerrje]
ils	choiraient	[ʃwarɛ]
	cherraient	[ʃerrɛ]

Passé

serais	chu
serais	chu
serait	chu
serions	chus
seriez	chus
seraient	chus

IMPÉRATIF

Présent	Passé
(inusité)	*(inusité)*
—	—
—	—

73 vendre ▷ *verkaufen*

INFINITIF

Présent	Passé
vendre [vɑ̃dr]	avoir vendu [avwarvɑ̃dy]

PARTICIPE

Présent	Passé
vendant [vɑ̃dɑ̃]	vendu, e [vɑ̃dy]

INDICATIF

Présent

je	vends	[vɑ̃]
tu	vends	[vɑ̃]
il	vend	[vɑ̃]
ns	vendons	[vɑ̃dɔ̃]
vs	vendez	[vɑ̃de]
ils	vendent	[vɑ̃d]

Passé composé

ai	vendu
as	vendu
a	vendu
avons	vendu
avez	vendu
ont	vendu

Imparfait

je	vendais	[vɑ̃dɛ]
tu	vendais	[vɑ̃dɛ]
il	vendait	[vɑ̃dɛ]
ns	vendions	[vɑ̃djɔ̃]
vs	vendiez	[vɑ̃dje]
ils	vendaient	[vɑ̃dɛ]

Plus-que-parfait

avais	vendu
avais	vendu
avait	vendu
avions	vendu
aviez	vendu
avaient	vendu

Futur simple

je	vendrai	[vɑ̃dre]
tu	vendras	[vɑ̃dra]
il	vendra	[vɑ̃dra]
ns	vendrons	[vɑ̃drɔ̃]
vs	vendrez	[vɑ̃dre]
ils	vendront	[vɑ̃drɔ̃]

Futur antérieur

aurai	vendu
auras	vendu
aura	vendu
aurons	vendu
aurez	vendu
auront	vendu

Passé simple

je	vendis	[vɑ̃di]
tu	vendis	[vɑ̃di]
il	vendit	[vɑ̃di]
ns	vendîmes	[vɑ̃dim]
vs	vendîtes	[vɑ̃dit]
ils	vendirent	[vɑ̃dir]

Passé antérieur

eus	vendu
eus	vendu
eut	vendu
eûmes	vendu
eûtes	vendu
eurent	vendu

SUBJONCTIF

Présent

q. je	vende	[vɑ̃d]
tu	vendes	[vɑ̃d]
il	vende	[vɑ̃d]
ns	vendions	[vɑ̃djɔ̃]
vs	vendiez	[vɑ̃dje]
ils	vendent	[vɑ̃d]

Passé

aie	vendu
aies	vendu
ait	vendu
ayons	vendu
ayez	vendu
aient	vendu

Imparfait

q. je	vendisse	[vɑ̃dis]
tu	vendisses	[vɑ̃dis]
il	vendît	[vɑ̃di]
ns	vendissions	[vɑ̃disjɔ̃]
vs	vendissiez	[vɑ̃disje]
ils	vendissent	[vɑ̃dis]

Plus-que-parfait

eusse	vendu
eusses	vendu
eût	vendu
eussions	vendu
eussiez	vendu
eussent	vendu

CONDITIONNEL

Présent

je	vendrais	[vɑ̃drɛ]
tu	vendrais	[vɑ̃drɛ]
il	vendrait	[vɑ̃drɛ]
ns	vendrions	[vɑ̃drijɔ̃]
vs	vendriez	[vɑ̃drije]
ils	vendraient	[vɑ̃drɛ]

Passé

aurais	vendu
aurais	vendu
aurait	vendu
aurions	vendu
auriez	vendu
auraient	vendu

IMPÉRATIF

Présent

vends	[vɑ̃]
vendons	[vɑ̃dɔ̃]
vendez	[vɑ̃de]

Passé

aie	vendu
ayons	vendu
ayez	vendu

74 répandre ▷ *verschütten*

INFINITIF

Présent	Passé
répandre [repɑ̃dr]	avoir répandu [avwarrepɑ̃dy]

INDICATIF

Présent			Passé composé	
je	répands	[-ɑ̃]	ai	répandu
tu	répands	[-ɑ̃]	as	répandu
il	répand	[-ɑ̃]	a	répandu
ns	répandons	[-ɑ̃dɔ̃]	avons	répandu
vs	répandez	[-ɑ̃de]	avez	répandu
ils	répandent	[-ɑ̃d]	ont	répandu

Imparfait			Plus-que-parfait	
je	répandais	[-ɑ̃dɛ]	avais	répandu
tu	répandais	[-ɑ̃dɛ]	avais	répandu
il	répandait	[-ɑ̃dɛ]	avait	répandu
ns	répandions	[-ɑ̃djɔ̃]	avions	répandu
vs	répandiez	[-ɑ̃dje]	aviez	répandu
ils	répandaient	[-ɑ̃dɛ]	avaient	répandu

Futur simple			Futur antérieur	
je	répandrai	[-ɑ̃dre]	aurai	répandu
tu	répandras	[-ɑ̃dra]	auras	répandu
il	répandra	[-ɑ̃dra]	aura	répandu
ns	répandrons	[-ɑ̃drɔ̃]	aurons	répandu
vs	répandrez	[-ɑ̃dre]	aurez	répandu
ils	répandront	[-ɑ̃drɔ̃]	auront	répandu

Passé simple			Passé antérieur	
je	répandis	[-ɑ̃di]	eus	répandu
tu	répandis	[-ɑ̃di]	eus	répandu
il	répandit	[-ɑ̃di]	eut	répandu
ns	répandîmes	[-ɑ̃dim]	eûmes	répandu
vs	répandîtes	[-ɑ̃dit]	eûtes	répandu
ils	répandirent	[-ɑ̃dir]	eurent	répandu

PARTICIPE

Présent	Passé
répandant [repɑ̃dɑ̃]	répandu, e [repɑ̃dy]

SUBJONCTIF

Présent			Passé	
q. je	répande	[-ɑ̃d]	aie	répandu
tu	répandes	[-ɑ̃d]	aies	répandu
il	répande	[-ɑ̃d]	ait	répandu
ns	répandions	[-ɑ̃djɔ̃]	ayons	répandu
vs	répandiez	[-ɑ̃dje]	ayez	répandu
ils	répandent	[-ɑ̃d]	aient	répandu

Imparfait			Plus-que-parfait	
q. je	répandisse	[-ɑ̃dis]	eusse	répandu
tu	répandisses	[-ɑ̃dis]	eusses	répandu
il	répandît	[-ɑ̃di]	eût	répandu
ns	répandissions	[-ɑ̃disjɔ̃]	eussions	répandu
vs	répandissiez	[-ɑ̃disje]	eussiez	répandu
ils	répandissent	[-ɑ̃dis]	eussent	répandu

CONDITIONNEL

Présent			Passé	
je	répandrais	[-ɑ̃drɛ]	aurais	répandu
tu	répandrais	[-ɑ̃drɛ]	aurais	répandu
il	répandrait	[-ɑ̃drɛ]	aurait	répandu
ns	répandrions	[-ɑ̃drijɔ̃]	aurions	répandu
vs	répandriez	[-ɑ̃drije]	auriez	répandu
ils	répandraient	[-ɑ̃drɛ]	auraient	répandu

IMPÉRATIF

Présent		Passé	
répands	[-ɑ̃]	aie	répandu
répandons	[-ɑ̃dɔ̃]	ayons	répandu
répandez	[-ɑ̃de]	ayez	répandu

75 répondre ▷ *antworten*

INFINITIF

Présent	Passé
répondre [repɔ̃dr]	avoir répondu [avwarrepɔ̃dy]

PARTICIPE

Présent	Passé
répondant [repɔ̃dɑ̃]	répondu, e [repɔ̃dy]

INDICATIF

Présent / **Passé composé**

je	réponds	[-ɔ̃]	ai	répondu
tu	réponds	[-ɔ̃]	as	répondu
il	répond	[-ɔ̃]	a	répondu
ns	répondons	[-ɔ̃dɔ̃]	avons	répondu
vs	répondez	[-ɔ̃de]	avez	répondu
ils	répondent	[-ɔ̃d]	ont	répondu

Imparfait / **Plus-que-parfait**

je	répondais	[-ɔ̃dɛ]	avais	répondu
tu	répondais	[-ɔ̃dɛ]	avais	répondu
il	répondait	[-ɔ̃dɛ]	avait	répondu
ns	répondions	[-ɔ̃djɔ̃]	avions	répondu
vs	répondiez	[-ɔ̃dje]	aviez	répondu
ils	répondaient	[-ɔ̃dɛ]	avaient	répondu

Futur simple / **Futur antérieur**

je	répondrai	[-ɔ̃dre]	aurai	répondu
tu	répondras	[-ɔ̃dra]	auras	répondu
il	répondra	[-ɔ̃dra]	aura	répondu
ns	répondrons	[-ɔ̃drɔ̃]	aurons	répondu
vs	répondrez	[-ɔ̃dre]	aurez	répondu
ils	répondront	[-ɔ̃drɔ̃]	auront	répondu

Passé simple / **Passé antérieur**

je	répondis	[-ɔ̃di]	eus	répondu
tu	répondis	[-ɔ̃di]	eus	répondu
il	répondit	[-ɔ̃di]	eut	répondu
ns	répondîmes	[-ɔ̃dim]	eûmes	répondu
vs	répondîtes	[-ɔ̃dit]	eûtes	répondu
ils	répondirent	[-ɔ̃dir]	eurent	répondu

SUBJONCTIF

Présent / **Passé**

q. je	réponde	[-ɔ̃d]	aie	répondu
tu	répondes	[-ɔ̃d]	aies	répondu
il	réponde	[-ɔ̃d]	ait	répondu
ns	repondions	[-ɔ̃djɔ̃]	ayons	répondu
vs	répondiez	[-ɔ̃dje]	ayez	répondu
ils	répondent	[-ɔ̃d]	aient	répondu

Imparfait / **Plus-que-parfait**

q. je	répondisse	[-ɔ̃dis]	eusse	répondu
tu	répondisses	[-ɔ̃dis]	eusses	répondu
il	répondît	[-ɔ̃di]	eût	répondu
ns	répondissions	[-ɔ̃disjɔ̃]	eussions	répondu
vs	répondissiez	[-ɔ̃disje]	eussiez	répondu
ils	répondissent	[-ɔ̃dis]	eussent	répondu

CONDITIONNEL

Présent / **Passé**

je	répondrais	[-ɔ̃drɛ]	aurais	répondu
tu	répondrais	[-ɔ̃drɛ]	aurais	répondu
il	répondrait	[-ɔ̃drɛ]	aurait	répondu
ns	répondrions	[-ɔ̃drijɔ̃]	aurions	répondu
vs	répondriez	[-ɔ̃drije]	auriez	répondu
ils	répondraient	[-ɔ̃drɛ]	auraient	répondu

IMPÉRATIF

Présent / **Passé**

réponds	[-ɔ̃]	aie	répondu
répondons	[-ɔ̃dɔ̃]	ayons	répondu
répondez	[-ɔ̃de]	ayez	répondu

76 mordre ▷ *beißen*

INFINITIF

Présent	Passé
mordre	avoir mordu
[mɔrdr]	[avwarmɔrdy]

INDICATIF

Présent

je	mords	[mɔr]
tu	mords	[mɔr]
il	mord	[mɔr]
ns	mordons	[mɔrdɔ̃]
vs	mordez	[mɔrde]
ils	mordent	[mɔrd]

Passé composé

ai	mordu
as	mordu
a	mordu
avons	mordu
avez	mordu
ont	mordu

Imparfait

je	mordais	[mɔrdɛ]
tu	mordais	[mɔrdɛ]
il	mordait	[mɔrdɛ]
ns	mordions	[mɔrdjɔ̃]
vs	mordiez	[mɔrdje]
ils	mordaient	[mɔrdɛ]

Plus-que-parfait

avais	mordu
avais	mordu
avait	mordu
avions	mordu
aviez	mordu
avaient	mordu

Futur simple

je	mordrai	[mɔrdre]
tu	mordras	[mɔrdra]
il	mordra	[mɔrdra]
ns	mordrons	[mɔrdrɔ̃]
vs	mordrez	[mɔrdre]
ils	mordront	[mɔrdrɔ̃]

Futur antérieur

aurai	mordu
auras	mordu
aura	mordu
aurons	mordu
aurez	mordu
auront	mordu

Passé simple

je	mordis	[mɔrdi]
tu	mordis	[mɔrdi]
il	mordit	[mɔrdi]
ns	mordîmes	[mɔrdim]
vs	mordîtes	[mɔrdit]
ils	mordirent	[mɔrdir]

Passé antérieur

eus	mordu
eus	mordu
eut	mordu
eûmes	mordu
eûtes	mordu
eurent	mordu

PARTICIPE

Présent	Passé
mordant	mordu, e
[mɔrdɑ̃]	[mɔrdy]

SUBJONCTIF

Présent

q.	je	morde	[mɔrd]
	tu	mordes	[mɔrd]
	il	morde	[mɔrd]
	ns	mordions	[mɔrdjɔ̃]
	vs	mordiez	[mɔrdje]
	ils	mordent	[mɔrd]

Passé

aie	mordu
aies	mordu
ait	mordu
ayons	mordu
ayez	mordu
aient	mordu

Imparfait

q.	je	mordisse	[mɔrdis]
	tu	mordisses	[mɔrdis]
	il	mordît	[mɔrdi]
	ns	mordissions	[mɔrdisjɔ̃]
	vs	mordissiez	[mɔrdisje]
	ils	mordissent	[mɔrdis]

Plus-que-parfait

eusse	mordu
eusses	mordu
eût	mordu
eussions	mordu
eussiez	mordu
eussent	mordu

CONDITIONNEL

Présent

je	mordrais	[mɔrdrɛ]
tu	mordrais	[mɔrdrɛ]
il	mordrait	[mɔrdrɛ]
ns	mordrions	[mɔrdrijɔ̃]
vs	mordriez	[mɔrdrije]
ils	mordraient	[mɔrdrɛ]

Passé

aurais	mordu
aurais	mordu
aurait	mordu
aurions	mordu
auriez	mordu
auraient	mordu

IMPÉRATIF

Présent

mords	[mɔr]
mordons	[mɔrdɔ̃]
mordez	[mɔrde]

Passé

aie	mordu
ayons	mordu
ayez	mordu

77 perdre ▷ *verlieren*

INFINITIF

Présent	Passé
perdre	avoir perdu
[pɛrdr]	[avwarpɛrdy]

PARTICIPE

Présent	Passé
perdant	perdu, e
[pɛrdɑ̃]	[pɛrdy]

INDICATIF

Présent

je	perds	[pɛr]
tu	perds	[pɛr]
il	perd	[pɛr]
ns	perdons	[pɛrdɔ̃]
vs	perdez	[pɛrde]
ils	perdent	[pɛrd]

Passé composé

ai	perdu
as	perdu
a	perdu
avons	perdu
avez	perdu
ont	perdu

Imparfait

je	perdais	[pɛrdɛ]
tu	perdais	[pɛrdɛ]
il	perdait	[pɛrdɛ]
ns	perdions	[pɛrdjɔ̃]
vs	perdiez	[pɛrdje]
ils	perdaient	[pɛrdɛ]

Plus-que-parfait

avais	perdu
avais	perdu
avait	perdu
avions	perdu
aviez	perdu
avaient	perdu

Futur simple

je	perdrai	[pɛrdre]
tu	perdras	[pɛrdra]
il	perdra	[pɛrdra]
ns	perdrons	[pɛrdrɔ̃]
vs	perdrez	[pɛrdre]
ils	perdront	[pɛrdrɔ̃]

Futur antérieur

aurai	perdu
auras	perdu
aura	perdu
aurons	perdu
aurez	perdu
auront	perdu

Passé simple

je	perdis	[pɛrdi]
tu	perdis	[pɛrdi]
il	perdit	[pɛrdi]
ns	perdîmes	[pɛrdim]
vs	perdîtes	[pɛrdit]
ils	perdirent	[pɛrdir]

Passé antérieur

eus	perdu
eus	perdu
eut	perdu
eûmes	perdu
eûtes	perdu
eurent	perdu

SUBJONCTIF

Présent

q. je	perde	[pɛrd]
tu	perdes	[pɛrd]
il	perde	[pɛrd]
ns	perdions	[pɛrdjɔ̃]
vs	perdiez	[pɛrdje]
ils	perdent	[pɛrd]

Passé

aie	perdu
aies	perdu
ait	perdu
ayons	perdu
ayez	perdu
aient	perdu

Imparfait

q. je	perdisse	[pɛrdis]
tu	perdisses	[pɛrdis]
il	perdît	[pɛrdi]
ns	perdissions	[pɛrdisjɔ̃]
vs	perdissiez	[pɛrdisje]
ils	perdissent	[pɛrdis]

Plus-que-parfait

eusse	perdu
eusses	perdu
eût	perdu
eussions	perdu
eussiez	perdu
eussent	perdu

CONDITIONNEL

Présent

je	perdrais	[pɛrdrɛ]
tu	perdrais	[pɛrdrɛ]
il	perdrait	[pɛrdrɛ]
ns	perdrions	[pɛrdrijɔ̃]
vs	perdriez	[pɛrdrije]
ils	perdraient	[pɛrdrɛ]

Passé

aurais	perdu
aurais	perdu
aurait	perdu
aurions	perdu
auriez	perdu
auraient	perdu

IMPÉRATIF

Présent

perds	[pɛr]
perdons	[pɛrdɔ̃]
perdez	[pɛrde]

Passé

aie	perdu
ayons	perdu
ayez	perdu

78 rompre ▷ *brechen*

INFINITIF

Présent	Passé
rompre [rɔ̃pr]	avoir rompu [avwarrɔ̃py]

PARTICIPE

Présent	Passé
rompant [rɔ̃pɑ̃]	rompu, e [rɔ̃py]

INDICATIF

Présent

je	romps	[rɔ̃]
tu	romps	[rɔ̃]
il	rompt	[rɔ̃]
ns	rompons	[rɔ̃pɔ̃]
vs	rompez	[rɔ̃pe]
ils	rompent	[rɔ̃p]

Passé composé

ai	rompu
as	rompu
a	rompu
avons	rompu
avez	rompu
ont	rompu

Imparfait

je	rompais	[rɔ̃pɛ]
tu	rompais	[rɔ̃pɛ]
il	rompait	[rɔ̃pɛ]
ns	rompions	[rɔ̃pjɔ̃]
vs	rompiez	[rɔ̃pje]
ils	rompaient	[rɔ̃pɛ]

Plus-que-parfait

avais	rompu
avais	rompu
avait	rompu
avions	rompu
aviez	rompu
avaient	rompu

Futur simple

je	romprai	[rɔ̃pre]
tu	rompras	[rɔ̃pra]
il	rompra	[rɔ̃pra]
ns	romprons	[rɔ̃prɔ̃]
vs	romprez	[rɔ̃pre]
ils	rompront	[rɔ̃prɔ̃]

Futur antérieur

aurai	rompu
auras	rompu
aura	rompu
aurons	rompu
aurez	rompu
auront	rompu

Passé simple

je	rompis	[rɔ̃pi]
tu	rompis	[rɔ̃pi]
il	rompit	[rɔ̃pi]
ns	rompîmes	[rɔ̃pim]
vs	rompîtes	[rɔ̃pit]
ils	rompirent	[rɔ̃pir]

Passé antérieur

eus	rompu
eus	rompu
eut	rompu
eûmes	rompu
eûtes	rompu
eurent	rompu

SUBJONCTIF

Présent

q. je	rompe	[rɔ̃p]
tu	rompes	[rɔ̃p]
il	rompe	[rɔ̃p]
ns	rompions	[rɔ̃pjɔ̃]
vs	rompiez	[rɔ̃pje]
ils	rompent	[rɔ̃p]

Passé

aie	rompu
aies	rompu
ait	rompu
ayons	rompu
ayez	rompu
aient	rompu

Imparfait

q. je	rompisse	[rɔ̃pis]
tu	rompisses	[rɔ̃pis]
il	rompît	[rɔ̃pi]
ns	rompissions	[rɔ̃pisjɔ̃]
vs	rompissiez	[rɔ̃pisje]
ils	rompissent	[rɔ̃pis]

Plus-que-parfait

eusse	rompu
eusses	rompu
eût	rompu
eussions	rompu
eussiez	rompu
eussent	rompu

CONDITIONNEL

Présent

je	romprais	[rɔ̃prɛ]
tu	romprais	[rɔ̃prɛ]
il	romprait	[rɔ̃prɛ]
ns	romprions	[rɔ̃prijɔ̃]
vs	rompriez	[rɔ̃prije]
ils	rompraient	[rɔ̃prɛ]

Passé

aurais	rompu
aurais	rompu
aurait	rompu
aurions	rompu
auriez	rompu
auraient	rompu

IMPÉRATIF

Présent

romps	[rɔ̃]
rompons	[rɔ̃pɔ̃]
rompez	[rɔ̃pe]

Passé

aie	rompu
ayons	rompu
ayez	rompu

79 prendre ▷ *nehmen*

INFINITIF

Présent	Passé
prendre [prɑ̃dr]	avoir pris [avwarpri]

PARTICIPE

Présent	Passé
prenant [prənɑ̃]	pris, e [pri, -iz]

INDICATIF

Présent

je	prends	[-ɑ̃]
tu	prends	[-ɑ̃]
il	prend	[-ɑ̃]
ns	prenons	[-ənɔ̃]
vs	prenez	[-əne]
ils	prennent	[-ɛn]

Passé composé

ai	pris
as	pris
a	pris
avons	pris
avez	pris
ont	pris

Imparfait

je	prenais	[-ənɛ]
tu	prenais	[-ənɛ]
il	prenait	[-ənɛ]
ns	prenions	[-ənjɔ̃]
vs	preniez	[-ənje]
ils	prenaient	[-ənɛ]

Plus-que-parfait

avais	pris
avais	pris
avait	pris
avions	pris
aviez	pris
avaient	pris

Futur simple

je	prendrai	[-ɑ̃dre]
tu	prendras	[-ɑ̃dra]
il	prendra	[-ɑ̃dra]
ns	prendrons	[-ɑ̃drɔ̃]
vs	prendrez	[-ɑ̃dre]
ils	prendront	[-ɑ̃drɔ̃]

Futur antérieur

aurai	pris
auras	pris
aura	pris
aurons	pris
aurez	pris
auront	pris

Passé simple

je	pris	[-i]
tu	pris	[-i]
il	prit	[-i]
ns	prîmes	[-im]
vs	prîtes	[-it]
ils	prirent	[-ir]

Passé antérieur

eus	pris
eus	pris
eut	pris
eûmes	pris
eûtes	pris
eurent	pris

SUBJONCTIF

Présent

q. je	prenne	[-ɛn]
tu	prennes	[-ɛn]
il	prenne	[-ɛn]
ns	prenions	[-ənjɔ̃]
vs	preniez	[-ənje]
ils	prennent	[-ɛn]

Passé

aie	pris
aies	pris
ait	pris
ayons	pris
ayez	pris
aient	pris

Imparfait

q. je	prisse	[-is]
tu	prisses	[-is]
il	prît	[-i]
ns	prissions	[-isjɔ̃]
vs	prissiez	[-isje]
ils	prissent	[-is]

Plus-que-parfait

eusse	pris
eusses	pris
eût	pris
eussions	pris
eussiez	pris
eussent	pris

CONDITIONNEL

Présent

je	prendrais	[-ɑ̃drɛ]
tu	prendrais	[-ɑ̃drɛ]
il	prendrait	[-ɑ̃drɛ]
ns	prendrions	[-ɑ̃drijɔ̃]
vs	prendriez	[-ɑ̃drije]
ils	prendraient	[-ɑ̃drɛ]

Passé

aurais	pris
aurais	pris
aurait	pris
aurions	pris
auriez	pris
auraient	pris

IMPÉRATIF

Présent

prends	[-ɑ̃]
prenons	[-ənɔ̃]
prenez	[-əne]

Passé

aie	pris
ayons	pris
ayez	pris

80 craindre ▷ *fürchten*

INFINITIF

Présent	Passé
craindre	avoir craint
[krɛ̃dr]	[avwarkrɛ̃]

PARTICIPE

Présent	Passé
craignant	craint, e
[krɛɲɑ̃]	[krɛ̃, -ɛ̃t]

INDICATIF

	Présent		Passé composé	
je	crains	[-ɛ̃]	ai	craint
tu	crains	[-ɛ̃]	as	craint
il	craint	[-ɛ̃]	a	craint
ns	craignons	[-eɲɔ̃]	avons	craint
vs	craignez	[-eɲe]	avez	craint
ils	craignent	[-ɛɲ]	ont	craint

	Imparfait		Plus-que-parfait	
je	craignais	[-eɲɛ]	avais	craint
tu	craignais	[-eɲɛ]	avais	craint
il	craignait	[-eɲɛ]	avait	craint
ns	craignions	[-eɲjɔ̃]	avions	craint
vs	craigniez	[-eɲje]	aviez	craint
ils	craignaient	[-eɲɛ]	avaient	craint

	Futur simple		Futur antérieur	
je	craindrai	[-ɛ̃dre]	aurai	craint
tu	craindras	[-ɛ̃dra]	auras	craint
il	craindra	[-ɛ̃dra]	aura	craint
ns	craindrons	[-ɛ̃drɔ̃]	aurons	craint
vs	craindrez	[-ɛ̃dre]	aurez	craint
ils	craindront	[-ɛ̃drɔ̃]	auront	craint

	Passé simple		Passé antérieur	
je	craignis	[-eɲi]	eus	craint
tu	craignis	[-eɲi]	eus	craint
il	craignit	[-eɲi]	eut	craint
ns	craignîmes	[-eɲim]	eûmes	craint
vs	craignîtes	[-eɲit]	eûtes	craint
ils	craignirent	[-eɲir]	eurent	craint

SUBJONCTIF

	Présent		Passé	
q. je	craigne	[-ɛɲ]	aie	craint
tu	craignes	[-ɛɲ]	aies	craint
il	craigne	[-ɛɲ]	ait	craint
ns	craignions	[-eɲjɔ̃]	ayons	craint
vs	craigniez	[-eɲje]	ayez	craint
ils	craignent	[-ɛɲ]	aient	craint

	Imparfait		Plus-que-parfait	
q. je	craignisse	[-eɲis]	eusse	craint
tu	craignisses	[-eɲis]	eusses	craint
il	craignît	[-eɲi]	eût	craint
ns	craignissions	[-eɲisjɔ̃]	eussions	craint
vs	craignissiez	[-eɲisje]	eussiez	craint
ils	craignissent	[-eɲis]	eussent	craint

CONDITIONNEL

	Présent		Passé	
je	craindrais	[-ɛ̃drɛ]	aurais	craint
tu	craindrais	[-ɛ̃drɛ]	aurais	craint
il	craindrait	[-ɛ̃drɛ]	aurait	craint
ns	craindrions	[-ɛ̃drijɔ̃]	aurions	craint
vs	craindriez	[-ɛ̃drije]	auriez	craint
ils	craindraient	[-ɛ̃drɛ]	auraient	craint

IMPÉRATIF

Présent		Passé	
crains	[-ɛ̃]	aie	craint
craignons	[-eɲɔ̃]	ayons	craint
craignez	[-eɲe]	ayez	craint

81 peindre ▷ *malen*

INFINITIF

Présent	Passé
peindre [pɛ̃dr]	avoir peint [avwarpɛ̃]

PARTICIPE

Présent	Passé
peignant [peɲɑ̃]	peint, e [pɛ̃, -ɛ̃t]

INDICATIF

Présent

je	peins	[pɛ̃]
tu	peins	[pɛ̃]
il	peint	[pɛ̃]
ns	peignons	[peɲɔ̃]
vs	peignez	[peɲe]
ils	peignent	[pɛɲ]

Passé composé

ai	peint
as	peint
a	peint
avons	peint
avez	peint
ont	peint

Imparfait

je	peignais	[peɲɛ]
tu	peignais	[peɲɛ]
il	peignait	[peɲɛ]
ns	peignions	[peɲjɔ̃]
vs	peigniez	[peɲje]
ils	peignaient	[peɲɛ]

Plus-que-parfait

avais	peint
avais	peint
avait	peint
avions	peint
aviez	peint
avaient	peint

Futur simple

je	peindrai	[pɛ̃dre]
tu	peindras	[pɛ̃dra]
il	peindra	[pɛ̃dra]
ns	peindrons	[pɛ̃drɔ̃]
vs	peindrez	[pɛ̃dre]
ils	peindront	[pɛ̃drɔ̃]

Futur antérieur

aurai	peint
auras	peint
aura	peint
aurons	peint
aurez	peint
auront	peint

Passé simple

je	peignis	[peɲi]
tu	peignis	[peɲi]
il	peignit	[peɲi]
ns	peignîmes	[peɲim]
vs	peignîtes	[peɲit]
ils	peignirent	[peɲir]

Passé antérieur

eus	peint
eus	peint
eut	peint
eûmes	peint
eûtes	peint
eurent	peint

SUBJONCTIF

Présent

q. je	peigne	[pɛɲ]
tu	peignes	[pɛɲ]
il	peigne	[pɛɲ]
ns	peignions	[peɲjɔ̃]
vs	peigniez	[peɲje]
ils	peignent	[pɛɲ]

Passé

aie	peint
aies	peint
ait	peint
ayons	peint
ayez	peint
aient	peint

Imparfait

q. je	peignisse	[peɲis]
tu	peignisses	[peɲis]
il	peignît	[peɲi]
ns	peignissions	[peɲisjɔ̃]
vs	peignissiez	[peɲisje]
ils	peignissent	[peɲis]

Plus-que-parfait

eusse	peint
eusses	peint
eût	peint
eussions	peint
eussiez	peint
eussent	peint

CONDITIONNEL

Présent

je	peindrais	[pɛ̃drɛ]
tu	peindrais	[pɛ̃drɛ]
il	peindrait	[pɛ̃drɛ]
ns	peindrions	[pɛ̃drijɔ̃]
vs	peindriez	[pɛ̃drije]
ils	peindraient	[pɛ̃drɛ]

Passé

aurais	peint
aurais	peint
aurait	peint
aurions	peint
auriez	peint
auraient	peint

IMPÉRATIF

Présent

peins	[pɛ̃]
peignons	[peɲɔ̃]
peignez	[peɲe]

Passé

aie	peint
ayons	peint
ayez	peint

82 joindre ▷ *verbinden*

INFINITIF

Présent	Passé
joindre [ʒwɛ̃dr]	avoir joint [avwarʒwɛ̃]

INDICATIF

Présent

je	joins	[ʒwɛ̃]	
tu	joins	[ʒwɛ̃]	
il	joint	[ʒwɛ̃]	
ns	joignons	[ʒwaɲɔ̃]	
vs	joignez	[ʒwaɲe]	
ils	joignent	[ʒwaɲ]	

Passé composé

ai	joint
as	joint
a	joint
avons	joint
avez	joint
ont	joint

Imparfait

je	joignais	[ʒwaɲɛ]
tu	joignais	[ʒwaɲɛ]
il	joignait	[ʒwaɲɛ]
ns	joignions	[ʒwaɲjɔ̃]
vs	joigniez	[ʒwaɲje]
ils	joignaient	[ʒwaɲɛ]

Plus-que-parfait

avais	joint
avais	joint
avait	joint
avions	joint
aviez	joint
avaient	joint

Futur simple

je	joindrai	[ʒwɛ̃dre]
tu	joindras	[ʒwɛ̃dra]
il	joindra	[ʒwɛ̃dra]
ns	joindrons	[ʒwɛ̃drɔ̃]
vs	joindrez	[ʒwɛ̃dre]
ils	joindront	[ʒwɛ̃drɔ̃]

Futur antérieur

aurai	joint
auras	joint
aura	joint
auront	joint
aurez	joint
auront	joint

Passé simple

je	joignis	[ʒwaɲi]
tu	joignis	[ʒwaɲi]
il	joignit	[ʒwaɲi]
ns	joignîmes	[ʒwaɲim]
vs	joignîtes	[ʒwaɲit]
ils	joignirent	[ʒwaɲir]

Passé antérieur

eus	joint
eus	joint
eut	joint
eûmes	joint
eûtes	joint
eurent	joint

PARTICIPE

Présent	Passé
joignant [ʒwaɲɑ̃]	joint, e [ʒwɛ̃, -wɛ̃t]

SUBJONCTIF

Présent

q.	je	joigne	[ʒwaɲ]	
	tu	joignes	[ʒwaɲ]	
	il	joigne	[ʒwaɲ]	
	ns	joignions	[ʒwaɲjɔ̃]	
	vs	joigniez	[ʒwaɲje]	
	ils	joignent	[ʒwaɲ]	

Passé

aie	joint
aies	joint
ait	joint
ayons	joint
ayez	joint
aient	joint

Imparfait

q.	je	joignisse	[ʒwaɲis]
	tu	joignisses	[ʒwaɲis]
	il	joignît	[ʒwaɲi]
	ns	joignissions	[ʒwaɲisjɔ̃]
	vs	joignissiez	[ʒwaɲisje]
	ils	joignissent	[ʒwaɲis]

Plus-que-parfait

eusse	joint
eusses	joint
eût	joint
eussions	joint
eussiez	joint
eussent	joint

CONDITIONNEL

Présent

je	joindrais	[ʒwɛ̃drɛ]
tu	joindrais	[ʒwɛ̃drɛ]
il	joindrait	[ʒwɛ̃drɛ]
ns	joindrions	[ʒwɛ̃drijɔ̃]
vs	joindriez	[ʒwɛ̃drije]
ils	joindraient	[ʒwɛ̃drɛ]

Passé

aurais	joint
aurais	joint
aurait	joint
aurions	joint
auriez	joint
auraient	joint

IMPÉRATIF

Présent

joins	[ʒwɛ̃]
joignons	[ʒwaɲɔ̃]
joignez	[ʒwaɲe]

Passé

aie	joint
ayons	joint
ayez	joint

83 battre ▷ *schlagen*

INFINITIF

Présent	Passé
battre [batr]	avoir battu [avwarbaty]

INDICATIF

Présent			Passé composé	
je	bats	[ba]	ai	battu
tu	bats	[ba]	as	battu
il	bat	[ba]	a	battu
ns	battons	[batɔ̃]	avons	battu
vs	battez	[bate]	avez	battu
ils	battent	[bat]	ont	battu

Imparfait			Plus-que-parfait	
je	battais	[batɛ]	avais	battu
tu	battais	[batɛ]	avais	battu
il	battait	[batɛ]	avait	battu
ns	battions	[batjɔ̃]	avions	battu
vs	battiez	[batje]	aviez	battu
ils	battaient	[batɛ]	avaient	battu

Futur simple			Futur antérieur	
je	battrai	[batre]	aurai	battu
tu	battras	[batra]	auras	battu
il	battra	[batra]	aura	battu
ns	battrons	[batrɔ̃]	aurons	battu
vs	battrez	[batre]	aurez	battu
ils	battront	[batrɔ̃]	auront	battu

Passé simple			Passé antérieur	
je	battis	[bati]	eus	battu
tu	battis	[bati]	eus	battu
il	battit	[bati]	eut	battu
ns	battîmes	[batim]	eûmes	battu
vs	battîtes	[batit]	eûtes	battu
ils	battirent	[batir]	eurent	battu

PARTICIPE

Présent	Passé
battant [batɑ̃]	battu, e [baty]

SUBJONCTIF

Présent			Passé	
q. je	batte	[bat]	aie	battu
tu	battes	[bat]	aies	battu
il	batte	[bat]	ait	battu
ns	battions	[batjɔ̃]	ayons	battu
vs	battiez	[batje]	ayez	battu
ils	battent	[bat]	aient	battu

Imparfait			Plus-que-parfait	
q. je	battisse	[batis]	eusse	battu
tu	battisses	[batis]	eusses	battu
il	battît	[bati]	eût	battu
ns	battissions	[batisjɔ̃]	eussions	battu
vs	battissiez	[batisje]	eussiez	battu
ils	battissent	[batis]	eussent	battu

CONDITIONNEL

Présent			Passé	
je	battrais	[batrɛ]	aurais	battu
tu	battrais	[batrɛ]	aurais	battu
il	battrait	[batrɛ]	aurait	battu
ns	battrions	[batrijɔ̃]	aurions	battu
vs	battriez	[batrije]	auriez	battu
ils	battraient	[batrɛ]	auraient	battu

IMPÉRATIF

Présent		Passé	
bats	[ba]	aie	battu
battons	[batɔ̃]	ayons	battu
battez	[bate]	ayez	battu

84 mettre ▷ *legen, setzen, stellen*

INFINITIF

Présent	Passé
mettre	avoir mis
[mɛtr]	[avwarmi]

PARTICIPE

Présent	Passé
mettant	mis, e
[metɑ̃]	[mi, -iz]

INDICATIF

Présent

			Passé composé	
je	mets	[mɛ]	ai	mis
tu	mets	[mɛ]	as	mis
il	met	[mɛ]	a	mis
ns	mettons	[metɔ̃]	avons	mis
vs	mettez	[mete]	avez	mis
ils	mettent	[mɛt]	ont	mis

Imparfait

			Plus-que-parfait	
je	mettais	[metɛ]	avais	mis
tu	mettais	[metɛ]	avais	mis
il	mettait	[metɛ]	avait	mis
ns	mettions	[metjɔ̃]	avions	mis
vs	mettiez	[metje]	aviez	mis
ils	mettaient	[metɛ]	avaient	mis

Futur simple

			Futur antérieur	
je	mettrai	[metre]	aurai	mis
tu	mettras	[metra]	auras	mis
il	mettra	[metra]	aura	mis
ns	mettrons	[metrɔ̃]	aurons	mis
vs	mettrez	[metre]	aurez	mis
ils	mettront	[metrɔ̃]	auront	mis

Passé simple

			Passé antérieur	
je	mis	[mi]	eus	mis
tu	mis	[mi]	eus	mis
il	mit	[mi]	eut	mis
ns	mîmes	[mim]	eûmes	mis
vs	mîtes	[mit]	eûtes	mis
ils	mirent	[mir]	eurent	mis

SUBJONCTIF

Présent

			Passé	
q. je	mette	[mɛt]	aie	mis
tu	mettes	[mɛt]	aies	mis
il	mette	[mɛt]	ait	mis
ns	mettions	[metjɔ̃]	ayons	mis
vs	mettiez	[metje]	ayez	mis
ils	mettent	[mɛt]	aient	mis

Imparfait

			Plus-que-parfait	
q. je	misse	[mis]	eusse	mis
tu	misses	[mis]	eusses	mis
il	mît	[mi]	eût	mis
ns	missions	[misjɔ̃]	eussions	mis
vs	missiez	[misje]	eussiez	mis
ils	missent	[mis]	eussent	mis

CONDITIONNEL

Présent

			Passé	
je	mettrais	[metrɛ]	aurais	mis
tu	mettrais	[metrɛ]	aurais	mis
il	mettrait	[metrɛ]	aurait	mis
ns	mettrions	[metrijɔ̃]	aurions	mis
vs	mettriez	[metrije]	auriez	mis
ils	mettraient	[metrɛ]	auraient	mis

IMPÉRATIF

Présent

		Passé	
mets	[mɛ]	aie	mis
mettons	[metɔ̃]	ayons	mis
mettez	[mete]	ayez	mis

85 moudre ▷ *mahlen*

INFINITIF

Présent	Passé
moudre [mudr]	avoir moulu [avwarmuly]

PARTICIPE

Présent	Passé
moulant [mulɑ̃]	moulu, e [muly]

INDICATIF

Présent			Passé composé	
je	mouds	[mu]	ai	moulu
tu	mouds	[mu]	as	moulu
il	moud	[mu]	a	moulu
ns	moulons	[mulɔ̃]	avons	moulu
vs	moulez	[mule]	avez	moulu
ils	moulent	[mul]	ont	moulu

Imparfait			Plus-que-parfait	
je	moulais	[mulɛ]	avais	moulu
tu	moulais	[mulɛ]	avais	moulu
il	moulait	[mulɛ]	avait	moulu
ns	moulions	[muljɔ̃]	avions	moulu
vs	mouliez	[mulje]	aviez	moulu
ils	moulaient	[mulɛ]	avaient	moulu

Futur simple			Futur antérieur	
je	moudrai	[mudre]	aurai	moulu
tu	moudras	[mudra]	auras	moulu
il	moudra	[mudra]	aura	moulu
ns	moudrons	[mudrɔ̃]	aurons	moulu
vs	moudrez	[mudre]	aurez	moulu
ils	moudront	[mudrɔ̃]	auront	moulu

Passé simple			Passé antérieur	
je	moulus	[muly]	eus	moulu
tu	moulus	[muly]	eus	moulu
il	moulut	[muly]	eut	moulu
ns	moulûmes	[mulym]	eûmes	moulu
vs	moulûtes	[mulyt]	eûtes	moulu
ils	moulurent	[mulyr]	eurent	moulu

SUBJONCTIF

Présent			Passé	
q. je	moule	[mul]	aie	moulu
tu	moules	[mul]	aies	moulu
il	moule	[mul]	ait	moulu
ns	moulions	[muljɔ̃]	ayons	moulu
vs	mouliez	[mulje]	ayez	moulu
ils	moulent	[mul]	aient	moulu

Imparfait			Plus-que-parfait	
q. je	moulusse	[mulys]	eusse	moulu
tu	moulusses	[mulys]	eusses	moulu
il	moulût	[muly]	eût	moulu
ns	moulussions	[mulysjɔ̃]	eussions	moulu
vs	moulussiez	[mulysje]	eussiez	moulu
ils	moulussent	[mulys]	eussent	moulu

CONDITIONNEL

Présent			Passé	
je	moudrais	[mudrɛ]	aurais	moulu
tu	moudrais	[mudrɛ]	aurais	moulu
il	moudrait	[mudrɛ]	aurait	moulu
ns	moudrions	[mudrijɔ̃]	aurions	moulu
vs	moudriez	[mudrije]	auriez	moulu
ils	moudraient	[mudrɛ]	auraient	moulu

IMPÉRATIF

Présent		Passé	
mouds	[mu]	aie	moulu
moulons	[mulɔ̃]	ayons	moulu
moulez	[mule]	ayez	moulu

86 coudre ▷ *nähen*

INFINITIF

Présent	Passé
coudre	avoir cousu
[kudr]	[avwarkuzy]

PARTICIPE

Présent	Passé
cousant	cousu, e
[kuzɑ̃]	[kuzy]

INDICATIF

	Présent		Passé composé	
je	couds	[ku]	ai	cousu
tu	couds	[ku]	as	cousu
il	coud	[ku]	a	cousu
ns	cousons	[kuzɔ̃]	avons	cousu
vs	cousez	[kuze]	avez	cousu
ils	cousent	[kuz]	ont	cousu

	Imparfait		Plus-que-parfait	
je	cousais	[kuzɛ]	avais	cousu
tu	cousais	[kuzɛ]	avais	cousu
il	cousait	[kuzɛ]	avait	cousu
ns	cousions	[kuzjɔ̃]	avions	cousu
vs	cousiez	[kuzje]	aviez	cousu
ils	cousaient	[kuzɛ]	avaient	cousu

	Futur simple		Futur antérieur	
je	coudrai	[kudre]	aurai	cousu
tu	coudras	[kudra]	auras	cousu
il	coudra	[kudra]	aura	cousu
ns	coudrons	[kudrɔ̃]	aurons	cousu
vs	coudrez	[kudre]	aurez	cousu
ils	coudront	[kudrɔ̃]	auront	cousu

	Passé simple		Passé antérieur	
je	cousis	[kuzi]	eus	cousu
tu	cousis	[kuzi]	eus	cousu
il	cousit	[kuzi]	eut	cousu
ns	cousîmes	[kuzim]	eûmes	cousu
vs	cousîtes	[kuzit]	eûtes	cousu
ils	cousirent	[kuzir]	eurent	cousu

SUBJONCTIF

	Présent		Passé	
q. je	couse	[kuz]	aie	cousu
tu	couses	[kuz]	aies	cousu
il	couse	[kuz]	ait	cousu
ns	cousions	[kuzjɔ̃]	ayons	cousu
vs	cousiez	[kuzje]	ayez	cousu
ils	cousent	[kuz]	aient	cousu

	Imparfait		Plus-que-parfait	
q. je	cousisse	[kuzis]	eusse	cousu
tu	cousisses	[kuzis]	eusses	cousu
il	cousît	[kuzi]	eût	cousu
ns	cousissions	[kuzisjɔ̃]	eussions	cousu
vs	cousissiez	[kuzisje]	eussiez	cousu
ils	cousissent	[kuzis]	eussent	cousu

CONDITIONNEL

	Présent		Passé	
je	coudrais	[kudrɛ]	aurais	cousu
tu	coudrais	[kudrɛ]	aurais	cousu
il	coudrait	[kudrɛ]	aurait	cousu
ns	coudrions	[kudrijɔ̃]	aurions	cousu
vs	coudriez	[kudrije]	auriez	cousu
ils	coudraient	[kudrɛ]	auraient	cousu

IMPÉRATIF

Présent		Passé	
couds	[ku]	aie	cousu
cousons	[kuzɔ̃]	ayons	cousu
cousez	[kuze]	ayez	cousu

87 absoudre ▷ *vergeben*

INFINITIF

Présent	Passé
absoudre [apsudr]	avoir absous [avwarapsu]

PARTICIPE

Présent	Passé
absolvant [apsɔlvɑ̃]	absous, oute [apsu, -ut]

INDICATIF

	Présent		Passé composé	
j'	absous	[-u]	ai	absous
tu	absous	[-u]	as	absous
il	absout	[-u]	a	absous
ns	absolvons	[-ɔlvɔ̃]	avons	absous
vs	absolvez	[-ɔlve]	avez	absous
ils	absolvent	[-ɔlv]	ont	absous

	Imparfait		Plus-que-parfait	
j'	absolvais	[-ɔlvɛ]	avais	absous
tu	absolvais	[-ɔlvɛ]	avais	absous
il	absolvait	[-ɔlvɛ]	avait	absous
ns	absolvions	[-ɔlvjɔ̃]	avions	absous
vs	absolviez	[-ɔlvje]	aviez	absous
ils	absolvaient	[-ɔlvɛ]	avaient	absous

	Futur simple		Futur antérieur	
j'	absoudrai	[-udre]	aurai	absous
tu	absoudras	[-udra]	auras	absous
il	absoudra	[-udra]	aura	absous
ns	absoudrons	[-udrɔ̃]	aurons	absous
vs	absoudrez	[-udre]	aurez	absous
ils	absoudront	[-udrɔ̃]	auront	absous

	Passé simple		Passé antérieur	
j'	absolus	[-ɔly]	eus	absous
tu	absolus	[-ɔly]	eus	absous
il	absolut	[-ɔly]	eut	absous
ns	absolûmes	[-ɔlym]	eûmes	absous
vs	absolûtes	[-ɔlyt]	eûtes	absous
ils	absolurent	[-ɔlyr]	eurent	absous

SUBJONCTIF

	Présent		Passé	
q. j'	absolve	[-ɔlv]	aie	absous
tu	absolves	[-ɔlv]	aies	absous
il	absolve	[-ɔlv]	ait	absous
ns	absolvions	[-ɔlvjɔ̃]	ayons	absous
vs	absolviez	[-ɔlvje]	ayez	absous
ils	absolvent	[-ɔlv]	aient	absous

	Imparfait		Plus-que-parfait	
q. j'	absolusse	[-ɔlys]	eusse	absous
tu	absolusses	[-ɔlys]	eusses	absous
il	absolût	[-ɔly]	eût	absous
ns	absolussions	[-ɔlysjɔ̃]	eussions	absous
vs	absolussiez	[-ɔlysje]	eussiez	absous
ils	absolussent	[-ɔlys]	eussent	absous

CONDITIONNEL

	Présent		Passé	
j'	absoudrais	[-udrɛ]	aurais	absous
tu	absoudrais	[-udrɛ]	aurais	absous
il	absoudrait	[-udrɛ]	aurait	absous
ns	absoudrions	[-udrijɔ̃]	aurions	absous
vs	absoudriez	[-udrije]	auriez	absous
ils	absoudraient	[-udrɛ]	auraient	absous

IMPÉRATIF

Présent		Passé	
absous	[-u]	aie	absous
absolvons	[-ɔlvɔ̃]	ayons	absous
absolvez	[-ɔlve]	ayez	absous

Hinweis : *Passé simple* und *subjonctif imparfait* (bei *Littré* erlaubt) sind selten.

88 résoudre ▷ *lösen*

INFINITIF

Présent	Passé
résoudre [rezudr]	avoir résolu [avwarrezɔly]

PARTICIPE

Présent	Passé
résolvant [rezɔlvɑ̃]	résolu, e [rezɔly]

INDICATIF

Présent			Passé composé	
je	résous	[-u]	ai	résolu
tu	résous	[-u]	as	résolu
il	résout	[-u]	a	résolu
ns	résolvons	[-ɔlvɔ̃]	avons	résolu
vs	résolvez	[-ɔlve]	avez	résolu
ils	résolvent	[-ɔlv]	ont	résolu

Imparfait			Plus-que-parfait	
je	résolvais	[-ɔlvɛ]	avais	résolu
tu	résolvais	[-ɔlvɛ]	avais	résolu
il	résolvait	[-ɔlvɛ]	avait	résolu
ns	résolvions	[-ɔlvjɔ̃]	avions	résolu
vs	résolviez	[-ɔlvje]	aviez	résolu
ils	résolvaient	[-ɔlvɛ]	avaient	résolu

Futur simple			Futur antérieur	
je	résoudrai	[-udre]	aurai	résolu
tu	résoudras	[-udra]	auras	résolu
il	résoudra	[-udra]	aura	résolu
ns	résoudrons	[-udrɔ̃]	aurons	résolu
vs	résoudrez	[-udre]	aurez	résolu
ils	résoudront	[-udrɔ̃]	auront	résolu

Passé simple			Passé antérieur	
je	résolus	[-ɔly]	eus	résolu
tu	résolus	[-ɔly]	eus	résolu
il	résolut	[-ɔly]	eut	résolu
ns	résolûmes	[-ɔlym]	eûmes	résolu
vs	résolûtes	[-ɔlyt]	eûtes	résolu
ils	résolurent	[-ɔlyr]	eurent	résolu

SUBJONCTIF

Présent			Passé	
q. je	résolve	[-ɔlv]	aie	résolu
tu	résolves	[-ɔlv]	aies	résolu
il	résolve	[-ɔlv]	ait	résolu
ns	résolvions	[-ɔlvjɔ̃]	ayons	résolu
vs	résolviez	[-ɔlvje]	ayez	résolu
ils	résolvent	[-ɔlv]	aient	résolu

Imparfait			Plus-que-parfait	
q. je	résolusse	[-ɔlys]	eusse	résolu
tu	résolusses	[-ɔlys]	eusses	résolu
il	résolût	[-ɔly]	eût	résolu
ns	résolussions	[-ɔlysjɔ̃]	eussions	résolu
vs	résolussiez	[-ɔlysje]	eussiez	résolu
ils	résolussent	[-ɔlys]	eussent	résolu

CONDITIONNEL

Présent			Passé	
je	résoudrais	[-udrɛ]	aurais	résolu
tu	résoudrais	[-udrɛ]	aurais	résolu
il	résoudrait	[-udrɛ]	aurait	résolu
ns	résoudrions	[-udrijɔ̃]	aurions	résolu
vs	résoudriez	[-udrije]	auriez	résolu
ils	résoudraient	[-udrɛ]	auraient	résolu

IMPÉRATIF

Présent		Passé	
résous	[-u]	aie	résolu
résolvons	[-ɔlvɔ̃]	ayons	résolu
résolvez	[-ɔlve]	ayez	résolu

Hinweis : In der Bedeutung *transformé, e* gibt es ein Partizip II *résous, résoute* (selten), z. B. *un brouillard résous en pluie.*

89 suivre ▷ *folgen*

INFINITIF

Présent	Passé
suivre	avoir suivi
[sɥivr]	[avwarsɥivi]

PARTICIPE

Présent	Passé
suivant	suivi, e
[sɥivɑ̃]	[sɥivi]

INDICATIF

Présent

je	suis	[sɥi]
tu	suis	[sɥi]
il	suit	[sɥi]
ns	suivons	[sɥivɔ̃]
vs	suivez	[sɥive]
ils	suivent	[sɥiv]

Passé composé

ai	suivi
as	suivi
a	suivi
avons	suivi
avez	suivi
ont	suivi

Imparfait

je	suivais	[sɥivɛ]
tu	suivais	[sɥivɛ]
il	suivait	[sɥivɛ]
ns	suivions	[sɥivjɔ̃]
vs	suiviez	[sɥivje]
ils	suivaient	[sɥivɛ]

Plus-que-parfait

avais	suivi
avais	suivi
avait	suivi
avions	suivi
aviez	suivi
avaient	suivi

Futur simple

je	suivrai	[sɥivre]
tu	suivras	[sɥivra]
il	suivra	[sɥivra]
ns	suivrons	[sɥivrɔ̃]
vs	suivrez	[sɥivre]
ils	suivront	[sɥivrɔ̃]

Futur antérieur

aurai	suivi
auras	suivi
aura	suivi
aurons	suivi
aurez	suivi
auront	suivi

Passé simple

je	suivis	[sɥivi]
tu	suivis	[sɥivi]
il	suivit	[sɥivi]
ns	suivîmes	[sɥivim]
vs	suivîtes	[sɥivit]
ils	suivirent	[sɥivir]

Passé antérieur

eus	suivi
eus	suivi
eut	suivi
eûmes	suivi
eûtes	suivi
eurent	suivi

SUBJONCTIF

Présent

q. je	suive	[sɥiv]
tu	suives	[sɥiv]
il	suive	[sɥiv]
ns	suivions	[sɥivjɔ̃]
vs	suiviez	[sɥivje]
ils	suivent	[sɥiv]

Passé

aie	suivi
aies	suivi
ait	suivi
ayons	suivi
ayez	suivi
aient	suivi

Imparfait

q. je	suivisse	[sɥivis]
tu	suivisses	[sɥivis]
il	suivît	[sɥivi]
ns	suivissions	[sɥivisjɔ̃]
vs	suivissiez	[sɥivisje]
ils	suivissent	[sɥivis]

Plus-que-parfait

eusse	suivi
eusses	suivi
eût	suivi
eussions	suivi
eussiez	suivi
eussent	suivi

CONDITIONNEL

Présent

je	suivrais	[sɥivrɛ]
tu	suivrais	[sɥivrɛ]
il	suivrait	[sɥivrɛ]
ns	suivrions	[sɥivrijɔ̃]
vs	suivriez	[sɥivrije]
ils	suivraient	[sɥivrɛ]

Passé

aurais	suivi
aurais	suivi
aurait	suivi
aurions	suivi
auriez	suivi
auraient	suivi

IMPÉRATIF

Présent

suis	[sɥi]
suivons	[sɥivɔ̃]
suivez	[sɥive]

Passé

aie	suivi
ayons	suivi
ayez	suivi

90 vivre ▷ *leben*

INFINITIF

Présent	Passé
vivre	avoir vécu
[vivr]	[avwarveky]

PARTICIPE

Présent	Passé
vivant	vécu, e
[vivɑ̃]	[veky]

INDICATIF

Présent

je	vis	[vi]
tu	vis	[vi]
il	vit	[vi]
ns	vivons	[vivɔ̃]
vs	vivez	[vive]
ils	vivent	[viv]

Passé composé

ai	vécu
as	vécu
a	vécu
avons	vécu
avez	vécu
ont	vécu

Imparfait

je	vivais	[vivɛ]
tu	vivais	[vivɛ]
il	vivait	[vivɛ]
ns	vivions	[vivjɔ̃]
vs	viviez	[vivje]
ils	vivaient	[vivɛ]

Plus-que-parfait

avais	vécu
avais	vécu
avait	vécu
avions	vécu
aviez	vécu
avaient	vécu

Futur simple

je	vivrai	[vivre]
tu	vivras	[vivra]
il	vivra	[vivra]
ns	vivrons	[vivrɔ̃]
vs	vivrez	[vivre]
ils	vivront	[vivrɔ̃]

Futur antérieur

aurai	vécu
auras	vécu
aura	vécu
aurons	vécu
aurez	vécu
auront	vécu

Passé simple

je	vécus	[veky]
tu	vécus	[veky]
il	vécut	[veky]
ns	vécûmes	[vekym]
vs	vécûtes	[vekyt]
ils	vécurent	[vekyr]

Passé antérieur

eus	vécu
eus	vécu
eut	vécu
eûmes	vécu
eûtes	vécu
eurent	vécu

SUBJONCTIF

Présent

q. je	vive	[viv]
tu	vives	[viv]
il	vive	[viv]
ns	vivions	[vivjɔ̃]
vs	viviez	[vivje]
ils	vivent	[viv]

Passé

aie	vécu
aies	vécu
ait	vécu
ayons	vécu
ayez	vécu
aient	vécu

Imparfait

q. je	vécusse	[vekys]
tu	vécusses	[vekys]
il	vécût	[veky]
ns	vécussions	[vekysjɔ̃]
vs	vécussiez	[vekysje]
ils	vécussent	[vekys]

Plus-que-parfait

eusse	vécu
eusses	vécu
eût	vécu
eussions	vécu
eussiez	vécu
eussent	vécu

CONDITIONNEL

Présent

je	vivrais	[vivrɛ]
tu	vivrais	[vivrɛ]
il	vivrait	[vivrɛ]
ns	vivrions	[vivrijɔ̃]
vs	vivriez	[vivrije]
ils	vivraient	[vivrɛ]

Passé

aurais	vécu
aurais	vécu
aurait	vécu
aurions	vécu
auriez	vécu
auraient	vécu

IMPÉRATIF

Présent		Passé	
vis	[vi]	aie	vécu
vivons	[vivɔ̃]	ayons	vécu
vivez	[vive]	ayez	vécu

Hinweis : *Survivre* wird wie *vivre* konjugiert, das Partizip II bleibt aber immer unverändert.

91 paraître ▷ *scheinen*

INFINITIF

Présent	Passé
paraître [parɛtr]	avoir paru [avwarpary]

PARTICIPE

Présent	Passé
paraissant [parɛsɑ̃]	paru, e [pary]

INDICATIF

Présent / Passé composé

	Présent		Passé composé	
je	parais	[-rɛ]	ai	paru
tu	parais	[-rɛ]	as	paru
il	paraît	[-rɛ]	a	paru
ns	paraissons	[-resɔ̃]	avons	paru
vs	paraissez	[-rese]	avez	paru
ils	paraissent	[-rɛs]	ont	paru

Imparfait / Plus-que-parfait

	Imparfait		Plus-que-parfait	
je	paraissais	[-resɛ]	avais	paru
tu	paraissais	[-resɛ]	avais	paru
il	paraissait	[-resɛ]	avait	paru
ns	paraissions	[-resjɔ̃]	avions	paru
vs	paraissiez	[-resje]	aviez	paru
ils	paraissaient	[-resɛ]	avaient	paru

Futur simple / Futur antérieur

	Futur simple		Futur antérieur	
je	paraîtrai	[-retre]	aurai	paru
tu	paraîtras	[-retra]	auras	paru
il	paraîtra	[-retra]	aura	paru
ns	paraîtrons	[-retrɔ̃]	aurons	paru
vs	paraîtrez	[-retre]	aurez	paru
ils	paraîtront	[-retrɔ̃]	auront	paru

Passé simple / Passé antérieur

	Passé simple		Passé antérieur	
je	parus	[-ry]	eus	paru
tu	parus	[-ry]	eus	paru
il	parut	[-ry]	eut	paru
ns	parûmes	[-rym]	eûmes	paru
vs	parûtes	[-ryt]	eûtes	paru
ils	parurent	[-ryr]	eurent	paru

SUBJONCTIF

Présent / Passé

	Présent		Passé	
q. je	paraisse	[-rɛs]	aie	paru
tu	paraisses	[-rɛs]	aies	paru
il	paraisse	[-rɛs]	ait	paru
ns	paraissions	[-resjɔ̃]	ayons	paru
vs	paraissiez	[-resje]	ayez	paru
ils	paraissent	[-rɛs]	aient	paru

Imparfait / Plus-que-parfait

	Imparfait		Plus-que-parfait	
q. je	parusse	[-rys]	eusse	paru
tu	parusses	[-rys]	eusses	paru
il	parût	[-ry]	eût	paru
ns	parussions	[-rysjɔ̃]	eussions	paru
vs	parussiez	[-rysje]	eussiez	paru
ils	parussent	[-rys]	eussent	paru

CONDITIONNEL

	Présent		Passé	
je	paraîtrais	[-retrɛ]	aurais	paru
tu	paraîtrais	[-retrɛ]	aurais	paru
il	paraîtrait	[-retrɛ]	aurait	paru
ns	paraîtrions	[-retrijɔ̃]	aurions	paru
vs	paraîtriez	[-retrije]	auriez	paru
ils	paraîtraient	[-retrɛ]	auraient	paru

IMPÉRATIF

Présent		Passé	
parais	[-rɛ]	aie	paru
paraissons	[-resɔ̃]	ayons	paru
paraissez	[-rese]	ayez	paru

92 naître ▷ *geboren werden*

INFINITIF

Présent	Passé
naître [nɛtr]	être né [ɛtrəne]

PARTICIPE

Présent	Passé
naissant [nesɑ̃]	né, e [ne]

INDICATIF

Présent / **Passé composé**

je	nais	[nɛ]	suis	né
tu	nais	[nɛ]	es	né
il	naît	[nɛ]	est	né
ns	naissons	[nesɔ̃]	sommes	nés
vs	naissez	[nese]	êtes	nés
ils	naissent	[nɛs]	sont	nés

Imparfait / **Plus-que-parfait**

je	naissais	[nesɛ]	étais	né
tu	naissais	[nesɛ]	étais	né
il	naissait	[nesɛ]	était	né
ns	naissions	[nesjɔ̃]	étions	nés
vs	naissiez	[nesje]	étiez	nés
ils	naissaient	[nesɛ]	étaient	nés

Futur simple / **Futur antérieur**

je	naîtrai	[netre]	serai	né
tu	naîtras	[netra]	seras	né
il	naîtra	[netra]	sera	né
ns	naîtrons	[netrɔ̃]	serons	nés
vs	naîtrez	[netre]	serez	nés
ils	naîtront	[netrɔ̃]	seront	nés

Passé simple / **Passé antérieur**

je	naquis	[naki]	fus	né
tu	naquis	[naki]	fus	né
il	naquit	[naki]	fut	né
ns	naquîmes	[nakim]	fûmes	nés
vs	naquîtes	[nakit]	fûtes	nés
ils	naquirent	[nakir]	furent	nés

SUBJONCTIF

Présent / **Passé**

q. je	naisse	[nɛs]	sois	né
tu	naisses	[nɛs]	sois	né
il	naisse	[nɛs]	soit	né
ns	naissions	[nesjɔ̃]	soyons	nés
vs	naissiez	[nesje]	soyez	nés
ils	naissent	[nɛs]	soient	nés

Imparfait / **Plus-que-parfait**

q. je	naquisse	[nakis]	fusse	né
tu	naquisses	[nakis]	fusses	né
il	naquît	[naki]	fût	né
ns	naquissions	[nakisjɔ̃]	fussions	nés
vs	naquissiez	[nakisje]	fussiez	nés
ils	naquissent	[nakis]	fussent	nés

CONDITIONNEL

Présent / **Passé**

je	naîtrais	[netrɛ]	serais	né
tu	naîtrais	[netrɛ]	serais	né
il	naîtrait	[netrɛ]	serait	né
ns	naîtrions	[netrijɔ̃]	serions	nés
vs	naîtriez	[netrije]	seriez	nés
ils	naîtraient	[netrɛ]	seraient	nés

IMPÉRATIF

Présent / **Passé**

nais	[nɛ]	sois	né
naissons	[nesɔ̃]	soyons	nés
naissez	[nese]	soyez	nés

93 croître ▷ *wachsen*

INFINITIF

Présent	Passé
croître [krwatr]	avoir crû [avwarkry]

PARTICIPE

Présent	Passé
croissant [krwasɑ̃]	crû, crue, crus, crues [kry]

INDICATIF

	Présent		Passé composé	
je	croîs	[krwa]	ai	crû
tu	croîs	[krwa]	as	crû
il	croît	[krwa]	a	crû
ns	croissons	[krwasɔ̃]	avons	crû
vs	croissez	[krwase]	avez	crû
ils	croissent	[krwas]	ont	crû

	Imparfait		Plus-que-parfait	
je	croissais	[krwasɛ]	avais	crû
tu	croissais	[krwasɛ]	avais	crû
il	croissait	[krwasɛ]	avait	crû
ns	croissions	[krwasjɔ̃]	avions	crû
vs	croissiez	[krwasje]	aviez	crû
ils	croissaient	[krwasɛ]	avaient	crû

	Futur simple		Futur antérieur	
je	croîtrai	[krwatre]	aurai	crû
tu	croîtras	[krwatra]	auras	crû
il	croîtra	[krwatra]	aura	crû
ns	croîtrons	[krwatrɔ̃]	aurons	crû
vs	croîtrez	[krwatre]	aurez	crû
ils	croîtront	[krwatrɔ̃]	auront	crû

	Passé simple		Passé antérieur	
je	crûs	[kry]	eus	crû
tu	crûs	[kry]	eus	crû
il	crût	[kry]	eut	crû
ns	crûmes	[krym]	eûmes	crû
vs	crûtes	[kryt]	eûtes	crû
ils	crûrent	[kryr]	eurent	crû

SUBJONCTIF

	Présent		Passé	
q. je	croisse	[krwas]	aie	crû
tu	croisses	[krwas]	aies	crû
il	croisse	[krwas]	ait	crû
ns	croissions	[krwasjɔ̃]	ayons	crû
vs	croissiez	[krwasje]	ayez	crû
ils	croissent	[krwas]	aient	crû

	Imparfait		Plus-que-parfait	
q. je	crûsse	[krys]	eusse	crû
tu	crûsses	[krys]	eusses	crû
il	crût	[kry]	eût	crû
ns	crûssions	[krysjɔ̃]	eussions	crû
vs	crûssiez	[krysje]	eussiez	crû
ils	crûssent	[krys]	eussent	crû

CONDITIONNEL

	Présent		Passé	
je	croîtrais	[krwatrɛ]	aurais	crû
tu	croîtrais	[krwatrɛ]	aurais	crû
il	croîtrait	[krwatrɛ]	aurait	crû
ns	croîtrions	[krwatrijɔ̃]	aurions	crû
vs	croîtriez	[krwatrije]	auriez	crû
ils	croîtraient	[krwatrɛ]	auraient	crû

IMPÉRATIF

Présent		Passé	
croîs	[krwa]	aie	crû
croissons	[krwasɔ̃]	ayons	crû
croissez	[krwase]	ayez	crû

Hinweis : Die *Académie française* schreibt *crusse, crusses, crussions, crussiez, crussent* (ohne Zirkumflex).

94 accroître ▷ *vermehren*

INFINITIF

Présent	Passé
accroître [akrwatr]	avoir accru [avwarakry]

INDICATIF

	Présent		Passé composé	
j'	accrois	[-krwa]	ai	accru
tu	accrois	[-krwa]	as	accru
il	accroît	[-krwa]	a	accru
ns	accroissons	[-krwasɔ̃]	avons	accru
vs	accroissez	[-krwase]	avez	accru
ils	accroissent	[-krwas]	ont	accru

	Imparfait		Plus-que-parfait	
j'	accroissais	[-krwasɛ]	avais	accru
tu	accroissais	[-krwasɛ]	avais	accru
il	accroissait	[-krwasɛ]	avait	accru
ns	accroissions	[-krwasjɔ̃]	avions	accru
vs	accroissiez	[-krwasje]	aviez	accru
ils	accroissaient	[-krwasɛ]	avaient	accru

	Futur simple		Futur antérieur	
j'	accroîtrai	[-krwatre]	aurai	accru
tu	accroîtras	[-krwatra]	auras	accru
il	accroîtra	[-krwatra]	aura	accru
ns	accroîtrons	[-krwatrɔ̃]	aurons	accru
vs	accroîtrez	[-krwatre]	aurez	accru
ils	accroîtront	[-krwatrɔ̃]	auront	accru

	Passé simple		Passé antérieur	
j'	accrus	[-kry]	eus	accru
tu	accrus	[-kry]	eus	accru
il	accrut	[-kry]	eut	accru
ns	accrûmes	[-krym]	eûmes	accru
vs	accrûtes	[-kryt]	eûtes	accru
ils	accrurent	[-kryr]	eurent	accru

PARTICIPE

Présent	Passé
accroissant [akrwasɑ̃]	accru, e [akry]

SUBJONCTIF

	Présent		Passé	
q. j'	accroisse	[-krwas]	aie	accru
tu	accroisses	[-krwas]	aies	accru
il	accroisse	[-krwas]	ait	accru
ns	accroissions	[-krwasjɔ̃]	ayons	accru
vs	accroissiez	[-krwasje]	ayez	accru
ils	accroissent	[-krwas]	aient	accru

	Imparfait		Plus-que-parfait	
q. j'	accrusse	[-krys]	eusse	accru
tu	accrusses	[-krys]	eusses	accru
il	accrût	[-kry]	eût	accru
ns	accrussions	[-krysjɔ̃]	eussions	accru
vs	accrussiez	[-krysje]	eussiez	accru
ils	accrussent	[-krys]	eussent	accru

CONDITIONNEL

	Présent		Passé	
j'	accroîtrais	[-krwatrɛ]	aurais	accru
tu	accroîtrais	[-krwatrɛ]	aurais	accru
il	accroîtrait	[-krwatrɛ]	aurait	accru
ns	accroîtrions	[-krwatrijɔ̃]	aurions	accru
vs	accroîtriez	[-krwatrije]	auriez	accru
ils	accroîtraient	[-krwatrɛ]	auraient	accru

IMPÉRATIF

Présent		Passé	
accrois	[-krwa]	aie	accru
accroissons	[-krwasɔ̃]	ayons	accru
accroissez	[-krwase]	ayez	accru

Hinweis : *Recroître* wird wie *accroître* konjugiert. Das Partizip II heißt aber *recrû, recrue, recrus, recrues.*

95 rire ▷ *lachen*

INFINITIF

Présent	Passé
rire	avoir ri
[rir]	[avwarri]

PARTICIPE

Présent	Passé
riant	ri
[rijɑ̃]	[ri]

INDICATIF

Présent

je	ris	[ri]
tu	ris	[ri]
il	rit	[ri]
ns	rions	[rijɔ̃]
vs	riez	[rije]
ils	rient	[ri]

Passé composé

ai	ri
as	ri
a	ri
avons	ri
avez	ri
ont	ri

Imparfait

je	riais	[rijɛ]
tu	riais	[rijɛ]
il	riait	[rijɛ]
ns	riions	[rijjɔ̃]
vs	riiez	[rijje]
ils	riaient	[rijɛ]

Plus-que-parfait

avais	ri
avais	ri
avait	ri
avions	ri
aviez	ri
avaient	ri

Futur simple

je	rirai	[rire]
tu	riras	[rira]
il	rira	[rira]
ns	rirons	[rirɔ̃]
vs	rirez	[rire]
ils	riront	[rirɔ̃]

Futur antérieur

aurai	ri
auras	ri
aura	ri
aurons	ri
aurez	ri
auront	ri

Passé simple

je	ris	[ri]
tu	ris	[ri]
il	rit	[ri]
ns	rîmes	[rim]
vs	rîtes	[rit]
ils	rirent	[rir]

Passé antérieur

eus	ri
eus	ri
eut	ri
eûmes	ri
eûtes	ri
eurent	ri

SUBJONCTIF

Présent

q. je	rie	[ri]
tu	ries	[ri]
il	rie	[ri]
ns	riions	[rijjɔ̃]
vs	riiez	[rijje]
ils	rient	[ri]

Passé

aie	ri
aies	ri
ait	ri
ayons	ri
ayez	ri
aient	ri

Imparfait

q. je	risse	[ris]
tu	risses	[ris]
il	rît	[ri]
ns	rissions	[risjɔ̃]
vs	rissiez	[risje]
ils	rissent	[ris]

Plus-que-parfait

eusse	ri
eusses	ri
eût	ri
eussions	ri
eussiez	ri
eussent	ri

CONDITIONNEL

Présent

je	rirais	[rirɛ]
tu	rirais	[rirɛ]
il	rirait	[rirɛ]
ns	ririons	[rirjɔ̃]
vs	ririez	[rirje]
ils	riraient	[rirɛ]

Passé

aurais	ri
aurais	ri
aurait	ri
aurions	ri
auriez	ri
auraient	ri

IMPÉRATIF

Présent

ris	[ri]
rions	[rijɔ̃]
riez	[rije]

Passé

aie	ri
ayons	ri
ayez	ri

96 conclure ▷ *abschließen*

INFINITIF

Présent	Passé
conclure [kɔ̃klyr]	avoir conclu [avwarkɔ̃kly]

PARTICIPE

Présent	Passé
concluant [kɔ̃klyɑ̃]	conclu, e [kɔ̃kly]

INDICATIF

	Présent		Passé composé	
je	conclus	[-kly]	ai	conclu
tu	conclus	[-kly]	as	conclu
il	conclut	[-kly]	a	conclu
ns	concluons	[-klyɔ̃]	avons	conclu
vs	concluez	[-klye]	avez	conclu
ils	concluent	[-kly]	ont	conclu

	Imparfait		Plus-que-parfait	
je	concluais	[-klyɛ]	avais	conclu
tu	concluais	[-klyɛ]	avais	conclu
il	concluait	[-klyɛ]	avait	conclu
ns	concluions	[-klyjɔ̃]	avions	conclu
vs	concluiez	[-klyje]	aviez	conclu
ils	concluaient	[-klyɛ]	avaient	conclu

	Futur simple		Futur antérieur	
je	conclurai	[-klyre]	aurai	conclu
tu	concluras	[-klyra]	auras	conclu
il	conclura	[-klyra]	aura	conclu
ns	conclurons	[-klyrɔ̃]	aurons	conclu
vs	conclurez	[-klyre]	aurez	conclu
ils	concluront	[-klyrɔ̃]	auront	conclu

	Passé simple		Passé antérieur	
je	conclus	[-kly]	eus	conclu
tu	conclus	[-kly]	eus	conclu
il	conclut	[-kly]	eut	conclu
ns	conclûmes	[-klym]	eûmes	conclu
vs	conclûtes	[-klyt]	eûtes	conclu
ils	conclurent	[-klyr]	eurent	conclu

SUBJONCTIF

	Présent		Passé	
q. je	conclue	[-kly]	aie	conclu
tu	conclues	[-kly]	aies	conclu
il	conclue	[-kly]	ait	conclu
ns	concluions	[-klyjɔ̃]	ayons	conclu
vs	concluiez	[-klyje]	ayez	conclu
ils	concluent	[-kly]	aient	conclu

	Imparfait		Plus-que-parfait	
q. je	conclusse	[-klys]	eusse	conclu
tu	conclusses	[-klys]	eusses	conclu
il	conclût	[-kly]	eût	conclu
ns	conclussions	[-klysjɔ̃]	eussions	conclu
vs	conclussiez	[-klysje]	eussiez	conclu
ils	conclussent	[-klys]	eussent	conclu

CONDITIONNEL

	Présent		Passé	
je	conclurais	[-klyrɛ]	aurais	conclu
tu	conclurais	[-klyrɛ]	aurais	conclu
il	conclurait	[-klyrɛ]	aurait	conclu
ns	conclurions	[-klyrjɔ̃]	aurions	conclu
vs	concluriez	[-klyrje]	auriez	conclu
ils	concluraient	[-klyrɛ]	auraient	conclu

IMPÉRATIF

Présent		Passé	
conclus	[-kly]	aie	conclu
concluons	[-klyɔ̃]	ayons	conclu
concluez	[-klye]	ayez	conclu

Hinweis : *Inclure, occlure, reclure* werden wie *conclure* konjugiert. Das Partizip II heißt aber *inclus, incluse ; occlus, occluse ; reclus, recluse.*

97 nuire ▷ *schaden*

INFINITIF

Présent	Passé
nuire [nɥir]	avoir nui [avwarnɥi]

PARTICIPE

Présent	Passé
nuisant [nɥizɑ̃]	nui [nɥi]

INDICATIF

Présent

je	nuis	[-ɥi]	
tu	nuis	[-ɥi]	
il	nuit	[-ɥi]	
ns	nuisons	[-ɥizɔ̃]	
vs	nuisez	[-ɥize]	
ils	nuisent	[-ɥiz]	

Passé composé

ai	nui
as	nui
a	nui
avons	nui
avez	nui
ont	nui

Imparfait

je	nuisais	[-ɥizɛ]
tu	nuisais	[-ɥizɛ]
il	nuisait	[-ɥizɛ]
ns	nuisions	[-ɥizjɔ̃]
vs	nuisiez	[-ɥizje]
ils	nuisaient	[-ɥizɛ]

Plus-que-parfait

avais	nui
avais	nui
avait	nui
avions	nui
aviez	nui
avaient	nui

Futur simple

je	nuirai	[-ɥire]
tu	nuiras	[-ɥira]
il	nuira	[-ɥira]
ns	nuirons	[-ɥirɔ̃]
vs	nuirez	[-ɥire]
ils	nuiront	[-ɥirɔ̃]

Futur antérieur

aurai	nui
auras	nui
aura	nui
aurons	nui
aurez	nui
auront	nui

Passé simple

je	nuisis	[-ɥizi]
tu	nuisis	[-ɥizi]
il	nuisit	[-ɥizi]
ns	nuisîmes	[-ɥizim]
vs	nuisîtes	[-ɥizit]
ils	nuisirent	[-ɥizir]

Passé antérieur

eus	nui
eus	nui
eut	nui
eûmes	nui
eûtes	nui
eurent	nui

SUBJONCTIF

Présent

q. je	nuise	[-ɥiz]
tu	nuises	[-ɥiz]
il	nuise	[-ɥiz]
ns	nuisions	[-ɥizjɔ̃]
vs	nuisiez	[-ɥizje]
ils	nuisent	[-ɥiz]

Passé

aie	nui
aies	nui
ait	nui
ayons	nui
ayez	nui
aient	nui

Imparfait

q. je	nuisisse	[-ɥizis]
tu	nuisisses	[-ɥizis]
il	nuisît	[-ɥizi]
ns	nuisissions	[-ɥizisjɔ̃]
vs	nuisissiez	[-ɥizisje]
ils	nuisissent	[-ɥizis]

Plus-que-parfait

eusse	nui
eusses	nui
eût	nui
eussions	nui
eussiez	nui
eussent	nui

CONDITIONNEL

Présent

je	nuirais	[-ɥirɛ]
tu	nuirais	[-ɥirɛ]
il	nuirait	[-ɥirɛ]
ns	nuirions	[-ɥirjɔ̃]
vs	nuiriez	[-ɥirje]
ils	nuiraient	[-ɥirɛ]

Passé

aurais	nui
aurais	nui
aurait	nui
aurions	nui
auriez	nui
auraient	nui

IMPÉRATIF

Présent

nuis	[-ɥi]
nuisons	[-ɥizɔ̃]
nuisez	[-ɥize]

Passé

aie	nui
ayons	nui
ayez	nui

Hinweis : *Luire* und *reluire* haben eine andere Form des *passé simple : je luis, je reluis* etc.

98 conduire ▷ *führen*

INFINITIF

Présent	Passé
conduire [kɔ̃dɥir]	avoir conduit [avwarkɔ̃dɥi]

INDICATIF

Présent

je	conduis	[-ɥi]
tu	conduis	[-ɥi]
il	conduit	[-ɥi]
ns	conduisons	[-ɥizɔ̃]
vs	conduisez	[-ɥize]
ils	conduisent	[-ɥiz]

Passé composé

ai	conduit
as	conduit
a	conduit
avons	conduit
avez	conduit
ont	conduit

Imparfait

je	conduisais	[-ɥizɛ]
tu	conduisais	[-ɥizɛ]
il	conduisait	[-ɥizɛ]
ns	conduisions	[-ɥizjɔ̃]
vs	conduisiez	[-ɥizje]
ils	conduisaient	[-ɥizɛ]

Plus-que-parfait

avais	conduit
avais	conduit
avait	conduit
avions	conduit
aviez	conduit
avaient	conduit

Futur simple

je	conduirai	[-ɥire]
tu	conduiras	[-ɥira]
il	conduira	[-ɥira]
ns	conduirons	[-ɥirɔ̃]
vs	conduirez	[-ɥire]
ils	conduiront	[-ɥirɔ̃]

Futur antérieur

aurai	conduit
auras	conduit
aura	conduit
aurons	conduit
aurez	conduit
auront	conduit

Passé simple

je	conduisis	[-ɥizi]
tu	conduisis	[-ɥizi]
il	conduisit	[-ɥizi]
ns	conduisîmes	[-ɥizim]
vs	conduisîtes	[-ɥizit]
ils	conduisirent	[-ɥizir]

Passé antérieur

eus	conduit
eus	conduit
eut	conduit
eûmes	conduit
eûtes	conduit
eurent	conduit

PARTICIPE

Présent	Passé
conduisant [kɔ̃dɥizɑ̃]	conduit, e [kɔ̃dɥi, -ɥit]

SUBJONCTIF

Présent

q.	je	conduise	[-ɥiz]
	tu	conduises	[-ɥiz]
	il	conduise	[-ɥiz]
	ns	conduisions	[-ɥizjɔ̃]
	vs	conduisiez	[-ɥizje]
	ils	conduisent	[-ɥiz]

Passé

aie	conduit
aies	conduit
ait	conduit
ayons	conduit
ayez	conduit
aient	conduit

Imparfait

q.	je	conduisisse	[-ɥizis]
	tu	conduisisses	[-ɥizis]
	il	conduisît	[-ɥizi]
	ns	conduisissions	[-ɥizisjɔ̃]
	vs	conduisissiez	[-ɥizisje]
	ils	conduisissent	[-ɥizis]

Plus-que-parfait

eusse	conduit
eusses	conduit
eût	conduit
eussions	conduit
eussiez	conduit
eussent	conduit

CONDITIONNEL

Présent

je	conduirais	[-ɥirɛ]
tu	conduirais	[-ɥirɛ]
il	conduirait	[-ɥirɛ]
ns	conduirions	[-ɥirjɔ̃]
vs	conduiriez	[-ɥirje]
ils	conduiraient	[-ɥirɛ]

Passé

aurais	conduit
aurais	conduit
aurait	conduit
aurions	conduit
auriez	conduit
auraient	conduit

IMPÉRATIF

Présent

conduis	[-ɥi]
conduisons	[-ɥizɔ̃]
conduisez	[-ɥize]

Passé

aie	conduit
ayons	conduit
ayez	conduit

99 écrire ▷ *schreiben*

INFINITIF

Présent	Passé
écrire [ekrir]	avoir écrit [avwarekri]

PARTICIPE

Présent	Passé
écrivant [ekrivɑ̃]	écrit, e [ecri, -it]

INDICATIF

	Présent		Passé composé	
j'	écris	[-i]	ai	écrit
tu	écris	[-i]	as	écrit
il	écrit	[-i]	a	écrit
ns	écrivons	[-ivɔ̃]	avons	écrit
vs	écrivez	[-ive]	avez	écrit
ils	écrivent	[-iv]	ont	écrit

	Imparfait		Plus-que-parfait	
j'	écrivais	[-ivɛ]	avais	écrit
tu	écrivais	[-ivɛ]	avais	écrit
il	écrivait	[-ivɛ]	avait	écrit
ns	écrivions	[-ivjɔ̃]	avions	écrit
vs	écriviez	[-ivje]	aviez	écrit
ils	écrivaient	[-ivɛ]	avaient	écrit

	Futur simple		Futur antérieur	
j'	écrirai	[-ire]	aurai	écrit
tu	écriras	[-ira]	auras	écrit
il	écrira	[-ira]	aura	écrit
ns	écrirons	[-irɔ̃]	aurons	écrit
vs	écrirez	[-ire]	aurez	écrit
ils	écriront	[-irɔ̃]	auront	écrit

	Passé simple		Passé antérieur	
j'	écrivis	[-ivi]	eus	écrit
tu	écrivis	[-ivi]	eus	écrit
il	écrivit	[-ivi]	eut	écrit
ns	écrivîmes	[-ivim]	eûmes	écrit
vs	écrivîtes	[-ivit]	eûtes	écrit
ils	écrivirent	[-ivir]	eurent	écrit

SUBJONCTIF

	Présent		Passé	
q. j'	écrive	[-iv]	aie	écrit
tu	écrives	[-iv]	aies	écrit
il	écrive	[-iv]	ait	écrit
ns	écrivions	[-ivjɔ̃]	ayons	écrit
vs	écriviez	[-ivje]	ayez	écrit
ils	écrivent	[-iv]	aient	écrit

	Imparfait		Plus-que-parfait	
q. j'	écrivisse	[-ivis]	eusse	écrit
tu	écrivisses	[-ivis]	eusses	écrit
il	écrivît	[-ivi]	eût	écrit
ns	écrivissions	[-ivisjɔ̃]	eussions	écrit
vs	écrivissiez	[-ivisje]	eussiez	écrit
ils	écrivissent	[-ivis]	eussent	écrit

CONDITIONNEL

	Présent		Passé	
j'	écrirais	[-irɛ]	aurais	écrit
tu	écrirais	[-irɛ]	aurais	écrit
il	écrirait	[-irɛ]	aurait	écrit
ns	écririons	[-irjɔ̃]	aurions	écrit
vs	écririez	[-irje]	auriez	écrit
ils	écriraient	[-irɛ]	auraient	écrit

IMPÉRATIF

Présent		Passé	
écris	[-i]	aie	écrit
écrivons	[-ivɔ̃]	ayons	écrit
écrivez	[-ive]	ayez	écrit

100 suffire ▷ *genügen*

INFINITIF

Présent	Passé
suffire	avoir suffi
[syfir]	[avwarsyfi]

PARTICIPE

Présent	Passé
suffisant	suffi
[syfizɑ̃]	[syfi]

INDICATIF

	Présent		Passé composé	
je	suffis	[-i]	ai	suffi
tu	suffis	[-i]	as	suffi
il	suffit	[-i]	a	suffi
ns	suffisons	[-izɔ̃]	avons	suffi
vs	suffisez	[-ize]	avez	suffi
ils	suffisent	[-iz]	ont	suffi

	Imparfait		Plus-que-parfait	
je	suffisais	[-izɛ]	avais	suffi
tu	suffisais	[-izɛ]	avais	suffi
il	suffisait	[-izɛ]	avait	suffi
ns	suffisions	[-izjɔ̃]	avions	suffi
vs	suffisiez	[-izje]	aviez	suffi
ils	suffisaient	[-izɛ]	avaient	suffi

	Futur simple		Futur antérieur	
je	suffirai	[-ire]	aurai	suffi
tu	suffiras	[-ira]	auras	suffi
il	suffira	[-ira]	aura	suffi
ns	suffirons	[-irɔ̃]	aurons	suffi
vs	suffirez	[-ire]	aurez	suffi
ils	suffiront	[-irɔ̃]	auront	suffi

	Passé simple		Passé antérieur	
je	suffis	[-i]	eus	suffi
tu	suffis	[-i]	eus	suffi
il	suffit	[-i]	eut	suffi
ns	suffîmes	[-im]	eûmes	suffi
vs	suffîtes	[-it]	eûtes	suffi
ils	suffirent	[-ir]	eurent	suffi

SUBJONCTIF

	Présent		Passé	
q. je	suffise	[-iz]	aie	suffi
tu	suffises	[-iz]	aies	suffi
il	suffise	[-iz]	ait	suffi
ns	suffisions	[-izjɔ̃]	ayons	suffi
vs	suffisiez	[-izje]	ayez	suffi
ils	suffisent	[-iz]	aient	suffi

	Imparfait		Plus-que-parfait	
q. je	suffisse	[-is]	eusse	suffi
tu	suffisses	[-is]	eusses	suffi
il	suffît	[-i]	eût	suffi
ns	suffissions	[-isjɔ̃]	eussions	suffi
vs	suffissiez	[-isje]	eussiez	suffi
ils	suffissent	[-is]	eussent	suffi

CONDITIONNEL

	Présent		Passé	
je	suffirais	[-irɛ]	aurais	suffi
tu	suffirais	[-irɛ]	aurais	suffi
il	suffirait	[-irɛ]	aurait	suffi
ns	suffirions	[-irjɔ̃]	aurions	suffi
vs	suffiriez	[-irje]	auriez	suffi
ils	suffiraient	[-irɛ]	auraient	suffi

IMPÉRATIF

Présent		Passé	
suffis	[-i]	aie	suffi
suffisons	[-izɔ̃]	ayons	suffi
suffisez	[-ize]	ayez	suffi

101 confire ▷ *einlegen*

INFINITIF

Présent	Passé
confire	avoir confit
[kɔ̃fir]	[avwarkɔ̃fi]

PARTICIPE

Présent	Passé
confisant	confit, e
[kɔ̃fizɑ̃]	[kɔ̃fi, -it]

INDICATIF

Présent

je	confis	[-i]
tu	confis	[-i]
il	confit	[-i]
ns	confisons	[-izɔ̃]
vs	confisez	[-ize]
ils	confisent	[-iz]

Passé composé

ai	confit
as	confit
a	confit
avons	confit
avez	confit
ont	confit

Imparfait

je	confisais	[-izɛ]
tu	confisais	[-izɛ]
il	confisait	[-izɛ]
ns	confisions	[-izjɔ̃]
vs	confisiez	[-izje]
ils	confisaient	[-izɛ]

Plus-que-parfait

avais	confit
avais	confit
avait	confit
avions	confit
aviez	confit
avaient	confit

Futur simple

je	confirai	[-ire]
tu	confiras	[-ira]
il	confira	[-ira]
ns	confirons	[-irɔ̃]
vs	confirez	[-ire]
ils	confiront	[-irɔ̃]

Futur antérieur

aurai	confit
auras	confit
aura	confit
aurons	confit
aurez	confit
auront	confit

Passé simple

je	confis	[-i]
tu	confis	[-i]
il	confit	[-i]
ns	confîmes	[-im]
vs	confîtes	[-it]
ils	confirent	[-ir]

Passé antérieur

eus	confit
eus	confit
eut	confit
eûmes	confit
eûtes	confit
eurent	confit

SUBJONCTIF

Présent

q. je	confise	[-iz]
tu	confises	[-iz]
il	confise	[-iz]
ns	confisions	[-izjɔ̃]
vs	confisiez	[-izje]
ils	confisent	[-iz]

Passé

aie	confit
aies	confit
ait	confit
ayons	confit
ayez	confit
aient	confit

Imparfait

q. je	confisse	[-is]
tu	confisses	[-is]
il	confît	[-i]
ns	confissions	[-isjɔ̃]
vs	confissiez	[-isje]
ils	confissent	[-is]

Plus-que-parfait

eusse	confit
eusses	confit
eût	confit
eussions	confit
eussiez	confit
eussent	confit

CONDITIONNEL

Présent

je	confirais	[-irɛ]
tu	confirais	[-irɛ]
il	confirait	[-irɛ]
ns	confirions	[-irjɔ̃]
vs	confiriez	[-irje]
ils	confiraient	[-irɛ]

Passé

aurais	confit
aurais	confit
aurait	confit
aurions	confit
auriez	confit
auraient	confit

IMPÉRATIF

Présent

confis	[-i]
confisons	[-izɔ̃]
confisez	[-ize]

Passé

aie	confit
ayons	confit
ayez	confit

Hinweis : *Circoncire* wird wie *confire* konjugiert. Das Partizip II heißt aber *circoncis, circoncise.*

102 dire ▷ *sagen*

INFINITIF

Présent	Passé
dire	avoir dit
[dir]	[avwardi]

PARTICIPE

Présent	Passé
disant	dit, e
[dizɑ̃]	[di, -it]

INDICATIF

Présent

je	dis	[di]
tu	dis	[di]
il	dit	[di]
ns	disons	[dizɔ̃]
vs	dites	[dit]
ils	disent	[diz]

Passé composé

ai	dit
as	dit
a	dit
avons	dit
avez	dit
ont	dit

Imparfait

je	disais	[dizɛ]
tu	disais	[dizɛ]
il	disait	[dizɛ]
ns	disions	[dizjɔ̃]
vs	disiez	[dizje]
ils	disaient	[dizɛ]

Plus-que-parfait

avais	dit
avais	dit
avait	dit
avions	dit
aviez	dit
avaient	dit

Futur simple

je	dirai	[dire]
tu	diras	[dira]
il	dira	[dira]
ns	dirons	[dirɔ̃]
vs	direz	[dire]
ils	diront	[dirɔ̃]

Futur antérieur

aurai	dit
auras	dit
aura	dit
aurons	dit
aurez	dit
auront	dit

Passé simple

je	dis	[di]
tu	dis	[di]
il	dit	[di]
ns	dîmes	[dim]
vs	dîtes	[dit]
ils	dirent	[dir]

Passé antérieur

eus	dit
eus	dit
eut	dit
eûmes	dit
eûtes	dit
eurent	dit

SUBJONCTIF

Présent

q. je	dise	[diz]
tu	dises	[diz]
il	dise	[diz]
ns	disions	[dizjɔ̃]
vs	disiez	[dizje]
ils	disent	[diz]

Passé

aie	dit
aies	dit
ait	dit
ayons	dit
ayez	dit
aient	dit

Imparfait

q. je	disse	[dis]
tu	disses	[dis]
il	dît	[di]
ns	dissions	[disjɔ̃]
vs	dissiez	[disje]
ils	dissent	[dis]

Plus-que-parfait

eusse	dit
eusses	dit
eût	dit
eussions	dit
eussiez	dit
eussent	dit

CONDITIONNEL

Présent

je	dirais	[dirɛ]
tu	dirais	[dirɛ]
il	dirait	[dirɛ]
ns	dirions	[dirjɔ̃]
vs	diriez	[dirje]
ils	diraient	[dirɛ]

Passé

aurais	dit
aurais	dit
aurait	dit
aurions	dit
auriez	dit
auraient	dit

IMPÉRATIF

Présent		Passé	
dis	[di]	aie	dit
disons	[dizɔ̃]	ayons	dit
dites	[dit]	ayez	dit

103 contredire ▷ *widersprechen*

INFINITIF

Présent	Passé
contredire [kɔ̃trədir]	avoir contredit [avwarkɔ̃trədi]

PARTICIPE

Présent	Passé
contredisant [kɔ̃trədizɑ̃]	contredit, e [kɔ̃trədi, -it]

INDICATIF

Présent / Passé composé

	Présent		Passé composé	
je	contredis	[-i]	ai	contredit
tu	contredis	[-i]	as	contredit
il	contredit	[-i]	a	contredit
ns	contredisons	[-izɔ̃]	avons	contredit
vs	contredisez	[-ize]	avez	contredit
ils	contredisent	[-iz]	ont	contredit

Imparfait / Plus-que-parfait

	Imparfait		Plus-que-parfait	
je	contredisais	[-izɛ]	avais	contredit
tu	contredisais	[-izɛ]	avais	contredit
il	contredisait	[-izɛ]	avait	contredit
ns	contredisions	[-izjɔ̃]	avions	contredit
vs	contredisiez	[-izje]	aviez	contredit
ils	contredisaient	[-izɛ]	avaient	contredit

Futur simple / Futur antérieur

	Futur simple		Futur antérieur	
je	contredirai	[-ire]	aurai	contredit
tu	contrediras	[-ira]	auras	contredit
il	contredira	[-ira]	aura	contredit
ns	contredirons	[-irɔ̃]	aurons	contredit
vs	contredirez	[-ire]	aurez	contredit
ils	contrediront	[-irɔ̃]	auront	contredit

Passé simple / Passé antérieur

	Passé simple		Passé antérieur	
je	contredis	[-i]	eus	contredit
tu	contredis	[-i]	eus	contredit
il	contredit	[-i]	eut	contredit
ns	contredîmes	[-im]	eûmes	contredit
vs	contredîtes	[-it]	eûtes	contredit
ils	contredirent	[-ir]	eurent	contredit

SUBJONCTIF

Présent / Passé

	Présent		Passé	
q. je	contredise	[-iz]	aie	contredit
tu	contredises	[-iz]	aies	contredit
il	contredise	[-iz]	ait	contredit
ns	contredisions	[-izjɔ̃]	ayons	contredit
vs	contredisiez	[-izje]	ayez	contredit
ils	contredisent	[-iz]	aient	contredit

Imparfait / Plus-que-parfait

	Imparfait		Plus-que-parfait	
q. je	contredisse	[-is]	eusse	contredit
tu	contredisses	[-is]	eusses	contredit
il	contredît	[-i]	eût	contredit
ns	contredissions	[-isjɔ̃]	eussions	contredit
vs	contredissiez	[-isje]	eussiez	contredit
ils	contredissent	[-is]	eussent	contredit

CONDITIONNEL

	Présent		Passé	
je	contredirais	[-irɛ]	aurais	contredit
tu	contredirais	[-irɛ]	aurais	contredit
il	contredirait	[-irɛ]	aurait	contredit
ns	contredirions	[-irjɔ̃]	aurions	contredit
vs	contrediriez	[-irje]	auriez	contredit
ils	contrediraient	[-irɛ]	auraient	contredit

IMPÉRATIF

Présent		Passé	
contredis	[-i]	aie	contredit
contredisons	[-izɔ̃]	ayons	contredit
contredisez	[-ize]	ayez	contredit

104 **maudire** ▷ *verfluchen*

INFINITIF

Présent	Passé
maudire	avoir maudit
[modir]	[avwarmodi]

PARTICIPE

Présent	Passé
maudissant	maudit, e
[modisɑ̃]	[modi, -it]

INDICATIF

Présent / Passé composé

	Présent		Passé composé	
je	maudis	[-di]	ai	maudit
tu	maudis	[-di]	as	maudit
il	maudit	[-di]	a	maudit
ns	maudissons	[-disɔ̃]	avons	maudit
vs	maudissez	[-dise]	avez	maudit
ils	maudissent	[-dis]	ont	maudit

Imparfait / Plus-que-parfait

	Imparfait		Plus-que-parfait	
je	maudissais	[-disɛ]	avais	maudit
tu	maudissais	[-disɛ]	avais	maudit
il	maudissait	[-disɛ]	avait	maudit
ns	maudissions	[-disjɔ̃]	avions	maudit
vs	maudissiez	[-disje]	aviez	maudit
ils	maudissaient	[-disɛ]	avaient	maudit

Futur simple / Futur antérieur

	Futur simple		Futur antérieur	
je	maudirai	[-dire]	aurai	maudit
tu	maudiras	[-dira]	auras	maudit
il	maudira	[-dira]	aura	maudit
ns	maudirons	[-dirɔ̃]	aurons	maudit
vs	maudirez	[-dire]	aurez	maudit
ils	maudiront	[-dirɔ̃]	auront	maudit

Passé simple / Passé antérieur

	Passé simple		Passé antérieur	
je	maudis	[-di]	eus	maudit
tu	maudis	[-di]	eus	maudit
il	maudit	[-di]	eut	maudit
ns	maudîmes	[-dim]	eûmes	maudit
vs	maudîtes	[-dit]	eûtes	maudit
ils	maudirent	[-dir]	eurent	maudit

SUBJONCTIF

Présent / Passé

	Présent		Passé	
q. je	maudisse	[-dis]	aie	maudit
tu	maudisses	[-dis]	aies	maudit
il	maudisse	[-dis]	ait	maudit
ns	maudissions	[-disjɔ̃]	ayons	maudit
vs	maudissiez	[-disje]	ayez	maudit
ils	maudissent	[-dis]	aient	maudit

Imparfait / Plus-que-parfait

	Imparfait		Plus-que-parfait	
q. je	maudisse	[-dis]	eusse	maudit
tu	maudisses	[-dis]	eusses	maudit
il	maudît	[-di]	eût	maudit
ns	maudissions	[-disjɔ̃]	eussions	maudit
vs	maudissiez	[-disje]	eussiez	maudit
ils	maudissent	[-dis]	eussent	maudit

CONDITIONNEL

	Présent		Passé	
je	maudirais	[-dirɛ]	aurais	maudit
tu	maudirais	[-dirɛ]	aurais	maudit
il	maudirait	[-dirɛ]	aurait	maudit
ns	maudirions	[-dirjɔ̃]	aurions	maudit
vs	maudiriez	[-dirje]	auriez	maudit
ils	maudiraient	[-dirɛ]	auraient	maudit

IMPÉRATIF

Présent		Passé	
maudis	[-di]	aie	maudit
maudissons	[-disɔ̃]	ayons	maudit
maudissez	[-dise]	ayez	maudit

105 bruire ▷ *rauschen*

INFINITIF

Présent	Passé
bruire [brɥir]	avoir bruit [avwarbrɥi]

PARTICIPE

Présent	Passé
(inusité)	bruit [brɥi]

INDICATIF

Présent

je	bruis	[brɥi]
tu	bruis	[brɥi]
il	bruit	[brɥi]
ns	*(inusité)*	
vs	—	
ils	—	

Passé composé

ai	bruit
as	bruit
a	bruit
avons	bruit
avez	bruit
ont	bruit

Imparfait

je	bruyais	[brɥijɛ]
tu	bruyais	[brɥijɛ]
il	bruyait	[brɥijɛ]
ns	bruyions	[brɥijjɔ̃]
vs	bruyiez	[brɥijje]
ils	bruyaient	[brɥijɛ]

Plus-que-parfait

avais	bruit
avais	bruit
avait	bruit
avions	bruit
aviez	bruit
avaient	bruit

Futur simple

je	bruirai	[brɥire]
tu	bruiras	[brɥira]
il	bruira	[brɥira]
ns	bruirons	[brɥirɔ̃]
vs	bruirez	[brɥire]
ils	bruiront	[brɥirɔ̃]

Futur antérieur

aurai	bruit
auras	bruit
aura	bruit
aurons	bruit
aurez	bruit
auront	bruit

Passé simple

(inusité)

Passé antérieur

(inusité)

SUBJONCTIF

Présent

q. je	*(inusité)*
tu	—
il	—
ns	—
vs	—
ils	—

Passé

aie	bruit
aies	bruit
ait	bruit
ayons	bruit
ayez	bruit
aient	bruit

Imparfait

(inusité)
—
—
—
—
—

Plus-que-parfait

(inusité)
—
—
—
—
—

CONDITIONNEL

Présent

je	bruirais	[brɥirɛ]
tu	bruirais	[brɥirɛ]
il	bruirait	[brɥirɛ]
ns	bruirions	[brɥirjɔ̃]
vs	bruiriez	[brɥirje]
ils	bruiraient	[brɥirɛ]

Passé

aurais	bruit
aurais	bruit
aurait	bruit
aurions	bruit
auriez	bruit
auraient	bruit

IMPÉRATIF

Présent

(inusité)

Passé

(inusité)

Hinweis : *Bruire* kennt eigentlich nur die Formen des *présent*, des *imparfait* (*je bruyais, tu bruyais* etc.) und des *futur* im Indikativ, sowie die des Konditionals. *Bruisser* (Tabelle 3) wird dagegen mehr und mehr als Ersatz gebraucht für alle unvollständigen Formen von *bruire*.

106 lire ▷ *lesen*

INFINITIF

Présent	Passé
lire	avoir lu
[lir]	[avwarly]

INDICATIF

Présent			Passé composé	
je	lis	[li]	ai	lu
tu	lis	[li]	as	lu
il	lit	[li]	a	lu
ns	lisons	[lizɔ̃]	avons	lu
vs	lisez	[lize]	avez	lu
ils	lisent	[liz]	ont	lu

Imparfait			Plus-que-parfait	
je	lisais	[lizɛ]	avais	lu
tu	lisais	[lizɛ]	avais	lu
il	lisait	[lizɛ]	avait	lu
ns	lisions	[lizjɔ̃]	avions	lu
vs	lisiez	[lizje]	aviez	lu
ils	lisaient	[lizɛ]	avaient	lu

Futur simple			Futur antérieur	
je	lirai	[lire]	aurai	lu
tu	liras	[lira]	auras	lu
il	lira	[lira]	aura	lu
ns	lirons	[lirɔ̃]	aurons	lu
vs	lirez	[lire]	aurez	lu
ils	liront	[lirɔ̃]	auront	lu

Passé simple			Passé antérieur	
je	lus	[ly]	eus	lu
tu	lus	[ly]	eus	lu
il	lut	[ly]	eut	lu
ns	lûmes	[lym]	eûmes	lu
vs	lûtes	[lyt]	eûtes	lu
ils	lurent	[lyr]	eurent	lu

PARTICIPE

Présent	Passé
lisant	lu, e
[lizɑ̃]	[ly]

SUBJONCTIF

Présent			Passé	
q. je	lise	[liz]	aie	lu
tu	lises	[liz]	aies	lu
il	lise	[liz]	ait	lu
ns	lisions	[lizjɔ̃]	ayons	lu
vs	lisiez	[lizje]	ayez	lu
ils	lisent	[liz]	aient	lu

Imparfait			Plus-que-parfait	
q. je	lusse	[lys]	eusse	lu
tu	lusses	[lys]	eusses	lu
il	lût	[ly]	eût	lu
ns	lussions	[lysjɔ̃]	eussions	lu
vs	lussiez	[lysje]	eussiez	lu
ils	lussent	[lys]	eussent	lu

CONDITIONNEL

Présent			Passé	
je	lirais	[lirɛ]	aurais	lu
tu	lirais	[lirɛ]	aurais	lu
il	lirait	[lirɛ]	aurait	lu
ns	lirions	[lirjɔ̃]	aurions	lu
vs	liriez	[lirje]	auriez	lu
ils	liraient	[lirɛ]	auraient	lu

IMPÉRATIF

Présent		Passé	
lis	[li]	aie	lu
lisons	[lizɔ̃]	ayons	lu
lisez	[lize]	ayez	lu

107 croire ▷ *glauben*

INFINITIF

Présent	Passé
croire [krwar]	avoir cru [avwarkry]

INDICATIF

Présent			Passé composé	
je	crois	[krwa]	ai	cru
tu	crois	[krwa]	as	cru
il	croit	[krwa]	a	cru
ns	croyons	[krwajɔ̃]	avons	cru
vs	croyez	[krwaje]	avez	cru
ils	croient	[krwa]	ont	cru

Imparfait			Plus-que-parfait	
je	croyais	[krwajɛ]	avais	cru
tu	croyais	[krwajɛ]	avais	cru
il	croyait	[krwajɛ]	avait	cru
ns	croyions	[krwajjɔ̃]	avions	cru
vs	croyiez	[krwajje]	aviez	cru
ils	croyaient	[krwajɛ]	avaient	cru

Futur simple			Futur antérieur	
je	croirai	[krware]	aurai	cru
tu	croiras	[krwara]	auras	cru
il	croira	[krwara]	aura	cru
ns	croirons	[krwarɔ̃]	aurons	cru
vs	croirez	[krware]	aurez	cru
ils	croiront	[krwarɔ̃]	auront	cru

Passé simple			Passé antérieur	
je	crus	[kry]	eus	cru
tu	crus	[kry]	eus	cru
il	crut	[kry]	eut	cru
ns	crûmes	[krym]	eûmes	cru
vs	crûtes	[kryt]	eûtes	cru
ils	crurent	[kryr]	eurent	cru

PARTICIPE

Présent	Passé
croyant [krwajɑ̃]	cru, e [kry]

SUBJONCTIF

Présent			Passé	
q. je	croie	[krwa]	aie	cru
tu	croies	[krwa]	aies	cru
il	croie	[krwa]	ait	cru
ns	croyions	[krwajjɔ̃]	ayons	cru
vs	croyiez	[krwajje]	ayez	cru
ils	croient	[krwa]	aient	cru

Imparfait			Plus-que-parfait	
q. je	crusse	[krys]	eusse	cru
tu	crusses	[krys]	eusses	cru
il	crût	[kry]	eût	cru
ns	crussions	[krysjɔ̃]	eussions	cru
vs	crussiez	[krysje]	eussiez	cru
ils	crussent	[krys]	eussent	cru

CONDITIONNEL

Présent			Passé	
je	croirais	[krwarɛ]	aurais	cru
tu	croirais	[krwarɛ]	aurais	cru
il	croirait	[krwarɛ]	aurait	cru
ns	croirions	[krwarjɔ̃]	aurions	cru
vs	croiriez	[krwarje]	auriez	cru
ils	croiraient	[krwarɛ]	auraient	cru

IMPÉRATIF

Présent		Passé	
crois	[krwa]	aie	cru
croyons	[krwajɔ̃]	ayons	cru
croyez	[krwaje]	ayez	cru

108 boire ▷ *trinken*

INFINITIF

Présent	Passé
boire	avoir bu
[bwar]	[avwarby]

PARTICIPE

Présent	Passé
buvant	bu, e
[byvɑ̃]	[by]

INDICATIF

Présent / **Passé composé**

je	bois	[bwa]	ai	bu
tu	bois	[bwa]	as	bu
il	boit	[bwa]	a	bu
ns	buvons	[byvɔ̃]	avons	bu
vs	buvez	[byve]	avez	bu
ils	boivent	[bwav]	ont	bu

Imparfait / **Plus-que-parfait**

je	buvais	[byvɛ]	avais	bu
tu	buvais	[byvɛ]	avais	bu
il	buvait	[byvɛ]	avait	bu
ns	buvions	[byvjɔ̃]	avions	bu
vs	buviez	[byvje]	aviez	bu
ils	buvaient	[byvɛ]	avaient	bu

Futur simple / **Futur antérieur**

je	boirai	[bware]	aurai	bu
tu	boiras	[bwara]	auras	bu
il	boira	[bwara]	aura	bu
ns	boirons	[bwarɔ̃]	aurons	bu
vs	boirez	[bware]	aurez	bu
ils	boiront	[bwarɔ̃]	auront	bu

Passé simple / **Passé antérieur**

je	bus	[by]	eus	bu
tu	bus	[by]	eus	bu
il	but	[by]	eut	bu
ns	bûmes	[bym]	eûmes	bu
vs	bûtes	[byt]	eûtes	bu
ils	burent	[byr]	eurent	bu

SUBJONCTIF

Présent / **Passé**

q. je	boive	[bwav]	aie	bu
tu	boives	[bwav]	aies	bu
il	boive	[bwav]	ait	bu
ns	buvions	[byvjɔ̃]	ayons	bu
vs	buviez	[byvje]	ayez	bu
ils	boivent	[bwav]	aient	bu

Imparfait / **Plus-que-parfait**

q. je	busse	[bys]	eusse	bu
tu	busses	[bys]	eusses	bu
il	bût	[by]	eût	bu
ns	bussions	[bysjɔ̃]	eussions	bu
vs	bussiez	[bysje]	eussiez	bu
ils	bussent	[bys]	eussent	bu

CONDITIONNEL

Présent / **Passé**

je	boirais	[bwarɛ]	aurais	bu
tu	boirais	[bwarɛ]	aurais	bu
il	boirait	[bwarɛ]	aurait	bu
ns	boirions	[bwarjɔ̃]	aurions	bu
vs	boiriez	[bwarje]	auriez	bu
ils	boiraient	[bwarɛ]	auraient	bu

IMPÉRATIF

Présent / **Passé**

bois	[bwa]	aie	bu
buvons	[byvɔ̃]	ayons	bu
buvez	[byve]	ayez	bu

109 faire ▷ *machen, tun*

INFINITIF

Présent	Passé
faire	avoir fait
[fɛr]	[avwarfɛ]

PARTICIPE

Présent	Passé
faisant	fait, e
[fəzɑ̃]	[fɛ, -ɛt]

INDICATIF

Présent

je	fais	[fɛ]
tu	fais	[fɛ]
il	fait	[fɛ]
ns	faisons	[fəzɔ̃]
vs	faites	[fɛt]
ils	font	[fɔ̃]

Passé composé

ai	fait
as	fait
a	fait
avons	fait
avez	fait
ont	fait

Imparfait

je	faisais	[fəzɛ]
tu	faisais	[fəzɛ]
il	faisait	[fəzɛ]
ns	faisions	[fəzjɔ̃]
vs	faisiez	[fəzje]
ils	faisaient	[fəzɛ]

Plus-que-parfait

avais	fait
avais	fait
avait	fait
avions	fait
aviez	fait
avaient	fait

Futur simple

je	ferai	[f(ə)re]
tu	feras	[f(ə)ra]
il	fera	[f(ə)ra]
ns	ferons	[f(ə)rɔ̃]
vs	ferez	[f(ə)re]
ils	feront	[f(ə)rɔ̃]

Futur antérieur

aurai	fait
auras	fait
aura	fait
aurons	fait
aurez	fait
auront	fait

Passé simple

je	fis	[fi]
tu	fis	[fi]
il	fit	[fi]
ns	fîmes	[fim]
vs	fîtes	[fit]
ils	firent	[fir]

Passé antérieur

eus	fait
eus	fait
eut	fait
eûmes	fait
eûtes	fait
eurent	fait

SUBJONCTIF

Présent

q.	je	fasse	[fas]
	tu	fasses	[fas]
	il	fasse	[fas]
	ns	fassions	[fasjɔ̃]
	vs	fassiez	[fasje]
	ils	fassent	[fas]

Passé

aie	fait
aies	fait
ait	fait
ayons	fait
ayez	fait
aient	fait

Imparfait

q.	je	fisse	[fis]
	tu	fisses	[fis]
	il	fît	[fi]
	ns	fissions	[fisjɔ̃]
	vs	fissiez	[fisje]
	ils	fissent	[fis]

Plus-que-parfait

eusse	fait
eusses	fait
eût	fait
eussions	fait
eussiez	fait
eussent	fait

CONDITIONNEL

Présent

je	ferais	[f(ə)rɛ]
tu	ferais	[f(ə)rɛ]
il	ferait	[f(ə)rɛ]
ns	ferions	[fərjɔ̃]
vs	feriez	[fərje]
ils	feraient	[f(ə)rɛ]

Passé

aurais	fait
aurais	fait
aurait	fait
aurions	fait
auriez	fait
auraient	fait

IMPÉRATIF

Présent

fais	[fɛ]
faisons	[fəzɔ̃]
faites	[fɛt]

Passé

aie	fait
ayons	fait
ayez	fait

110 plaire ▷ *gefallen*

INFINITIF

Présent	Passé
plaire [plɛr]	avoir plu [avwarply]

INDICATIF

Présent

je	plais	[plɛ]
tu	plais	[plɛ]
il	plaît	[plɛ]
ns	plaisons	[plezɔ̃]
vs	plaisez	[pleze]
ils	plaisent	[plɛz]

Passé composé

ai	plu
as	plu
a	plu
avons	plu
avez	plu
ont	plu

Imparfait

je	plaisais	[plezɛ]
tu	plaisais	[plezɛ]
il	plaisait	[plezɛ]
ns	plaisions	[plezjɔ̃]
vs	plaisiez	[plezje]
ils	plaisaient	[plezɛ]

Plus-que-parfait

avais	plu
avais	plu
avait	plu
avions	plu
aviez	plu
avaient	plu

Futur simple

je	plairai	[plere]
tu	plairas	[plera]
il	plaira	[plera]
ns	plairons	[plerɔ̃]
vs	plairez	[plere]
ils	plairont	[plerɔ̃]

Futur antérieur

aurai	plu
auras	plu
aura	plu
aurons	plu
aurez	plu
auront	plu

Passé simple

je	plus	[ply]
tu	plus	[ply]
il	plut	[ply]
ns	plûmes	[plym]
vs	plûtes	[plyt]
ils	plurent	[plyr]

Passé antérieur

eus	plu
eus	plu
eut	plu
eûmes	plu
eûtes	plu
eurent	plu

PARTICIPE

Présent	Passé
plaisant [plezɑ̃]	plu [ply]

SUBJONCTIF

Présent

q.	je	plaise	[plɛz]
	tu	plaises	[plɛz]
	il	plaise	[plɛz]
	ns	plaisions	[plezjɔ̃]
	vs	plaisiez	[plezje]
	ils	plaisent	[plɛz]

Passé

aie	plu
aies	plu
ait	plu
ayons	plu
ayez	plu
aient	plu

Imparfait

q.	je	plusse	[plys]
	tu	plusses	[plys]
	il	plût	[ply]
	ns	plussions	[plysjɔ̃]
	vs	plussiez	[plysje]
	ils	plussent	[plys]

Plus-que-parfait

eusse	plu
eusses	plu
eût	plu
eussions	plu
eussiez	plu
eussent	plu

CONDITIONNEL

Présent

je	plairais	[plerɛ]
tu	plairais	[plerɛ]
il	plairait	[plerɛ]
ns	plairions	[plerjɔ̃]
vs	plairiez	[plerje]
ils	plairaient	[plerɛ]

Passé

aurais	plu
aurais	plu
aurait	plu
aurions	plu
auriez	plu
auraient	plu

IMPÉRATIF

Présent

plais	[plɛ]
plaisons	[plezɔ̃]
plaisez	[pleze]

Passé

aie	plu
ayons	plu
ayez	plu

111 taire ▷ *verschweigen*

INFINITIF

Présent	Passé
taire [tɛr]	avoir tu [avwarty]

PARTICIPE

Présent	Passé
taisant [tezɑ̃]	tu, e [ty]

INDICATIF

Présent

je	tais	[tɛ]
tu	tais	[tɛ]
il	tait	[tɛ]
ns	taisons	[tezɔ̃]
vs	taisez	[teze]
ils	taisent	[tɛz]

Passé composé

ai	tu
as	tu
a	tu
avons	tu
avez	tu
ont	tu

Imparfait

je	taisais	[tezɛ]
tu	taisais	[tezɛ]
il	taisait	[tezɛ]
ns	taisions	[tezjɔ̃]
vs	taisiez	[tezje]
ils	taisaient	[tezɛ]

Plus-que-parfait

avais	tu
avais	tu
avait	tu
avions	tu
aviez	tu
avaient	tu

Futur simple

je	tairai	[tere]
tu	tairas	[tera]
il	taira	[tera]
ns	tairons	[terɔ̃]
vs	tairez	[tere]
ils	tairont	[terɔ̃]

Futur antérieur

aurai	tu
auras	tu
aura	tu
aurons	tu
aurez	tu
auront	tu

Passé simple

je	tus	[ty]
tu	tus	[ty]
il	tut	[ty]
ns	tûmes	[tym]
vs	tûtes	[tyt]
ils	turent	[tyr]

Passé antérieur

eus	tu
eus	tu
eut	tu
eûmes	tu
eûtes	tu
eurent	tu

SUBJONCTIF

Présent

q. je	taise	[tɛz]
tu	taises	[tɛz]
il	taise	[tɛz]
ns	taisions	[tezjɔ̃]
vs	taisiez	[tezje]
ils	taisent	[tɛz]

Passé

aie	tu
aies	tu
ait	tu
ayons	tu
ayez	tu
aient	tu

Imparfait

q. je	tusse	[tys]
tu	tusses	[tys]
il	tût	[ty]
ns	tussions	[tysjɔ̃]
vs	tussiez	[tysje]
ils	tussent	[tys]

Plus-que-parfait

eusse	tu
eusses	tu
eût	tu
eussions	tu
eussiez	tu
eussent	tu

CONDITIONNEL

Présent

je	tairais	[terɛ]
tu	tairais	[terɛ]
il	tairait	[terɛ]
ns	tairions	[terjɔ̃]
vs	tairiez	[terje]
ils	tairaient	[terɛ]

Passé

aurais	tu
aurais	tu
aurait	tu
aurions	tu
auriez	tu
auraient	tu

IMPÉRATIF

Présent

tais	[tɛ]
taisons	[tezɔ̃]
taisez	[teze]

Passé

aie	tu
ayons	tu
ayez	tu

112 extraire ▷ *herausziehen*

INFINITIF

Présent	Passé
extraire [ekstrɛr]	avoir extrait [avwarekstrɛ]

INDICATIF

	Présent		Passé composé	
j'	extrais	[-trɛ]	ai	extrait
tu	extrais	[-trɛ]	as	extrait
il	extrait	[-trɛ]	a	extrait
ns	extrayons	[-trejɔ̃]	avons	extrait
vs	extrayez	[-treje]	avez	extrait
ils	extraient	[-trɛ]	ont	extrait

	Imparfait		Plus-que-parfait	
j'	extrayais	[-trejɛ]	avais	extrait
tu	extrayais	[-trejɛ]	avais	extrait
il	extrayait	[-trejɛ]	avait	extrait
ns	extrayions	[-trejjɔ̃]	avions	extrait
vs	extrayiez	[-trejje]	aviez	extrait
ils	extrayaient	[-trejɛ]	avaient	extrait

	Futur simple		Futur antérieur	
j'	extrairai	[-trere]	aurai	extrait
tu	extrairas	[-trera]	auras	extrait
il	extraira	[-trera]	aura	extrait
ns	extrairons	[-trerɔ̃]	aurons	extrait
vs	extrairez	[-trere]	aurez	extrait
ils	extrairont	[-trerɔ̃]	auront	extrait

	Passé simple	Passé antérieur	
j'	*(inusité)*	eus	extrait
tu	—	eus	extrait
il	—	eut	extrait
ns	—	eûmes	extrait
vs	—	eûtes	extrait
ils	—	eurent	extrait

PARTICIPE

Présent	Passé
extrayant [ekstrejɑ̃]	extrait, e [ekstrɛ, -ɛt]

SUBJONCTIF

	Présent		Passé	
q. j'	extraie	[-trɛ]	aie	extrait
tu	extraies	[-trɛ]	aies	extrait
il	extraie	[-trɛ]	ait	extrait
ns	extrayions	[-trejjɔ̃]	ayons	extrait
vs	extrayiez	[-trejje]	ayez	extrait
ils	extraient	[-trɛ]	aient	extrait

	Imparfait	Plus-que-parfait	
q. j'	*(inusité)*	eusse	extrait
tu	—	eusses	extrait
il	—	eût	extrait
ns	—	eussions	extrait
vs	—	eussiez	extrait
ils	—	eussent	extrait

CONDITIONNEL

	Présent		Passé	
j'	extrairais	[-trerɛ]	aurais	extrait
tu	extrairais	[-trerɛ]	aurais	extrait
il	extrairait	[-trerɛ]	aurait	extrait
ns	extrairions	[-trerjɔ̃]	aurions	extrait
vs	extrairiez	[-trerje]	auriez	extrait
ils	extrairaient	[-trerɛ]	auraient	extrait

IMPÉRATIF

Présent		Passé	
extrais	[-trɛ]	aie	extrait
extrayons	[-trejɔ̃]	ayons	extrait
extrayez	[-treje]	ayez	extrait

113 clore ▷ *schließen*

INFINITIF

Présent	Passé
clore [klɔr]	avoir clos [avwarklo]

PARTICIPE

Présent	Passé
closant [klozɑ̃]	clos, e [klo, -oz]

INDICATIF

Présent

je	clos	[klo]
tu	clos	[klo]
il	clôt	[klo]
ns	closons	[klozɔ̃]
vs	closez	[kloze]
ils	closent	[kloz]

Passé composé

ai	clos
as	clos
a	clos
avons	clos
avez	clos
ont	clos

Imparfait

j'	*(inusité)*
tu	—
il	—
ns	—
vs	—
ils	—

Plus-que-parfait

avais	clos
avais	clos
avait	clos
avions	clos
aviez	clos
avaient	clos

Futur simple

je	clorai	[klore]
tu	cloras	[klora]
il	clora	[klora]
ns	clorons	[klorɔ̃]
vs	clorez	[klore]
ils	cloront	[klorɔ̃]

Futur antérieur

aurai	clos
auras	clos
aura	clos
aurons	clos
aurez	clos
auront	clos

Passé simple

j'	*(inusité)*
tu	—
il	—
ns	—
vs	—
ils	—

Passé antérieur

eus	clos
eus	clos
eut	clos
eûmes	clos
eûtes	clos
eurent	clos

SUBJONCTIF

Présent

q. je	close	[kloz]
tu	closes	[kloz]
il	close	[kloz]
ns	closions	[klozjɔ̃]
vs	closiez	[klozje]
ils	closent	[kloz]

Passé

aie	clos
aies	clos
ait	clos
ayons	clos
ayez	clos
aient	clos

Imparfait

q. j'	*(inusité)*
tu	—
il	—
ns	—
vs	—
ils	—

Plus-que-parfait

eusse	clos
eusses	clos
eût	clos
eussions	clos
eussiez	clos
eussent	clos

CONDITIONNEL

Présent

je	clorais	[klorɛ]
tu	clorais	[klorɛ]
il	clorait	[klorɛ]
ns	clorions	[klorjɔ̃]
vs	cloriez	[klorje]
ils	cloraient	[klorɛ]

Passé

aurais	clos
aurais	clos
aurait	clos
aurions	clos
auriez	clos
auraient	clos

IMPÉRATIF

Présent

clos [klo]

(inusité)
—

Passé

aie clos

ayons clos
ayez clos

Hinweis : *Déclore, éclore, enclore* werden wie *clore* konjugiert. Die *Académie française* zieht aber *il éclot, il enclot* (ohne Zirkumflex) vor. *Enclore* hat auch die Imperativformen *enclosons, enclosez.*

114 vaincre ▷ *siegen*

INFINITIF

Présent	Passé
vaincre [vɛ̃kr]	avoir vaincu [avwarvɛ̃ky]

PARTICIPE

Présent	Passé
vainquant [vɛ̃kɑ̃]	vaincu, e [vɛ̃ky]

INDICATIF

Présent / **Passé composé**

je	vaincs	[vɛ̃]	ai	vaincu
tu	vaincs	[vɛ̃]	as	vaincu
il	vainc	[vɛ̃]	a	vaincu
ns	vainquons	[vɛ̃kɔ̃]	avons	vaincu
vs	vainquez	[vɛ̃ke]	avez	vaincu
ils	vainquent	[vɛ̃k]	ont	vaincu

Imparfait / **Plus-que-parfait**

je	vainquais	[vɛ̃kɛ]	avais	vaincu
tu	vainquais	[vɛ̃kɛ]	avais	vaincu
il	vainquait	[vɛ̃kɛ]	avait	vaincu
ns	vainquions	[vɛ̃kjɔ̃]	avions	vaincu
vs	vainquiez	[vɛ̃kje]	aviez	vaincu
ils	vainquaient	[vɛ̃kɛ]	avaient	vaincu

Futur simple / **Futur antérieur**

je	vaincrai	[vɛ̃kre]	aurai	vaincu
tu	vaincras	[vɛ̃kra]	auras	vaincu
il	vaincra	[vɛ̃kra]	aura	vaincu
ns	vaincrons	[vɛ̃krɔ̃]	aurons	vaincu
vs	vaincrez	[vɛ̃kre]	aurez	vaincu
ils	vaincront	[vɛ̃krɔ̃]	auront	vaincu

Passé simple / **Passé antérieur**

je	vainquis	[vɛ̃ki]	eus	vaincu
tu	vainquis	[vɛ̃ki]	eus	vaincu
il	vainquit	[vɛ̃ki]	eut	vaincu
ns	vainquîmes	[vɛ̃kim]	eûmes	vaincu
vs	vainquîtes	[vɛ̃kit]	eûtes	vaincu
ils	vainquirent	[vɛ̃kir]	eurent	vaincu

SUBJONCTIF

Présent / **Passé**

q. je	vainque	[vɛ̃k]	aie	vaincu
tu	vainques	[vɛ̃k]	aies	vaincu
il	vainque	[vɛ̃k]	ait	vaincu
ns	vainquions	[vɛ̃kjɔ̃]	ayons	vaincu
vs	vainquiez	[vɛ̃kje]	ayez	vaincu
ils	vainquent	[vɛ̃k]	aient	vaincu

Imparfait / **Plus-que-parfait**

q. je	vainquisse	[vɛ̃kis]	eusse	vaincu
tu	vainquisses	[vɛ̃kis]	eusses	vaincu
il	vainquît	[vɛ̃ki]	eût	vaincu
ns	vainquissions	[vɛ̃kisjɔ̃]	eussions	vaincu
vs	vainquissiez	[vɛ̃kisje]	eussiez	vaincu
ils	vainquissent	[vɛ̃kis]	eussent	vaincu

CONDITIONNEL

Présent / **Passé**

je	vaincrais	[vɛ̃krɛ]	aurais	vaincu
tu	vaincrais	[vɛ̃krɛ]	aurais	vaincu
il	vaincrait	[vɛ̃krɛ]	aurait	vaincu
ns	vaincrions	[vɛ̃krijɔ̃]	aurions	vaincu
vs	vaincriez	[vɛ̃krije]	auriez	vaincu
ils	vaincraient	[vɛ̃krɛ]	auraient	vaincu

IMPÉRATIF

Présent / **Passé**

vaincs	[vɛ̃]	aie	vaincu
vainquons	[vɛ̃kɔ̃]	ayons	vaincu
vainquez	[vɛ̃ke]	ayez	vaincu

115 frire ▷ *braten*

INFINITIF

Présent	Passé
frire [frir]	avoir frit [avwarfri]

PARTICIPE

Présent	Passé
(inusité)	frit, e [fri, -it]

INDICATIF

Présent

je	fris	[-i]
tu	fris	[-i]
il	frit	[-i]
ns	*(inusité)*	
vs	—	
ils	—	

Passé composé

ai	frit
as	frit
a	frit
avons	frit
avez	frit
ont	frit

Imparfait

j'	*(inusité)*
tu	—
il	—
ns	—
vs	—
ils	—

Plus-que-parfait

avais	frit
avais	frit
avait	frit
avions	frit
aviez	frit
avaient	frit

Futur simple

je	frirai	[-ire]
tu	friras	[-ira]
il	frira	[-ira]
ns	frirons	[-irɔ̃]
vs	frirez	[-ire]
ils	friront	[-irɔ̃]

Futur antérieur

aurai	frit
auras	frit
aura	frit
aurons	frit
aurez	frit
auront	frit

Passé simple

j'	*(inusité)*
tu	—
il	—
ns	—
vs	—
ils	—

Passé antérieur

eus	frit
eus	frit
eut	frit
eûmes	frit
eûtes	frit
eurent	frit

SUBJONCTIF

Présent

q. j'	*(inusité)*
tu	—
il	—
ns	—
vs	—
ils	—

Passé

aie	frit
aies	frit
ait	frit
ayons	frit
ayez	frit
aient	frit

Imparfait

q. j'	*(inusité)*
tu	—
il	—
ns	—
vs	—
ils	—

Plus-que-parfait

eusse	frit
eusses	frit
eût	frit
eussions	frit
eussiez	frit
eussent	frit

CONDITIONNEL

Présent

je	frirais	[-irɛ]
tu	frirais	[-irɛ]
il	frirait	[-irɛ]
ns	fririons	[-irjɔ̃]
vs	fririez	[-irje]
ils	friraient	[-irɛ]

Passé

aurais	frit
aurais	frit
aurait	frit
aurions	frit
auriez	frit
auraient	frit

IMPÉRATIF

Présent

fris	[-i]
(inusité)	
—	

Passé

aie	frit
ayons	frit
ayez	frit

Register der Verben

Register der Verben mit deutscher Übersetzung

Die Zahlen verweisen auf die jeweilige Konjugationstabelle.

Wenn nichts angegeben ist, bilden die Verben das passé composé *mit* avoir.

Die deutschen Übersetzungen erheben nicht den Anspruch auf Vollständigkeit.

Sie sind lediglich als praktische Hilfen für den deutschsprachigen Benutzer zu verstehen.

a

abaisser 4 *niedriger stellen, senken, herabsetzen*
abandonner 3 *verlassen ; aussetzen ; aufgeben*
abasourdir 32 *verblüffen ; betäuben*
abâtardir 32 *verderben*
abattre 83 *niederschlagen ; fällen ; erschießen ; hauen, abhauen ; schlachten*
abdiquer 3 *abdanken ; aufgeben*
abêtir 32 *verdummen*
abhorrer 3 *verabscheuen*
abîmer 3 *beschädigen*
abjurer 3 *abschwören*
abolir 32 *abschaffen*
abominer 3 *verabscheuen*
abonder 3 *reichlich vorhanden sein, im Überfluß sein*
abonner 3 *abonnieren*
abonnir 32 *verbessern*
aborder 3 *anlaufen ; herangehen, heranfahren ; anreden, ansprechen ; anschneiden*
aboucher 3 *ineinanderfügen ; zusammenbringen*
abouler 3 *rausrücken*
abouter 3 *zusammenfügen*
aboutir 32 *endigen ; führen zu ; zu einem Ergebnis führen*
aboyer 13 *bellen*
abraser 3 *auskratzen, abschleifen ; abschaben*
abréagir 32 *abreagieren*
abréger 22 *verkürzen*
abreuver 5 *tränken ; überschütten*
abriter 3 *schützen, beherbergen ; aufnehmen*
abroger 17 *abschaffen*
abrutir 32 *abstumpfen*
absenter (s') 3 *sich wegbegeben ; weggehen ; verreisen*
absorber 3 *aufnehmen ; (ver-) schlucken ; einnehmen*
absoudre 87 *vergeben ; absolvieren*
abstenir (s') 40 *sich enthalten*
abstraire 112 *abstrahieren*
abuser 3 *ausnutzen ; mißbrauchen ; übertreiben*
accabler 3 *belasten ; bedrücken*
accaparer 3 *an sich reißen ; in Beschlag nehmen*
accastiller 3 *ausrüsten (Schiff)*
accéder 18 *gelangen ; stattgeben*
accélérer 18 *beschleunigen*
accentuer 7 *betonen*
accepter 4 *annehmen*
accessoiriser 3 *mit Zusätzen (Accessoires) ausstatten*
accidenter 3 *beschädigen, verletzen*
acclamer 3 *zujubeln*
acclimater 3 *akklimatisieren*
accointer (s') 3 *sich mit jm einlassen*
accoler 3 *nebeneinanderstellen ; klammern ; anfügen*
accommoder 3 *zubereiten ; anpassen*
accompagner 3 *begleiten*
accomplir 32 *erfüllen*
accorder 3 *bewilligen ; stimmen*
accoster 3 *auf jn zugehen ; anlegen*
accoter 3 *stützen*
accoucher 3 *entbinden*
accouder (s') 3 *sich mit den Ellenbogen aufstützen*
accoupler 3 *verbinden ; paaren*
accourir 45 [*mit* être *oder* avoir] *herbeieilen*
accoutrer 3 *herausputzen*
accoutumer 3 *gewöhnen*
accréditer 3 *vertrauenswürdig machen ; akkreditieren*
accrocher 3 *hängen*
accroire [*nur inf.*] *weismachen*
accroître 94 *vermehren, steigern*
accroupir (s') 32 *sich hocken, sich niederhocken*
accueillir 41 *empfangen*
acculer 3 *in die Enge treiben*
acculturer 3 *Kultur vermitteln*
accumuler 3 *anhäufen*
accuser 3 *beschuldigen*
acétifier 9 *in Essigsäure umwandeln*
acharner (s') 3 *nicht ablassen von ; sich verbeißen in*
acheminer 3 *befördern*
acheter 28 *kaufen*
achever 19 *vollenden*
achopper 3 *(an)stoßen ; aufgehalten werden*
acidifier 9 *säuern ; in Säure umwandeln*
aciérer 18 *stählen*
acoquiner (s') 3 *sich einlassen*
acquérir 39 *erwerben*
acquiescer 21 *zustimmen*
acquitter 3 *bezahlen ; freisprechen ; quittieren*
actionner 3 *betätigen*
activer 3 *aktivieren ; beschleunigen ; anfachen ; vorantreiben*
actualiser 3 *aktualisieren*
adapter 3 *anpassen*
additionner 3 *addieren ; beimengen*
adhérer 18 *haften, kleben ; beitreten*
adjoindre 82 *hinzufügen*
adjuger 17 *zuerkennen ; zuschlagen ; zusprechen*
adjurer 3 *beschwören*
admettre 84 *eintreten lassen ;*

anerkennen, gelten lassen ; annehmen
administrer 3 *verwalten ; verabreichen*
admirer 3 *bewundern*
admonester 3 *mahnen*
adonner (s') 3 *sich widmen ; sich hingeben*
adopter 3 *adoptieren, annehmen*
adorer 3 *anbeten*
adosser 3 *anlehnen*
adouber 3 *zum Ritter schlagen*
adoucir 32 *mildern ; enthärten ; tempern ; schleifen*
adresser 4 *richten, verweisen*
adsorber 3 *adsorbieren*
aduler 3 *schmeicheln ; vergöttern*
adultérer 18 *fälschen*
advenir 40 [*nur 3. Pers., part. passé und inf.* ; *mit* être] *geschehen*
aérer 18 *lüften, auflockern*
affabuler 3 *fabulieren*
affadir 32 *die Würze nehmen*
affaiblir 32 *schwächen*
affairer (s') 4 *sich zu schaffen machen ; sich eifrig (um jn) bemühen*
affaisser 4 *senken*
affaler 3 *herunterlassen*
affamer 3 *aushungern*
afféager 17 *einen Lehensvertrag auflösen*
affecter 4 *vortäuschen ; erschüttern ; verwenden, bereitstellen ; versetzen ; zuweisen*
affectionner 3 *gerne haben, bevorzugen*
affermer 3 *verpachten*
affermir 32 *(be)festigen*
afficher 3 *anschlagen, zur Schau tragen*
affiler 3 *schleifen*
affilier (s') 9 *beitreten*
affiner 3 *(r)affinieren ; verfeinern*
affirmer 3 *behaupten, bekräftigen, versichern*
affleurer 5 *ausgleichen ; zutage liegen/treten*
affliger 17 *betrüben, bekümmern ; heimsuchen*
affluer 3 *zusammenfließen, herbeiströmen*
affoler 3 *verwirren*
affouager 17 *Holzungsrecht verteilen*
affouiller 3 *unterspülen*
affourager 17 *(Vieh) füttern*
affourcher 3 *ankern*
affranchir 32 *freimachen ; einweihen*
affréter 18 *chartern, mieten*
affriander 3 *locken*
affrioler 3 *(an)locken ; erregen ; verführen*
affronter 3 *trotzen ; aneinanderlegen*
affruiter 3 *Früchte bilden*
affubler 3 *lächerlich herausputzen*
affûter 3 *schärfen*
africaniser 3 *afrikanisieren*
agacer 16 *reizen*
agencer 16 *einrichten*
agenouiller (s') 3 *niederknien*
agglomérer 18 *zusammenhäufen ; agglomerieren*
agglutiner 3 *verkleben ; verklumpen ; zusammenkleben*
aggraver 3 *erschweren ; verschlimmern*
agir 32 *handeln ; wirken*
agiter 3 *schütteln*
agneler 24 [*Littré* : **28**] *lammen*
agonir 32 *überhäufen (mit Schimpfwörtern)*
agoniser 3 *im Sterben liegen*
agrafer 3 *zuhaken ; heften*
agrainer 4 *Körner streuen*
agrandir 32 *vergrößern*
agréer 15 *zulassen, stattgeben ; gefallen*
agréger 22 *verfestigen zu, aufnehmen*
agrémenter 3 *ausschmücken*
agresser 4 *angreifen, überfallen*
agriffer (s') 3 *sich festkrallen*
agripper 3 *fassen ; greifen*
aguerrir 32 *abhärten*
aguicher 3 *aufreizen ; umgarnen*
ahaner 3 *keuchen*
ahurir 32 *verblüffen*
aider 4 *helfen, beistehen ; unterstützen ; beitragen*
aigrir 32 *sauer machen*
aiguiller 3 *lenken, leiten, führen ; Weichen stellen*
aiguilleter 27 *festzurren*
aiguillonner 3 *anspornen ; antreiben*
aiguiser 3 *schärfen*
ailler 3 *mit Knoblauch würzen*
aimanter 3 *magnetisieren*
aimer 4 *lieben, mögen*
ajourer 3 *durchbrechen (Stickerei)*
ajourner 3 *verschieben, vertagen*
ajouter 3 *hinzufügen*
ajuster 3 *anpassen*
alanguir 32 *entkräften*
alarmer 3 *alarmieren*
alcaliniser 3 *alkalisieren*
alcooliser 3 *Alkohol zusetzen*
alerter 3 *alarmieren*
aléser 18 *ausbohren*
aleviner 3 *Fischbrut aussetzen*
aliéner 18 *veräußern ; aufgeben ; kosten, verscherzen ; entfremden*
aligner 3 *in eine Linie bringen ; aneinanderreihen ; angleichen, ausrichten*
alimenter 3 *ernähren ; versorgen, speisen*
aliter 3 *ins Bett bringen*
allaiter 4 *stillen*
allécher 18 *ködern ; anlocken ; locken*
alléger 22 *erleichtern, entlasten*
alléguer 18 [*alle Formen mit* gu] *zitieren, anführen ; sich berufen auf ; vorbringen*
aller 31 [*mit* être] *gehen, fahren*
allier 9 *legieren ; verbinden*
allonger 17 *verlängern, strecken*
allouer 6 *bewilligen*
allumer 3 *anzünden, einschalten*
alluvionner 3 *anschwemmen*
alourdir 32 *schwer machen ; erschweren*
alpaguer 3 [*alle Formen mit* gu] *festnehmen*
alphabétiser 3 *alphabetisieren*
altérer 18 *ändern, entstellen ; durstig machen*
alterner 3 *abwechseln*
alunir 32 *auf dem Mond landen*
amadouer 6 *schmeicheln, besänftigen, für sich gewinnen*
amaigrir 32 *dünner machen*
amalgamer 3 *verschmelzen, amalgamieren*
amariner 3 *seefest machen ; entern*
amarrer 3 *festmachen, ankern*
amasser 3 *anhäufen ; zusammentragen ; horten*
amatir 32 *matt machen*
ambitionner 3 *erstreben*
ambler 3 *im Paßgang gehen*
ambrer 3 *mit Ambra parfümieren*
améliorer 3 *verbessern*
aménager 17 *einrichten ; umstellen ; bewirtschaften (Wald)*
amender 3 *verbessern ; (ab)ändern*
amener 19 *mitbringen*
amenuiser 3 *verringern*
américaniser 3 *amerikanisieren*
amerrir 32 *wassern*
ameublir 32 *durchgraben, (auf)lockern*
ameuter 3 *sammeln, zusammenrufen ; aufhetzen*
amidonner 3 *stärken (Wäsche)*
amincir 32 *dünner machen*
amnistier 9 *amnestieren*
amocher 3 *zusammenschlagen, beschädigen*
amodier 9 *verpachten*
amoindrir 32 *vermindern*
amollir 32 *erweichen, aufweichen ; schwächen*
amonceler 24 *anhäufen*
amorcer 16 *beködern ; anfangen ; anbahnen*
amortir 32 *dämpfen, abschwächen ; amortisieren*
amouracher (s') 3 *sich verlieben*
amplifier 9 *vergrößern, verstärken, ausweiten*
amputer 3 *amputieren ; kürzen*

amuïr (s') 32 [*alle Formen mit* ï] *verstummen*
amurer 3 *Halse fest anziehen*
amuser 3 *unterhalten, belustigen, Spaß machen*
analyser 3 *untersuchen, zerlegen*
anastomoser (s') 3 *sich verbinden*
anathématiser 3 *verfluchen*
ancrer 3 *(ver)ankern*
anéantir 32 *vernichten*
anémier 9 *schwächen*
anesthésier 9 *betäuben, narkotisieren*
anglaiser 4 *Pferd anglisieren*
angliciser 3 *anglisieren*
angoisser 3 *ängstigen*
anhéler 18 *keuchen*
animer 3 *beleben ; beseelen*
aniser 3 *mit Anis würzen*
ankyloser 3 *steif machen*
anneler 24 *ringeln*
annexer 4 *annektieren ; beilegen*
annihiler 3 *zunichte machen*
annoncer 16 *ankündigen, melden ; voraussagen*
annoter 3 *mit Anmerkungen versehen*
annuler 3 *rückgängig machen, annullieren*
anoblir 32 *adeln*
anodiser 3 *anodisieren*
ânonner 3 *stotternd lesen*
anordir 32 *nach Norden drehen*
anticiper 3 *vorgreifen ; vorzeitig leisten*
antidater 3 *rückdatieren*
antiparasiter 3 *entstören*
apaiser 4 *beruhigen*
apercevoir 52 *erblicken, wahrnehmen, entdecken*
apeurer 5 *ängstigen*
apiquer 3 *neigen, anpieken*
apitoyer 13 *Mitleid erregen*
aplanir 32 *einebnen ; beheben*
aplatir 32 *platt drücken, andrücken*
apostasier 9 *abtrünnig werden ; vom Glauben abfallen*
aposter 3 *einen Beobachter stellen*
apostiller 3 *Randbemerkung hinzufügen*
apostropher 3 *anreden, anfahren*
appairer 4 *sortieren und markieren*
apparaître 91 [*mit* être] *erscheinen*
appareiller 4 *sortieren ; auslaufen*
apparenter (s') 3 *sich verschwägern ; eine Listenverbindung eingehen ; Ähnlichkeit zeigen*
apparier 9 *paaren*
appartenir 40 [*mit* avoir] *gehören*
appâter 3 *anlocken, ködern*
appauvrir 32 *arm machen ; verkümmern, versiegen lassen*
appeler 24 *rufen ; anrufen, nennen*
appendre 73 *aufhängen*
appesantir 32 *beschweren*
applaudir 32 *Beifall klatschen ; etwas begrüßen*
appliquer 3 *ansetzen ; auftragen ; anwenden*
appointer 3 *Gehalt bezahlen ; anspitzen*
apponter 3 *auf einem Flugzeugträger landen*
apporter 3 *bringen*
apposer 3 *anschlagen, anbringen*
apprécier 9 *schätzen*
appréhender 3 *fürchten ; festnehmen*
apprendre 79 *lernen, erfahren ; lehren*
apprêter 4 *vor-, zubereiten ; zurichten, appretieren ; zurechtmachen*
apprivoiser 3 *zähmen*
approcher 3 *nähern ; näher rücken*
approfondir 32 *vertiefen*
approprier 10 *anpassen*
approuver 3 *zustimmen, billigen*
approvisionner 3 *versorgen, beliefern ; laden*
appuyer 14 *drücken, lehnen, stützen*
apurer 3 *überprüfen*
arabiser 3 *arabisieren*
araser 3 *abgleichen ; abschleifen*
arbitrer 3 *schiedsrichtern ; schlichten*
arborer 3 *hissen, aufpflanzen*
arc-bouter 3 *abstützen*
architecturer 3 *aufbauen*
archiver 3 *archivieren*
arçonner 3 *biegen (Weinranke)*
argenter 3 *versilbern*
arguer 8 *folgern ; geltend machen*
argumenter 3 *Gründe anführen*
ariser 3 *reffen*
armer 3 *bewaffnen ; ausrüsten ; durchladen*
armorier 9 *mit einem Wappen versehen*
arnaquer 3 *betrügen*
aromatiser 3 *würzen*
arpéger 22 *Arpeggio spielen*
arpenter 3 *vermessen ; auf und ab gehen*
arquer 3 *biegen*
arracher 3 *ausreißen ; roden ; ziehen*
arraisonner 3 *ein Schiff überprüfen*
arranger 17 *in Ordnung bringen ; ordnen ; organisieren ; herbeiführen ; arrangieren*
arrêter 4 *anhalten ; stehenbleiben ; vereinbaren ; festnehmen*
arrimer 3 *verstauen*
arriver 3 [*mit* être] *ankommen ; erreichen ; geschehen*
arroger (s') 17 *sich anmaßen*
arrondir 32 *abrunden*
arroser 3 *(be)gießen ; bespritzen ; durchfließen*
articuler 3 *gliedern ; artikulieren*
aseptiser 3 *aseptisch machen*
asperger 17 *bespritzen*
asphalter 3 *asphaltieren*
asphyxier 9 *ersticken*
aspirer 3 *einatmen ; streben nach*
assagir 32 *zur Vernunft bringen*
assaillir 47 *angreifen ; überfallen*
assainir 32 *sanieren*
assaisonner 3 *würzen*
assarmenter 3 *das Rebholz entfernen*
assassiner 3 *ermorden*
assécher 18 *austrocknen*
assembler 3 *versammeln, verbinden ; zusammenfügen ; montieren ; verknüpfen*
assener 19 *(einen Schlag) versetzen*
asséner 18 *(einen Schlag) versetzen*
asseoir 65 *setzen, stellen ; gründen auf*
assermenter 3 *vereidigen*
asservir 32 *versklaven, bezwingen*
assiéger 22 *belagern ; bedrängen*
assigner 3 *vorladen ; anweisen*
assimiler 3 *angleichen ; assimilieren ; gleichsetzen*
assister 3 *beiwohnen ; beistehen*
associer 9 *beteiligen ; assoziieren*
assoiffer 3 *Durst erregen*
assoler 3 *Wechselwirtschaft betreiben*
assombrir 32 *verdunkeln*
assommer 3 *erschlagen ; belästigen ; langweilen*
assortir 32 *passend zusammenstellen*
assoupir 32 *einschläfern ; lindern*
assouplir 32 *weich, geschmeidig machen ; lockern*
assourdir 32 *taub machen ; dämpfen*
assouvir 32 *stillen ; befriedigen*
assujettir 32 *bezwingen ; festmachen*
assumer 3 *auf sich nehmen ; aufkommen für ; führen*
assurer 3 *versichern ; gewährleisten ; sichern*

asticoter 3 *sticheln*
astiquer 3 *putzen*
astreindre 81 *zwingen*
atermoyer 13 *aufschieben ; die Dinge hinausziehen*
atomiser 3 *atomisieren, zerstäuben ; ausradieren*
atrophier (s') 9 *verkümmern ; schrumpfen*
attabler (s') 3 *sich an den Tisch setzen*
attacher 3 *festbinden ; zusammenschnüren ; beimessen*
attaquer 3 *angreifen ; anpacken*
attarder (s') 3 *sich verspäten*
atteindre 81 *erreichen ; treffen*
atteler 24 *ein-, anspannen*
attendre 73 *(er)warten*
attendrir 32 *rühren ; erweichen*
attenter 3 *einen Anschlag verüben*
atténuer 7 *mildern*
atterrer 4 *niederschlagen, bestürzen*
atterrir 32 *landen*
attester 3 *bescheinigen ; beweisen*
attiédir 32 *abkühlen*
attifer 3 *auftakeln, herausputzen*
attiger 17 *übertreiben*
attirer 3 *anziehen ; verschaffen*
attiser 3 *schüren*
attraper 3 *fangen ; bekommen ; reinlegen, kriegen*
attremper 3 *aufheizen*
attribuer 7 *zuteilen ; zuerkennen ; zuschreiben*
attrister 3 *betrüben*
attrouper 3 *ansammeln ; zusammenrufen*
auditionner 3 *sich anhören ; vorsprechen, vorsingen, vorspielen*
augmenter 3 *vermehren*
augurer 3 *vorausahnen*
auréoler 3 *mit einem Heiligenschein umgeben*
aurifier 9 *eine Goldfüllung machen (Zahn)*
ausculter 3 *abhorchen*
authentifier 9 *beurkunden*
autocensurer (s') 3 *Selbstzensur ausüben*
autofinancer (s') 16 *sich selbst tragen*
automatiser 3 *automatisieren*
autopsier 9 *obduzieren*
autoriser 3 *erlauben ; ermächtigen ; rechtfertigen*
avachir (s') 32 *die Form verlieren, unförmig werden ; sich gehen lassen*
avaler 3 *(hinunter-, ver)schlukken ; verschlingen ; glauben, abkaufen*
avaliser 3 *verbürgen, avalieren*
avancer 16 *vorwärtsgehen ; vorrücken ; vorankommen*
avantager 17 *bevorzugen ; vorteilhaft sein*
avarier 9 *beschädigen ; verderben*
aventurer 3 *wagen, aufs Spiel setzen*
avérer (s') 18 *sich erweisen*
avertir 32 *warnen ; benachrichtigen*
aveugler 5 *(ver)blenden*
aveulir 32 *erschlaffen ; willenlos machen*
avilir 32 *herabwürdigen*
aviner 3 *mit Wein anfeuchten*
aviser 3 *benachrichtigen ; sich etwas einfallen lassen*
avitailler 3 *ein Schiff mit Lebensmitteln versorgen*
aviver 3 *an-, auffrischen ; kantig machen*
avoir 1 *haben*
avoisiner 3 *angrenzen ; nahekommen*
avorter 3 *abtreiben ; scheitern*
avouer 6 *gestehen*
axer 3 *ausrichten*
axiomatiser 3 *ein Axiom setzen*
azurer 3 *himmelblau färben*

b

babiller 3 *schwatzen ; plappern*
bâcher 3 *mit einer Plane zudecken*
bachoter 3 *pauken*
bâcler 3 *flüchtig erledigen ; pfuschen*
badigeonner 3 *übertünchen ; bepinseln*
badiner 3 *tändeln*
bafouer 6 *verhöhnen*
bafouiller 3 *faseln, stammeln*
bâfrer 3 *gierig essen*
bagarrer 3 *kämpfen, streiten ; sich heftig einsetzen*
baguenauder 3 *trödeln, flanieren*
baguer 3 *beringen*
baigner 4 *baden ; durchfließen*
bailler 3 *geben*
bâiller 3 *gähnen ; klaffen, nicht fest schließen ; abstehen*
bâillonner 3 *knebeln*
baiser 4 *küssen ; reinlegen ; bumsen*
baisoter 3 *abküssen*
baisser 4 *herunterlassen ; senken ; dämpfen ; sinken, schlechter werden*
balader 3 *spazierenführen*
balafrer 3 *(jm) einen Schmiß beibringen*
balancer 16 *schaukeln ; (raus-) schmeißen ; zögern*
balayer 11 *fegen ; vertreiben ; hinwegfegen ; abtasten, absuchen*
balbutier 9 *stottern ; in den Kinderschuhen stecken*
baliser 3 *mit Bojen markieren*
balkaniser 3 *balkanisieren*
ballaster 3 *beschottern ; Ballasttanks auffüllen bzw. entleeren*
baller 3 *pendeln, hängen*
ballonner 3 *blähen ; Blähungen hervorrufen*
ballotter 3 *schaukeln, schütteln*
bambocher 3 *prassen*
banaliser 3 *banalisieren*
bancher 3 *Beton in eine Schalung gießen*
bander 3 *binden, verbinden ; spannen*
bannir 32 *verbannen*
banquer 3 *blechen*
banqueter 27 *tafeln*
baptiser 3 *taufen*
baragouiner 3 *Kauderwelsch reden, radebrechen*
baraquer 3 *niederhocken (Kamel)*
baratiner 3 *beschwatzen ; viel Schmus machen*
baratter 3 *buttern*
barber 3 *langweilen*
barboter 3 *planschen ; stibitzen*
barbouiller 3 *beschmieren ; Übelkeit hervorrufen*
barder 3 *(mit Speck) umwickeln ; bepanzern*
barguigner 3 *zögern*
barioler 3 *bunt bemalen*
barrer 3 *sperren ; kreuzen ; streichen*
barricader 3 *verbarrikadieren*
barrir 32 *trompeten (Elefant)*
basaner 3 *bräunen*
basculer 3 *(um)kippen*
baser 3 *stützen, gründen ; aufbauen auf*
bassiner 3 *anfeuchten ; langweilen*
batailler 3 *streiten*
bâter 3 *satteln ; bepacken*
batifoler 3 *schäkern ; sich tummeln*
bâtir 32 *bauen ; errichten ; aufstellen ; gründen ; heften*
battre 83 *schlagen ; klopfen*
bavarder 3 *plaudern*
bavasser 3 *schwatzen*
baver 3 *sabbern ; schleimen*
bayer 3 *ou* **11** *gaffen*
bazarder 3 *verramschen*
béatifier 9 *seligsprechen*
bêcher 4 *umgraben ; eingebildet sein*
bécoter 3 *abküssen*
becqueter 27 [Littré : **28**] *(auf-, an)picken*
becter 4 *futtern*

bedonner 3 *einen Bauch ansetzen*
béer 15 *klaffen*
bégayer 11 *stottern*
bégueter 28 *meckern (Ziege)*
bêler 4 *blöken*
bénéficier 9 *Vorteil ziehen; beziehen*
bénir 32 [*part. passé* bénit *in festen Redewendungen (aus der Religion)*] *segnen*
béquiller 3 *abstützen*
bercer 16 *wiegen; einlullen*
berner 3 *zum Narren halten*
besogner 3 *arbeiten, schuften*
bêtifier 9 *dumm daherreden*
bétonner 3 *betonieren*
beugler 5 *brüllen*
beurrer 5 *mit Butter bestreichen*
biaiser 3 *schräglaufen; ausweichen*
biberonner 3 *saufen*
bicher 3 *zufrieden sein*
bichonner 3 *verhätscheln; hegen und pflegen*
bidonner (se) 3 *sich totlachen*
biffer 3 *durchstreichen*
bifurquer 3 *sich gabeln, abbiegen; umsatteln*
bigarrer 3 *mehrfarbig gestalten*
bigler 3 *schielen*
bigorner 3 *beschädigen*
biler (se) 3 *sich sorgen*
biller 3 *einer Kugeldruckprobe unterziehen*
biloquer 3 *tief pflügen*
biner 3 *hacken*
biscuiter 3 *brennen (Keramik)*
biseauter 3 *abschrägen; Karten zinken*
biser 3 *umfärben; küssen; schwarz werden (Pflanzen)*
bisquer 3 *verärgert sein*
bisser 3 *wiederholen; Wiederholung erzwingen*
bistourner 3 *verbiegen; kastrieren*
bitumer 3 *asphaltieren*
biturer (se) 3 *sich vollsaufen*
bivouaquer 3 *biwakieren*
bizuter 3 *einen neuen Studenten ärgern (Ritual)*
blackbouler 3 *zurückweisen*
blaguer 3 *scherzen; aufziehen*
blairer 4 *riechen*
blâmer 3 *tadeln, verwarnen*
blanchir 32 *bleichen; weißen; blanchieren; weiß werden*
blaser 3 *abstumpfen*
blasonner 3 *Wappen malen, Wappen erklären*
blasphémer 18 *lästern*
blatérer 18 *blöken, brüllen*
blêmir 32 *erblassen*
bléser 18 *lispeln*
blesser 4 *verwunden; weh tun; verletzen*
blettir 32 *überreif werden (Obst)*
bleuir 32 *bläulich werden*
blinder 3 *panzern; abschirmen*
blondir 32 *blond werden; anbräunen*
bloquer 3 *blockieren*
blottir (se) 32 *kauern, sich kauern*
blouser 3 *reinlegen; blusen*
bluffer 3 *bluffen*
bluter 3 *(Mehl) sieben*
bobiner 3 *spulen; bewickeln*
boire 108 *trinken*
boiser 3 *aufforsten; auszimmern*
boiter 3 *hinken; wackeln*
boitiller 3 *etwas hinken*
bombarder 3 *bombardieren; katapultieren*
bomber 3 *wölben*
bondir 32 *springen*
bonifier 9 *(ver)bessern; meliorieren*
border 3 *säumen, Decke einschlagen*
borner 3 *begrenzen*
bornoyer 13 *visieren; mit Stäben eine gerade Linie abstecken*
bosseler 24 *verbeulen*
bosser 3 *schuften; abstoppen, stoppen*
bossuer 7 *verbeulen*
botteler 24 *bündeln*
botter 3 *Stiefel anziehen; schießen (Fußball); einen Tritt geben*
boubouler 3 *schreien (Eule)*
boucaner 3 *räuchern*
boucharder 3 *kröneln*
boucher 3 *zustopfen; versperren*
bouchonner 3 *abreiben; stocken (Verkehr)*
boucler 3 *schnallen, schließen; locken*
bouder 3 *schmollen*
boudiner 3 *Strang pressen*
bouffer 3 *sich bauschen, fressen*
bouffir 32 *anschwellen; aufgedunsen werden (lassen)*
bouger 17 *(sich) bewegen; (sich) rühren*
bougonner 3 *brummen*
bouillir 48 *kochen, sieden*
bouillonner 3 *sprudeln; brodeln; gekräuselte Falten einlegen*
boulanger 17 *Brot backen*
bouler 3 *kugeln*
bouleverser 3 *auf den Kopf stellen; erschüttern*
boulocher 3 *fusseln*
boulonner 3 *verbolzen; schuften*
boulotter 3 *essen*
boumer 3 *[unpersönlich] laufen, gut gehen*
bouquiner 3 *schmökern*
bourdonner 3 *summen, brummen, schwirren*
bourgeonner 3 *Knospen treiben; Pickel bekommen*
bourlinguer 3 *schlingern; abenteuerlich leben; viel reisen*
bourrer 3 *(voll)stopfen*
boursicoter 3 *kleine Börsengeschäfte machen*
boursoufler 3 *aufblasen; anschwellen lassen*
bousculer 3 *umstoßen; drängeln, schubsen; in Frage stellen*
bousiller 3 *kaputtmachen*
bouter 3 *stoßen, vertreiben*
boutonner 3 *zuknöpfen*
bouturer 3 *Ableger treiben; vermehren (durch Stecklinge)*
boxer 3 *boxen*
boycotter 3 *boykottieren*
braconner 3 *wildern*
brader 3 *verschleudern, verschenken*
brailler 3 *plärren*
braire 112 [*nur inf. und 3. Pers. Sing./Pl. fut., prés. de l'ind. und cond.*] *schreien (Esel)*
braiser 4 *schmoren*
bramer 3 *röhren*
brancarder 3 *auf der Tragbahre tragen*
brancher 3 *anschließen; abzweigen; aufbaumen*
brandir 32 *schwingen*
branler 3 *wackeln*
braquer 3 *richten; einschlagen; aufbringen*
braser 3 *löten*
brasser 3 *umrühren; brauen (Bier)*
braver 3 *entgegentreten; Trotz bieten*
bredouiller 3 *stottern*
brêler 4 *festbinden*
brésiller 3 *in Staub zerfallen*
bretteler 24 *kröneln*
breveter 27 *patentieren*
bricoler 3 *basteln*
brider 3 *aufzäumen, zügeln; bridieren; einengen*
bridger 17 *Bridge spielen*
briguer 3 *werben um, trachten nach*
brillanter 3 *auf Brillant schleifen*
briller 3 *glänzen*
brimbaler 3 *hin und her schaukeln*
brimer 3 *schikanieren*
bringuebaler 3 *hin und her schaukeln*
brinquebaler 3 *hin und her schaukeln*
briquer 3 *blitzblank putzen*
briqueter 27 *mit Ziegelsteinen pflastern*
briser 3 *zerbrechen; kaputtmachen; brechen*
brocanter 3 *mit Trödel handeln*
brocarder 3 *necken*
brocher 3 *durchwirken; broschieren*

broder 3 *sticken ; einiges dazu dichten*
broncher 3 *stolpern ; mucken*
bronzer 3 *bräunen*
brosser 3 *bürsten*
brouetter 4 *(weg)karren*
brouillasser 3 [*unpersönlich*] *nieseln*
brouiller 3 *verwischen ; trüben*
brouillonner 3 *ins Unreine schreiben*
brouter 3 *grasen*
broyer 13 *zermalmen*
bruiner 3 [*unpersönlich*] *fein regnen*
bruire 105 *rauschen*
bruiter 3 *Geräuschkulissen erzeugen*
brûler 3 *brennen ; verbrennen ; anbrennen lassen ; versengen ; glühen*
brumasser 3 [*unpersönlich*] *leicht nebeln*
brumer 3 [*unpersönlich*] *nebeln*
brunir 32 *braun werden*
brusquer 3 *brüskieren ; überstürzen*
brutaliser 3 *mißhandeln*
bûcher 3 *büffeln*
budgétiser 3 *im Budget einplanen*
buffler 3 *polieren*
bureaucratiser 3 *bürokratisieren*
buriner 3 *meißeln*
buter 3 *stolpern*
butiner 3 *Beute machen ; Honig sammeln (Bienen)*
butter 3 *anhäufeln ; umlegen*

C

câbler 3 *verseilen ; kabeln*
cabosser 3 *verbeulen*
caboter 3 *Küsten befahren*
cabotiner 3 *sich wichtig machen*
cabrer 3 *aufbäumen*
cabrioler 3 *Kapriolen machen*
cacaber 3 *schreien (Rebhuhn)*
cacarder 3 *schnattern (Gans)*
cacher 3 *verstecken*
cacheter 27 *versiegeln*
cadastrer 3 *ins Grundbuch eintragen ; katastrieren*
cadenasser 3 *mit einem Vorhängeschloß verschließen*
cadencer 16 *rhythmisch gliedern*
cadmier 9 *verkadmen*
cadrer 3 *übereinstimmen ; entsprechen ; einstellen*
cafarder 3 *verklatschen*
cafouiller 3 *murksen ; nicht funktionieren*
cafter 3 *(ver)petzen*
cahoter 3 *stoßen, rütteln*
cailler 3 *gerinnen*
caillouter 3 *beschottern*
cajoler 3 *liebkosen*
calaminer (se) 3 *oxydieren ; verrußen*
calandrer 3 *mangeln ; glätten*
calciner 3 *ausglühen ; verbrennen*
calculer 3 *rechnen ; (aus)kalkulieren ; schätzen ; ausrechnen*
caler 3 *stützen, verkeilen ; abwürgen (Motor)*
calfater 3 *kalfatern*
calfeutrer 3 *abdichten*
calibrer 3 *eichen ; einstellen ; (der Größe nach) sortieren ; kalibrieren*
câliner 3 *streicheln, hätscheln*
calligraphier 9 *schönschreiben*
calmer 3 *beruhigen*
calmir 32 *abflauen*
calomnier 9 *verleumden*
calorifuger 17 *Wärme isolieren*
calotter 3 *ohrfeigen*
calquer 3 *(durch)pausen*
calter (se) 3 *abhauen*
cambrer 3 *wölben*
cambrioler 3 *einbrechen*
camer (se) 3 *Rauschgift nehmen*
camionner 3 *per Lkw transportieren*
camoufler 3 *tarnen*
camper 3 *zelten ; lagern*
canaliser 3 *kanalisieren*
canarder 3 *aus der Deckung schießen*
cancaner 3 *tratschen*
cancériser (se) 3 *Krebs bilden*
candir 32 *kandieren*
caner 3 *kneifen ; sterben*
canner 3 *mit Rohr flechten*
canoniser 3 *heiligsprechen*
canonner 3 *mit Kanonen beschießen*
canoter 3 *rudern*
cantonner 3 *einquartieren*
canuler 3 *belästigen ; triezen*
caoutchouter 3 *mit Gummi überziehen*
caparaçonner 3 *Streitroßpanzer anlegen*
capeler 24 *ein Tau anlegen*
caper 3 *Deckblatt rollen (Zigarre)*
capeyer 12 *beiliegen (Schiff)*
capitaliser 3 *kapitalisieren*
capitonner 3 *auspolstern*
capituler 3 *kapitulieren ; aufgeben ; sich ergeben*
caporaliser 3 *einem Militärregime unterwerfen*
capoter 3 *sich überschlagen*
capsuler 3 *verkapseln*
capter 3 *erschleichen ; abfangen ; fassen ; entnehmen*
captiver 3 *fesseln, mitreißen*
capturer 3 *gefangennehmen*
caquer 3 *(Heringe) in Fässer packen*
caqueter 27 *gackern*
caracoler 3 *tänzeln*
caractériser 3 *bezeichnen ; charakterisieren ; kennzeichnen*
caramboler 3 *zusammenstoßen*
caraméliser 3 *Zucker bräunen ; karamelisieren*
carapater (se) 3 *sich davonmachen*
carbonater 3 *in Karbonat umwandeln ; Karbonat zusetzen*
carboniser 3 *verkohlen*
carbonitrurer 3 *karbonitrieren*
carburer 3 *vergasen ; wie verrückt arbeiten*
carcailler 3 *schlagen (Wachteln)*
carder 3 *krempeln*
carencer 16 *fehlen*
caréner 18 *kielholen*
caresser 4 *streicheln*
carguer 3 *aufgeien*
caricaturer 3 *karikieren*
carier 9 *durch Karies anfressen*
carillonner 3 *läuten ; ausposaunen*
carotter 3 *Bohrlochprobe nehmen ; stibitzen, mopsen ; beschummeln*
carreler 24 *kacheln*
carrer (se) 3 *es sich bequem machen*
carrosser 3 *karossieren*
carroyer 13 *mit einem Gitternetz versehen*
cartonner 3 *kartonieren*
cascader 3 *in Kaskaden herabstürzen*
caser 3 *unterbringen ; unter die Haube bringen*
caserner 3 *kasernieren*
casquer 3 *bezahlen, blechen*
casser 3 *zerbrechen, kaputtmachen, zerstören ; aufheben ; degradieren*
castrer 3 *kastrieren*
cataloguer 3 [*alle Formen mit gu*] *katalogisieren*
catalyser 3 *katalysieren*
catapulter 3 *katapultieren*
catastropher 3 *niederschmettern, fertig machen*
catéchiser 3 *den Katechismus lehren*
catégoriser 3 *in Kategorien ordnen*
causer 3 *plaudern ; verursachen*
cautériser 3 *kauterisieren*
cautionner 3 *bürgen ; unterstützen*
cavalcader 3 *spazierenreiten*
cavaler 3 *rennen*
caver 3 *aushöhlen*
caviarder 3 *durchstreichen (von der Zensur)*

céder 18 *abtreten, abgeben ; verkaufen ; nachgeben*
ceindre 81 *umgeben ; umbinden*
ceinturer 3 *umgürten ; einkreisen*
célébrer 18 *feiern ; rühmen*
celer 25 *verheimlichen*
cémenter 3 *zementieren*
censurer 3 *zensieren*
centraliser 3 *zentralisieren*
centrer 3 *zentrieren*
centrifuger 17 *schleudern*
centupler 3 *verhundertfachen*
cercler 3 *bereifen (Faß)*
cerner 3 *umzingeln ; erfassen*
certifier 9 *bescheinigen ; versichern ; beglaubigen*
cesser 4 *aufhören*
chagriner 3 *verdrießen*
chahuter 3 *randalieren*
chaîner 4 *mit der Kette vermessen ; verankern*
chaloir [*nur in* peu me chaut = *das ist mir gleich*]
chalouper 3 *sich in den Hüften wiegen*
chamailler (se) 3 *streiten*
chamarrer 3 *ausstaffieren*
chambarder 3 *durcheinanderbringen*
chambouler 3 *durcheinanderbringen*
chambrer 3 *temperieren ; verspotten*
chamoiser 3 *sämisch gerben*
champagniser 3 *zu Champagner verarbeiten*
champlever 19 *(mit Nadel) anreißen*
chanceler 24 *wanken*
chancir 32 *schimmeln*
chanfreiner 4 *abschrägen*
changer 17 [*mit* avoir *und* être] *wechseln, tauschen ; ändern ; sich (ver)ändern*
chansonner 3 *ein Spottlied machen*
chanter 3 *singen ; erzählen*
chantonner 3 *vor sich hin singen*
chantourner 3 *ausschweifen ; ausbogen*
chaparder 3 *klauen*
chapeauter 3 *kontrollieren ; leiten*
chaperonner 3 *aufpassen, begleiten*
chapitrer 3 *tadeln*
chaponner 3 *kapaunen*
chaptaliser 3 *vor der Gärung zuckern*
charbonner 3 *verkohlen*
charcuter 3 *zersäbeln*
charger 17 *beladen ; belasten ; auferlegen, beauftragen ; laden ; angreifen*
charioter 3 *längsdrehen*
charmer 3 *bezaubern*
charpenter 3 *zimmern ; behauen ; strukturieren*
charrier 9 *übertreiben, spotten ; karren*
charroyer 13 *karren, transportieren*
chasser 3 *jagen ; vertreiben, verdrängen ; hinauswerfen*
châtier 9 *strafen*
chatouiller 3 *kitzeln*
chatoyer 13 *schillern*
châtrer 3 *kastrieren*
chauffer 3 *heizen*
chauler 3 *kalken*
chaumer 3 *abstoppeln*
chausser 3 *anziehen (Schuhe, Strümpfe)*
chavirer 3 *kentern ; aufwühlen, berühren*
cheminer 3 *wandeln, wandern*
chemiser 3 *überziehen (Metall)*
chercher 3 *suchen*
chérir 32 *lieben*
chevaler 3 *mit Balken stützen*
chevaucher 3 *reiten*
cheviller 3 *dübeln*
chevroter 3 *zittern (Stimme)*
chiader 3 *schuften ; büffeln*
chialer 3 *jammern, plärren*
chicaner 3 *schikanieren*
chicoter 3 *piepen (Maus)*
chier 9 *scheißen*
chiffonner 3 *zerknittern ; ärgern*
chiffrer 3 *zählen ; verschlüsseln*
chiner 3 *foppen ; Trödelläden abklappern*
chinoiser 3 *schikanieren*
chiper 3 *klauen*
chipoter 3 *nörgeln*
chiquer 3 *Tabak kauen*
chloroformer 3 *chloroformieren*
chlorurer 3 *in ein Chlorid umwandeln*
choir 72 *fallen*
choisir 32 *wählen, aussuchen*
chômer 3 *nicht arbeiten*
choper 3 *sich etwas zuziehen ; klauen*
choquer 3 *stoßen ; schockieren*
chosifier 9 *konkretisieren*
chouchouter 3 *verwöhnen*
chouriner 3 *erstechen*
choyer 13 *liebevoll pflegen*
christianiser 3 *christianisieren*
chromer 3 *verchromen*
chromiser 3 *inchromieren*
chronométrer 18 *Zeit abnehmen*
chuchoter 3 *flüstern*
chuinter 3 *rufen (Eule) ; zischen*
chuter 3 *fallen ; Unterstiche machen (Karten)*
cicatriser 3 *vernarben (lassen), heilen*
ciller 3 *blinzeln*
cimenter 3 *zementieren*
cingler 3 *peitschen ; segeln*
cintrer 3 *biegen*
circoncire 101 *beschneiden*
circonscrire 99 *umschreiben ; eindämmen*
circonvenir 40 [*mit* avoir] *überlisten*
circuler 3 *zirkulieren ; fahren*
cirer 3 *bohnern ; wichsen*
cisailler 3 *schneiden*
ciseler 25 *ziselieren*
citer 3 *zitieren*
civiliser 3 *zivilisieren*
clabauder 3 *kläffen*
claboter 3 *formschlüssig kuppeln, verzahnen*
claironner 3 *(aus)posaunen*
clamer 3 *herausschreien*
clamser 3 *krepieren*
clapir 32 *schreien (Kaninchen)*
clapoter 3 *plätschern*
clapper 3 *schnalzen*
claquemurer 3 *einsperren*
claquer 3 *knallen*
claqueter 27 *klappern (Storch)*
clarifier 9 *klären*
classer 3 *ordnen ; ablegen*
classifier 9 *klassifizieren*
claudiquer 3 *hinken*
claustrer 3 *einsperren*
claveter 27 *mit Keilen befestigen*
clayonner 3 *mit Flechtwerk befestigen*
clicher 3 *klischieren*
cligner 3 *blinzeln*
clignoter 3 *blinken*
climatiser 3 *klimatisieren*
cliqueter 27 *klirren*
clisser 3 *einflechten*
cliver 3 *spalten*
clochardiser 3 *zum Bettler machen*
clocher 3 *nicht stimmen*
cloisonner 3 *durch eine Wand abtrennen*
cloîtrer 3 *in ein Kloster stecken ; einsperren*
cloner 3 *klonen*
clopiner 3 *humpeln*
cloquer 3 *Blasen bilden*
clore 113 *schließen*
clôturer 3 *einzäunen ; beendigen, (ab)schließen*
clouer 3 *an-, zunageln*
clouter 3 *mit Nägeln beschlagen*
coaguler 3 *gerinnen lassen*
coalescer 21 *thermisch behandeln*
coaliser 3 *vereinigen*
coasser 3 *quaken*
cocher 3 *abhaken*
côcher 3 *treten (Vogel)*
cochonner 3 *pfuschen ; beschmutzen*
cocufier 9 *betrügen ; (jm) die Hörner aufsetzen*
coder 3 *kodieren*
codifier 9 *kodifizieren*

coexister 3 *nebeneinander bestehen*
coffrer 3 *verschalen ; einsperren*
cogérer 18 *mitbestimmen*
cogiter 3 *überlegen*
cogner 3 *schlagen ; stoßen*
cohabiter 3 *zusammenleben*
cohériter 3 *miterben*
coiffer 3 *frisieren ; eindecken ; koordinieren und kontrollieren*
coincer 16 *klemmen ; in die Enge treiben*
coïncider 3 *zusammenfallen ; übereinstimmen*
cokéfier 9 *verkoken*
collaborer 3 *mitarbeiten ; mit dem Feind zusammenarbeiten*
collationner 3 *kollationieren ; überprüfen*
collecter 4 *(ein)sammeln*
collectionner 3 *sammeln*
collectiviser 3 *kollektivieren*
coller 3 *kleben ; drücken ; aufhalsen ; durchfallen lassen*
colleter (se) 27 [Littré : **28**] *sich prügeln*
colliger 17 *Auszüge aus einem Buch machen*
colloquer 3 *die Rangordnung der Gläubiger festsetzen*
colmater 3 *abdichten ; kolmatieren*
coloniser 3 *kolonisieren*
colorer 3 *färben*
colorier 9 *malen*
colporter 3 *hausieren ; kolportieren*
coltiner 3 *(Lasten) tragen*
combattre 83 *(be)kämpfen*
combiner 3 *zusammenstellen ; kombinieren*
combler 3 *auffüllen, zuschütten*
commander 3 *befehlen ; bestellen*
commanditer 3 *finanzieren*
commémorer 3 *gedenken*
commencer 16 *anfangen*
commenter 3 *kommentieren*
commercer 16 *Handel treiben*
commercialiser 3 *vermarkten*
commérer 18 *tratschen*
commettre 84 *begehen, verüben*
commissionner 3 *beauftragen*
commotionner 3 *einen Schock versetzen*
commuer 7 *umwandeln, mildern (Strafe)*
communaliser 3 *der Gemeindeverwaltung unterstellen*
communier 9 *das Abendmahl empfangen ; einander seelisch nahe sein*
communiquer 3 *mitteilen*
commuter 3 *umschalten*
comparaître 91 *vor Gericht erscheinen*
comparer 3 *vergleichen*
comparoir [*nur inf. und part. prés.* comparant] *vor Gericht erscheinen*
compartimenter 3 *in Felder/Fächer/Kategorien einteilen*
compasser 3 *abzirkeln*
compatir 32 *mitfühlen*
compenser 3 *ausgleichen*
compiler 3 *zusammentragen*
complaire 110 *entgegenkommen, gefällig sein*
complanter 3 *bepflanzen*
compléter 18 *ergänzen*
complexer 4 *einschüchtern*
complexifier 9 *komplizierter machen*
complimenter 3 *loben*
compliquer 3 *verwirren, erschweren*
comploter 3 *heimlich verabreden ; sich verschwören*
comporter 3 *enthalten*
composer 3 *zusammenstellen ; komponieren*
composter 3 *entwerten ; düngen*
comprendre 79 *verstehen ; begreifen, erfassen ; enthalten*
compresser 4 *zusammendrücken*
comprimer 3 *komprimieren ; unterdrücken*
compromettre 84 *kompromittieren ; gefährden*
comptabiliser 3 *verbuchen*
compter 3 *zählen*
compulser 3 *nachschlagen*
concasser 3 *zerkleinern*
concéder 18 *zugestehen ; einräumen*
concélébrer 18 *konzelebrieren*
concentrer 3 *konzentrieren ; sammeln*
conceptualiser 3 *in Begriffe fassen*
concerner 3 *betreffen*
concerter 3 *vereinbaren, verabreden*
concevoir 52 *begreifen ; konzipieren*
concilier 9 *in Einklang bringen*
conclure 96 *abschließen ; folgern*
concocter 3 *mit Sorgfalt vorbereiten*
concorder 3 *übereinstimmen*
concourir 45 *zusammenlaufen ; mitwirken an ; (an einem Wettbewerb) teilnehmen*
concrétiser 3 *konkretisieren*
concurrencer 16 *Konkurrenz machen*
condamner 3 *verurteilen*
condenser 3 *verdichten ; zusammenfassen*
condescendre 73 *so gnädig sein, sich herablassen*
conditionner 3 *bedingen ; klimatisieren ; abpacken und aufmachen*
conduire 98 *führen ; fahren*
confectionner 3 *herstellen*
confédérer 18 *verbünden*
conférer 18 *sich besprechen ; verleihen ; erteilen*
confesser 4 *beichten*
confier 9 *anvertrauen*
confiner 3 *grenzen an ; einschließen*
confire 101 *einlegen*
confirmer 3 *bestätigen*
confisquer 3 *beschlagnahmen*
confluer 3 *zusammenfließen*
confondre 75 *verwechseln*
conformer 3 *anpassen*
conforter 3 *stärken*
confronter 3 *gegenüberstellen*
congédier 9 *entlassen*
congeler 25 *einfrieren*
congestionner 3 *Blutandrang verursachen ; verstopfen*
conglomérer 18 *zusammenballen*
conglutiner 3 *zusammenkleben*
congratuler 3 *gratulieren*
congréer 15 *trensen*
conjecturer 3 *vermuten*
conjuguer 3 [*alle Formen mit* gu] *konjugieren*
conjurer 3 *beschwören*
connaître 91 *kennen ; wissen ; erfahren, erleben*
connecter 4 *anschließen*
connoter 3 *konnotieren*
conquérir 39 *erobern*
consacrer 3 *weihen ; widmen*
conseiller 4 *beraten*
consentir 37 *zustimmen*
conserver 3 *behalten, bewahren*
considérer 18 *betrachten, erwägen*
consigner 3 *aufgeben (Gepäck) ; eintragen ; Pfand verlangen ; nachsitzen lassen ; Ausgangssperre anordnen für*
consister 3 *bestehen aus*
consoler 3 *trösten*
consolider 3 *festigen*
consommer 3 *verbrauchen*
conspirer 3 *sich verschwören*
conspuer 7 *auspfeifen, ausbuhen*
constater 3 *feststellen*
consteller 4 *übersäen*
consterner 3 *bestürzen*
constiper 3 *Verstopfung verursachen*
constituer 7 *bilden ; ausmachen*
constitutionnaliser 3 *Verfassungscharakter geben*
construire 98 *bauen*
consulter 3 *um Rat fragen ; nachschlagen*
consumer 3 *verzehren ; ausbrennen*

contacter 3 *mit jm Kontakt aufnehmen*
containériser 3 *Container beladen*
contaminer 3 *anstecken*
contempler 3 *betrachten*
conteneuriser 3 *Container beladen*
contenir 40 [*mit* avoir] *enthalten, zurückhalten*
contenter 3 *befriedigen*
conter 3 *erzählen*
contester 3 *bestreiten*
contingenter 3 *kontingentieren*
continuer 7 *fortfahren*
contorsionner (se) 3 *sich verrenken*
contourner 3 *umgehen; verbiegen*
contracter 3 *abschließen, eingehen; zusammenziehen*
contractualiser 3 *anstellen (im Öffentlichen Dienst für Nicht-Beamte)*
contracturer 3 *verkrampfen*
contraindre 80 *zwingen*
contrarier 9 *hindern; verstimmen*
contraster 3 *im Gegensatz zueinander stehen*
contre-attaquer 3 *Gegenangriff führen*
contrebalancer 16 *aufwiegen*
contre-braquer 3 *gegenlenken*
contrebuter 3 *abstützen*
contrecarrer 3 *entgegenwirken*
contredire 103 *widersprechen*
contrefaire 109 *nachmachen; verstellen; fälschen*
contreficher (se) 3 *sich nichts daraus machen*
contre-indiquer 3 *von einer ärztlichen Maßnahme abraten lassen; verbieten*
contre-manifester 3 *Gegendemonstration veranstalten*
contremarquer 3 *mit einem zweiten Zeichen versehen*
contre-miner 3 *unterirdischen Gang graben*
contre-passer 3 *stornieren*
contre-plaquer 3 *furnieren*
contrer 3 *Kontra geben*
contresigner 3 *gegenzeichnen*
contre-tirer 3 *einen Gegenabdruck machen*
contretyper 3 *vom Duplikatnegativ abziehen*
contrevenir 40 [*mit* avoir] *zuwiderhandeln*
contreventer 3 *Windverstrebungen anbringen*
contribuer 7 *beitragen*
contrôler 3 *kontrollieren*
contusionner 3 *quetschen*
convaincre 114 *überzeugen*
convenir 40 [*mit* avoir *oder* être] *vereinbaren; zugeben; passen*
conventionner 3 *Arzt per Vertrag an die staatl. Krankenkasse binden*
converger 17 *zusammenlaufen*
converser 3 *sich unterhalten*
convertir 32 *bekehren; umwandeln*
convier 9 *einladen*
convoiter 3 *begehren*
convoler 3 *heiraten*
convoquer 3 *vorladen; einberufen*
convoyer 13 *geleiten*
convulser 3 *verkrampfen*
convulsionner 3 *in Krämpfe verfallen lassen*
coopérer 18 *mitwirken*
coopter 3 *kooptieren*
coordonner 3 *koordinieren*
copartager 17 *miteinander teilen*
copier 9 *abschreiben; nachahmen*
copiner 3 *Kumpel sein*
coposséder 18 *mitbesitzen*
copuler 3 *sich paaren*
coquiller 3 *aufgehen (Teig)*
cordeler 24 *drehen, flechten*
corder 3 *drehen, schnüren*
cordonner 3 *Schnur drehen*
corner 3 *hupen; umknicken; (aus)posaunen*
correctionnaliser 3 *an die Strafkammer überweisen*
corréler 18 *in Wechselbeziehung bringen*
correspondre 75 *entsprechen; korrespondieren*
corriger 17 *korrigieren*
corroborer 3 *bekräftigen*
corroder 3 *anfressen, zersetzen*
corrompre 78 *verderben*
corroyer 13 *zurichten (Leder); abschruppen*
corser 3 *würzen*
corseter 28 *in ein Korsett stecken*
cosser 3 *mit den Hörnern stoßen*
costumer 3 *kostümieren*
coter 3 *markieren*
cotiser 3 *Beiträge zahlen*
cotonner (se) 3 *einen Flaum bilden*
côtoyer 13 *entlanggehen, -fahren; (mit jm) in Berührung kommen*
couchailler 3 *Sexualabenteuer haben*
coucher 3 *hinlegen; übernachten; ins Bett legen; auftragen*
couder 3 *umbiegen*
coudoyer 13 *in Berührung kommen*
coudre 86 *nähen*
couillonner 3 *hereinlegen*
couiner 3 *quieken*
couler 3 *fließen*
coulisser 3 *in einer Führung gleiten*
coupailler 3 *unregelmäßig schneiden*
couper 3 *schneiden*
coupler 3 *koppeln*
courbaturer 3 [*altes part. passé* courbatu, -e *noch gebräuchlich*] *erschöpfen; Muskelkater verursachen*
courber 3 *biegen*
courcailler 3 *schlagen (Wachtel)*
courir 45 *laufen, rennen; nachlaufen; flüchtig sein*
couronner 3 *krönen*
courre [*alte Infinitivform von* courir; *noch gebräuchlich beim inf. prés.*] *jagen*
courroucer 16 *erzürnen*
courser 3 *verfolgen*
courtauder 3 *Schwanz, Ohren kupieren*
court-circuiter 3 *kurzschließen*
courtiser 3 *hofieren*
cousiner 3 *mit jm auf vertraulichem Fuß stehen*
coûter 3 *kosten*
couver 3 *brüten*
couvrir 34 *(be)decken*
craboter 3 *verzahnen*
cracher 3 *spucken*
crachiner 3 [*unpersönlich*] *rieseln*
crachoter 3 *häufig spucken; knattern*
crailler 3 *krächzen*
craindre 80 *fürchten*
cramer 3 *an-, abbrennen*
cramponner 3 *(ver)klammern*
crâner 3 *angeben*
cranter 3 *mit Kerben versehen*
crapahuter 3 *in schwierigem Gelände marschieren*
craqueler 24 *rissig machen*
craquer 3 *knirschen, krachen*
craqueter 27 [Littré : **28**] *knistern*
cravacher 3 *peitschen*
cravater 3 *(jm) eine Krawatte umbinden; hereinlegen*
crawler 3 *kraulen*
crayonner 3 *skizzieren*
crécher 18 *wohnen*
crédibiliser 3 *glaubhaft machen*
créditer 3 *gutschreiben*
créer 15 *(er)schaffen; errichten; ins Leben rufen; gründen*
crémer 18 *Rahm ansetzen*
créneler 24 *krenelieren, rändeln*
créner 18 *einkerben*
créosoter 3 *mit Kreosot tränken*
crêper 4 *toupieren*
crépir 32 *verputzen*

crépiter 3 *knistern*
crétiniser 3 *verdummen*
creuser 3 *graben*
crevasser 3 *aufreißen ; rissig machen*
crever 19 *ausstechen ; eingehen ; verrecken*
criailler 3 *kreischen*
cribler 3 *durchlöchern*
crier 10 *schreien*
criminaliser 3 *als Verbrechen einstufen*
crisper 3 *verzerren*
crisser 3 *knirschen*
cristalliser 3 *kristallisieren*
criticailler 3 *nörgeln*
critiquer 3 *kritisieren*
croasser 3 *krächzen*
crocher 3 *mit einem Haken greifen*
crocheter 28 *mit einem Dietrich öffnen*
croire 107 *glauben*
croiser 3 *kreuzen*
croître 93 *wachsen*
croquer 3 *knacken, knabbern*
crosser 3 *mit dem (Golf)Schläger schieben*
crotter 3 *beschmutzen ; scheißen (Tiere)*
crouler 3 *einstürzen ; zusammenbrechen*
croupir 32 *faulig werden ; dahinvegetieren*
croustiller 3 *knusprig sein*
croûter 3 *futtern*
crucifier 9 *kreuzigen*
cuber 3 *den Rauminhalt messen*
cueillir 41 *pflücken*
cuirasser 3 *panzern*
cuire 98 *kochen, backen, braten*
cuisiner 3 *kochen, zubereiten ; ausquetschen*
cuiter (se) 3 *sich besaufen*
cuivrer 3 *verkupfern*
culbuter 3 *umwerfen*
culer 3 *sich rückwärts bewegen*
culminer 3 *den Höhepunkt erreichen*
culotter 3 *(jm) eine Hose anziehen ; anrauchen (Pfeife)*
culpabiliser 3 *Schuldgefühle erzeugen*
cultiver 3 *bestellen, bebauen ; weiterentwickeln*
cumuler 3 *auf sich vereinigen*
curer 3 *reinigen*
cureter 27 *ausschaben*
cuveler 24 *verzimmern*
cuver 3 *gären (Wein) ; Rausch ausschlafen*
cyanoser 3 *Zyanose erzeugen*
cyanurer 3 *mit Blausäure verbinden*
cycliser 3 *zyklisieren*
cylindrer 3 *walzen*

d

dactylographier 9 *mit der Maschine schreiben*
daigner 4 *geruhen, die Güte haben zu*
daller 3 *mit Platten belegen*
damasquiner 3 *tauschieren*
damasser 3 *damastartig weben*
damer 3 *zur Dame machen (Spiel) ; feststampfen*
damner 3 *verdammen*
dandiner (se) 3 *schlenkern, sich in den Hüften wiegen*
danser 3 *tanzen*
darder 3 *werfen (Spieß)*
dater 3 *datieren*
dauber 3 *verleumden*
déambuler 3 *umherschlendern*
déballer 3 *auspacken*
déballonner (se) 3 *kneifen*
débander 3 *einen Verband abnehmen*
débaptiser 3 *umbenennen*
débarbouiller 3 *(das Gesicht) waschen*
débarder 3 *abladen*
débarquer 3 *an Land setzen ; aussteigen*
débarrasser 3 *befreien ; räumen*
débâtir 32 *die Heftfäden herausziehen*
débattre 83 *diskutieren*
débaucher 3 *verführen ; entlassen*
débecter 4 *anwidern*
débiliter 3 *schwächen*
débiner 3 *anschwärzen*
débiter 3 *im kleinen verkaufen ; belasten*
déblatérer 18 *schimpfen*
déblayer 11 *freimachen, aufräumen*
débloquer 3 *lösen, freigeben ; Blech reden*
débobiner 3 *abwickeln*
déboiser 3 *abholzen*
déboîter 3 *verrenken ; Fahrspur wechseln*
débonder 3 *den Zapfen herausziehen*
déborder 3 *überlaufen ; über den Rand hinausgehen ; sprengen ; (Bettuch) herausziehen*
débosseler 24 *ausbeulen*
débotter 3 *Stiefel ausziehen*
déboucher 3 *entkorken ; münden ; aufmachen ; frei machen*
déboucler 3 *aufschnallen*
débouillir 48 *beuchen*
débouler 3 *davonrennen ; herabkullern*
déboulonner 3 *abschrauben*
débouquer 3 *aus einem Kanal herausfahren*
débourber 3 *vom Schlamm reinigen*
débourrer 3 *reinigen (Pfeife)*
débourser 3 *ausgeben*
déboussoler 3 *durcheinander bringen*
débouter 3 *(Klage) abweisen*
déboutonner 3 *aufknöpfen*
débrailler (se) 3 *sich schlampig kleiden ; halb nackt herumlaufen*
débrancher 3 *abschalten*
débrayer 11 *auskuppeln*
débrider 3 *abzäumen*
débrocher 3 *vom Spieß nehmen ; die Broschur entfernen*
débrouiller 3 *entwirren*
débroussailler 3 *Gestrüpp entfernen*
débucher 3 *aufscheuchen*
débudgétiser 3 *umbuchen ; aus dem Haushalt herausnehmen*
débureaucratiser 3 *entbürokratisieren*
débusquer 3 *aufscheuchen*
débuter 3 *anfangen*
décacheter 27 *entsiegeln ; aufmachen*
décadrer 3 *rauben (Bergbau)*
décaisser 4 *auspacken ; der Kasse entnehmen*
décalaminer 3 *entrußen*
décalcifier 9 *Kalk entziehen*
décaler 3 *einen Keil wegnehmen ; verschieben*
décalotter 3 *Eichel freimachen*
décalquer 3 *(durch)pausen*
décamper 3 *abhauen*
décaniller 3 *sich davonmachen*
décanter 3 *(ab)klären*
décapeler 24 *Tau abnehmen, kappen*
décaper 3 *scheuern, (ab)beizen*
décapiter 3 *enthaupten*
décapoter 3 *das Verdeck aufklappen*
décapsuler 3 *öffnen (Flasche)*
décarbonater 3 *Kohlensäure entziehen*
décarburer 3 *entkohlen*
décarcasser (se) 3 *sich abrackern*
décarreler 24 *Fliesen abnehmen*
décatir 32 *krumpfen ; altern*
décavaillonner 3 *im Weinberg pflügen*
décéder 18 [*mit* être] *sterben*
déceler 25 *aufdecken, feststellen*
décélérer 18 *verlangsamen*
décentraliser 3 *dezentralisieren*
décentrer 3 *dezentrieren*
décercler 3 *Reifen, Ringe abnehmen*
décérébrer 18 *Großhirn ausschalten*
décerner 3 *verleihen ; erlassen*
décerveler 24 *Hirn entfernen*

décevoir 52 *enttäuschen*
déchaîner 4 *losketten, entfesseln*
déchanter 3 *zurückstecken ; klein beigeben*
déchaperonner 3 *(dem Falken) die Haube abnehmen*
décharger 17 *ab-, entladen ; befreien ; entlasten*
déchaumer 3 *umpflügen*
déchausser 3 *Schuhe ausziehen ; freilegen*
déchiffonner 3 *glattstreichen*
déchiffrer 3 *entziffern ; entschlüsseln ; erraten*
déchiqueter 27 *zerfetzen*
déchirer 3 *zerreißen*
déchlorurer 3 *Chlorid entziehen*
déchoir 71 *verlustig werden, herunterkommen*
déchristianiser 3 *dem Christentum entfremden*
décider 3 *entscheiden ; (jn) veranlassen zu*
décimaliser 3 *auf das Dezimalsystem umstellen*
décimer 3 *dezimieren*
décintrer 3 *einen Lehrbogen wegnehmen*
déclamer 3 *deklamieren*
déclarer 3 *erklären*
déclasser 3 *herabsetzen ; zurückstufen ; in Unordnung bringen*
déclaveter 27 *loskeilen*
déclencher 3 *auslösen*
décliner 3 *bergab gehen, deklinieren ; ablehnen*
déclinquer 3 *demolieren, entklinkern*
décliqueter 27 *ausklinken, auslösen*
décloisonner 3 *Trennwände abmachen*
déclouer 3 *Nägel ziehen*
décocher 3 *abschießen ; versetzen (Schlag)*
décoder 3 *dekodieren*
décoffrer 3 *ausschalen*
décoiffer 3 *das Haar in Unordnung bringen*
décoincer 16 *losmachen*
décolérer 18 *nicht mehr wütend sein*
décoller 3 *ablösen ; starten, abheben*
décolleter 27 *mit einem Dekolleté versehen ; abstechen ; köpfen*
décoloniser 3 *entkolonisieren*
décolorer 3 *entfärben*
décommander 3 *abbestellen*
décomplexer 4 *von Komplexen befreien*
décomposer 3 *zersetzen, zerlegen*
décompresser 4 *entspannen*
décomprimer 3 *Druck wegnehmen*
décompter 3 *abziehen (Geld)*
déconcentrer 3 *ablenken*
déconcerter 3 *verwirren*
déconditionner 3 *von Beeinflussung befreien*
décongeler 25 *auftauen*
décongestionner 3 *entlasten ; den Blutandrang herabmindern*
déconnecter 4 *abklemmen*
déconner 3 *Scheiße reden/bauen*
déconseiller 4 *abraten*
déconsidérer 18 *in Verruf bringen*
déconsigner 3 *Ausgangsverbot aufheben ; Gepäck abholen*
décontaminer 3 *entseuchen*
décontenancer 16 *aus der Fassung bringen*
décontracter 3 *entspannen*
déconventionner 3 *eine Vereinbarung aufheben*
décorder (se) 3 *sich von einer Seilschaft losbinden*
décorer 3 *schmücken*
décorner 3 *Hörner entfernen*
décortiquer 3 *schälen*
découcher 3 *nicht zu Hause schlafen*
découdre 86 *(Naht) auftrennen*
découler 3 *sich ergeben aus*
découper 3 *aufschneiden ; zerlegen ; tranchieren*
découpler 3 *ab-, loskoppeln*
décourager 17 *entmutigen*
découronner 3 *entthronen*
découvrir 34 *entdecken*
décrasser 3 *reinigen*
décrêper 4 *entkräuseln*
décrépir 32 *Putz abkratzen*
décrépiter 3 *verpuffen, dekrepitieren*
décréter 18 *verordnen ; beschließen*
décreuser 3 *entbasten*
décrier 10 *in Verruf bringen*
décrire 99 *beschreiben*
décrisper 3 *entspannen*
décrocher 3 *loshaken ; abnehmen*
décroiser 3 *aus der Verschränkung lösen*
décroître 94 *abnehmen, nachlassen*
décrotter 3 *vom Schmutz säubern*
décrypter 3 *entschlüsseln*
décuivrer 3 *entkupfern*
déculasser 3 *Verschluß herausnehmen*
déculotter 3 *Hose ausziehen*
déculpabiliser 3 *(jm) Schuldgefühl abnehmen*
décupler 3 *verzehnfachen*
décuver 3 *ablassen*
dédaigner 4 *verachten*
dédicacer 16 *mit einer Widmung versehen*
dédier 9 *widmen, weihen*
dédifférencier (se) 9 *sich vereinfachen*
dédire (se) 103 *widerrufen ; absagen*
dédommager 17 *entschädigen*
dédorer 3 *entgolden*
dédouaner 3 *verzollen*
dédoubler 3 *Futter heraustrennen ; halbieren*
dédramatiser 3 *entdramatisieren*
déduire 98 *abziehen ; ableiten*
défaillir 47 *in Ohnmacht fallen*
défaire 109 *abmachen*
défalquer 3 *abziehen*
défatiguer 3 [*alle Formen mit* gu] *aufmuntern*
défaufiler 3 *Heftfäden ziehen*
défausser 3 *geradebiegen*
défavoriser 3 *benachteiligen*
défendre 73 *verbieten ; verteidigen*
défenestrer 3 *aus dem Fenster stoßen*
déféquer 18 *Stuhlgang haben*
déférer 18 *vor Gericht bringen ; beipflichten ; sich (js Entscheidung) unterwerfen*
déferler 3 *Segel setzen ; branden*
déferrer 4 *Eisenbeschläge entfernen*
défeuiller 5 *entblättern*
défibrer 3 *zerfasern*
déficeler 24 *aufschnüren*
défier 9 *herausfordern*
défigurer 3 *entstellen*
défiler 3 *vorbeimarschieren*
définir 32 *definieren ; festlegen ; bestimmen ; beschreiben*
déflagrer 3 *verpuffen ; explodieren*
défleurir 32 *verblühen*
déflorer 3 *entjungfern*
défolier 9 *entlauben*
défoncer 16 *einschlagen, beschädigen*
déforcer 16 *die Position von einer Person schwächen*
déformer 3 *verformen, entstellen*
défouler (se) 3 *sich abreagieren*
défourner 3 *aus dem Ofen nehmen*
défraîchir 32 *verblassen, die Frische nehmen*
défrayer 11 *js Kosten übernehmen*
défricher 3 *urbar machen*
défriper 3 *glattstreichen*
défriser 3 *die Frisur verderben ; ärgern*
défroisser 3 *glattstreichen*
défroncer 16 *Falten glattmachen*

défroquer 3 *die Kutte ablegen*
défruiter 3 *Fruchtgeschmack entziehen*
dégager 17 *befreien ; räumen ; frei setzen, abgeben ; herausarbeiten*
dégainer 4 *aus der Scheide ziehen*
déganter (se) 3 *Handschuhe ausziehen*
dégarnir 32 *abräumen ; entblößen*
dégasoliner 3 *Gas Kohlenwasserstoff entziehen*
dégauchir 32 *geradebiegen*
dégazer 3 *entgasen*
dégazoliner 3 *Gas Kohlenwasserstoff entziehen*
dégazonner 3 *Rasendecke abnehmen*
dégeler 25 *auftauen*
dégénérer 18 *degenerieren*
dégermer 3 *entkeimen*
dégivrer 3 *abtauen*
déglacer 16 *ablöschen (beim Kochen)*
déglinguer 3 [*alle Formen mit* gu] *kaputtmachen*
dégluer 3 *vom Leim befreien*
déglutir 32 *schlucken*
dégobiller 3 *kotzen*
dégoiser 3 *schwatzen*
dégommer 3 *degummieren ; feuern*
dégonfler 3 *Luft ablassen*
dégorger 17 *überlaufen, spülen, ausspülen*
dégot(t)er 3 *auftreiben*
dégouliner 3 *tröpfeln, triefen*
dégoupiller 3 *entsichern*
dégourdir 32 *lockern, wärmen ; gewandter machen*
dégoûter 3 *anekeln*
dégoutter 3 *(herab)tropfen*
dégrader 3 *degradieren ; beschädigen*
dégrafer 3 *aufhaken*
dégraisser 4 *entfetten*
dégréer 15 *abtakeln*
dégrever 19 *von Steuern entlasten*
dégringoler 3 *herunterpurzeln*
dégriser 3 *ernüchtern*
dégrossir 32 *grob bearbeiten*
dégrouiller (se) 3 *sich beeilen*
dégrouper 3 *neu gruppieren*
déguerpir 32 *abhauen*
dégueuler 5 *kotzen*
déguiser 3 *verkleiden*
dégurgiter 3 *wiedergeben*
déguster 3 *kosten, probieren*
déhaler 3 *verholen*
déhancher (se) 3 *sich in den Hüften wiegen*
déharnacher 3 *abschirren*
déhouiller 3 *abbauen (Kohle)*
déifier 9 *zum Gott erheben*
déjanter 3 *(Reifen) abmontieren*
déjauger 17 *über die Wasserlinie hochkommen*
déjeter 27 *krümmen*
déjeuner 5 *zu Mittag essen, frühstücken*
déjouer 6 *vereiteln*
déjucher 3 *von der Stange aufjagen (Geflügel)*
déjuger (se) 17 *seine Meinung ändern*
délabrer 3 *verfallen lassen*
délacer 16 *aufschnüren*
délainer 4 *Wolle lösen*
délaisser 4 *verlassen ; vernachlässigen*
délaiter 4 *Butter auskneten*
délasser 3 *entspannen*
délaver 3 *verwischen ; aufweichen*
délayer 11 *anrühren*
délecter (se) 4 *sich ergötzen ; (an etwas) Gefallen finden*
déléguer 18 *übertragen ; abordnen*
délester 3 *Ballast abwerfen*
délibérer 18 *beraten*
délier 9 *losbinden*
délimiter 3 *abgrenzen*
délirer 3 *phantasieren*
déliter 3 *Steine senkrecht zur Schichtung stellen*
délivrer 3 *befreien*
déloger 17 *ausquartieren*
délustrer 3 *den Glanz beseitigen*
déluter 3 *den Kitt entfernen*
démagnétiser 3 *entmagnetisieren*
démaigrir 32 *dünner machen*
démailler 3 *(Maschen) aufziehen*
démailloter 3 *(Säugling) auswickeln*
démancher 3 *den Stiel abmachen*
demander 3 *fragen ; (er)bitten ; ersuchen ; verlangen*
démanger 17 *jucken*
démanteler 25 *schleifen (Festung)*
démantibuler 3 *kaputtmachen*
démaquiller 3 *abschminken*
démarier 9 *verziehen (Pflanzen)*
démarquer 3 *das Markenzeichen entfernen*
démarrer 3 *in Gang bringen ; anfahren*
démascler 3 *männlichen Kork abschälen*
démasquer 3 *demaskieren, entlarven*
démastiquer 3 *den Kitt entfernen*
démâter 3 *entmasten*
démêler 4 *entwirren*
démembrer 3 *zergliedern ; aufteilen*
déménager 17 *umziehen*
démener (se) 19 *toben ; sich abrackern*
démentir 37 *dementieren*
démerder (se) 3 *sich durchschlagen*
démériter 3 *an Ansehen verlieren*
démettre 84 *verrenken*
démeubler 5 *(Zimmer) ausräumen*
demeurer 5 [*mit* être *oder* avoir] *bleiben ; wohnen*
démieller 4 *Honig herausnehmen*
démilitariser 3 *entmilitarisieren*
déminer 3 *entminen*
déminéraliser 3 *Mineralien entziehen*
démissionner 3 *zurücktreten*
démobiliser 3 *demobilisieren*
démocratiser 3 *demokratisieren*
démoder (se) 3 *aus der Mode kommen*
démoduler 3 *entmodulieren*
démolir 32 *niederreißen*
démonétiser 3 *(Geld) aus dem Verkehr ziehen*
démonter 3 *abmontieren*
démontrer 3 *beweisen*
démoraliser 3 *entmutigen*
démordre 76 *aufgeben, ablassen*
démotiver 3 *entmotivieren*
démouler 3 *aus der Form nehmen*
démoustiquer 3 *von Mücken befreien*
démultiplier 10 *untersetzen*
démunir 32 *wegnehmen, berauben*
démuseler 24 *den Maulkorb abnehmen*
démutiser 3 *(einen Stummen) sprechen lehren*
démystifier 9 *Schwindel aufdecken*
démythifier 9 *entmythisieren*
dénantir 32 *Pfand wegnehmen*
dénasaliser 3 *entnasalisieren*
dénationaliser 3 *reprivatisieren*
dénaturaliser 3 *ausbürgern*
dénaturer 3 *verändern, entarten*
dénazifier 9 *entnazifizieren*
dénébuler 3 *entnebeln*
déneiger 23 *Schnee räumen*
déniaiser 4 *aufklären*
dénicher 3 *aus dem Nest nehmen, ausfindig machen*
dénicotiniser 3 *Nikotin entziehen*
dénier 9 *(ab)leugnen*
dénigrer 3 *anschwärzen*
dénitrifier 9 *denitrifizieren*
déniveler 24 *uneben machen*
dénombrer 3 *(auf)zählen*
dénommer 3 *benennen*
dénoncer 16 *anzeigen*

dénoter 3 *auf etwas hindeuten*
dénouer 6 *aufknüpfen*
dénoyauter 3 *entkernen*
dénoyer 13 *sümpfen ; entwässern*
densifier 9 *verdichten, komprimieren*
denteler 24 *auszacken*
dénucléariser 3 *atomfreie Zonen schaffen*
dénuder 3 *entblößen*
dénuer 7 *berauben*
dépailler 3 *den Strohsitz herausnehmen (Stuhl)*
dépalisser 3 *vom Spalier lösen*
dépanner 3 *Panne beheben*
dépaqueter 27 *auspacken*
dépareiller 4 *unvollständig machen*
déparer 3 *verunstalten*
déparier 9 *auseinanderreißen*
départager 17 *den Ausschlag geben*
départementaliser 3 *in ein Departement umwandeln*
départir 43/32 [*mit* avoir ; *nach der* Académie **43,** *nach dem Sprachgebrauch* **32**] *anvertrauen*
dépasser 3 *überholen*
dépassionner 3 *entschärfen*
dépatouiller (se) 3 *sich zu helfen wissen*
dépaver 3 *Straßenpflaster aufreißen*
dépayser 3 *entfremden, Gefühl der Fremdheit geben*
dépecer 29 *zerreißen*
dépêcher 4 *eilig abschicken*
dépeigner 4 *Haare in Unordnung bringen*
dépeindre 81 *beschreiben*
dépénaliser 3 *einen Straftatbestand aufheben*
dépendre 73 *abhängen*
dépenser 3 *ausgeben*
dépérir 32 *verkümmern, zugrunde gehen*
dépersonnaliser 3 *unpersönlich machen*
dépêtrer 4 *befreien ; heraushelfen*
dépeupler 5 *entvölkern*
déphaser 3 *(in Phase) verschieben*
déphosphorer 3 *Phosphor entziehen*
dépiauter 3 *enthäuten*
dépiler 3 *enthaaren ; Pfeiler abbauen*
dépiquer 3 *auspflanzen ; entkörnen*
dépister 3 *auf die Spur kommen ; feststellen*
dépiter 3 *verärgern*
déplacer 16 *verstellen, verrücken*
déplafonner 3 *obere Grenze anheben (Kredit)*
déplaire 110 *mißfallen*
déplanter 3 *umpflanzen*
déplâtrer 3 *Gips abnehmen*
déplier 10 *entfalten*
déplisser 3 *glätten*
déplomber 3 *Plombe herausnehmen*
déplorer 3 *bedauern*
déployer 13 *ausbreiten*
déplumer (se) 3 *sich mausern ; Haare verlieren*
dépoétiser 3 *realistisch sehen*
dépointer 3 *von der Richtstellung rücken*
dépolariser 3 *depolarisieren*
dépolir 32 *mattschleifen*
dépolitiser 3 *entpolitisieren*
dépolluer 7 *(Wasser) klären ; reinigen*
déporter 3 *deportieren*
déposer 3 *absetzen ; niederlegen, deponieren*
déposséder 18 *enteignen*
dépoter 3 *umtopfen*
dépouiller 3 *enthäuten, berauben*
dépoussiérer 18 *abstauben*
dépraver 3 *verderben*
déprécier 9 *heruntermachen, entwerten*
déprendre (se) 79 *sich losmachen*
dépressuriser 3 *Druckausgleich abstellen*
déprimer 3 *deprimieren*
déprogrammer 3 *umprogrammieren*
dépuceler 24 *entjungfern*
dépulper 3 *Fruchtfleisch entnehmen*
dépurer 3 *reinigen ; klären*
députer 3 *abordnen*
déqualifier 9 *herunterstufen*
déraciner 3 *entwurzeln*
dérader 3 *von der Reede ablegen*
dérager 17 *sich beruhigen*
dérailler 3 *entgleisen*
déraisonner 3 *faseln*
déranger 17 *stören*
déraper 3 *abrutschen ; schleudern ; abgleiten*
déraser 3 *niedriger machen*
dératiser 3 *Ratten vertilgen*
dérayer 11 *Grenzfurche ziehen*
déréaliser 3 *der Realität entfremden*
dérégler 18 *stören*
dérider 3 *aufheitern*
dériver 3 *ableiten ; abtreiben*
dérober 3 *stehlen*
dérocher 3 *von Felsen befreien ; abbeizen (Metall)*
déroger 17 *zuwiderhandeln*
dérouiller 3 *entrosten*
dérouler 3 *abrollen*
dérouter 3 *irreführen*
désabonner 3 *Abonnement abbestellen*
désabuser 3 *(jm) die Augen öffnen*
désaccorder 3 *verstimmen*
désaccoupler 3 *auskoppeln*
désaccoutumer 3 *entwöhnen*
désacraliser 3 *den sakralen Charakter nehmen*
désactiver 3 *entaktivieren*
désaffecter 4 *zweckentfremden*
désagréger 22 *zersetzen*
désaimanter 3 *entmagnetisieren*
désaliéner 18 *befreien*
désaltérer 18 *den Durst löschen*
désamidonner 3 *die Stärke entfernen (Wäsche)*
désamorcer 16 *entschärfen*
désapparier 9 *auseinanderreißen*
désappointer 3 *enttäuschen*
désapprendre 79 *verlernen*
désapprouver 3 *mißbilligen*
désapprovisionner 3 *die Vorräte berauben*
désarçonner 3 *aus dem Sattel werfen*
désargenter 3 *die Versilberung entfernen*
désarmer 3 *entwaffnen*
désarrimer 3 *umstauen, verschieben*
désarticuler 3 *ausrenken*
désassembler 3 *auseinandernehmen*
désassimiler 3 *ausscheiden, abbauen (Stoffwechsel)*
désatelliser 3 *aus der Umlaufbahn bringen*
désavantager 17 *benachteiligen*
désavouer 6 *widerrufen ; leugnen*
désaxer 3 *versetzen ; die Achse verlagern*
desceller 4 *entsiegeln, herausreißen*
descendre 73 [*mit* être *oder* avoir] *herabsteigen ; hinuntergehen, -fahren, -fließen ; aussteigen ; hinunterbringen, -tragen*
déscolariser 3 *aus der Schule nehmen*
déséchouer 6 *wieder flottmachen*
désembourgeoiser 3 *den bourgeoisen Charakter nehmen*
désembouteiller 4 *(Verkehr) entlasten*
désemparer 3 *manövrierunfähig machen*
désemplir 32 *leer werden*
désencadrer 3 *aus dem Rahmen nehmen*
désenchaîner 4 *Ketten abnehmen*

désenchanter 3 *ernüchtern*
désenclaver 3 *an den Verkehr anschließen*
désencoller 3 *Appretur entfernen*
désencombrer 3 *aufräumen, entlasten*
désenflammer 3 *Entzündung hemmen*
désenfler 3 *abschwellen*
désenfumer 3 *Rauch entfernen*
désengager 17 *von einer Verpflichtung entbinden*
désengorger 17 *freimachen, ablaufen lassen*
désengrener 19 *auskuppeln, ausrücken*
désenivrer 3 *ernüchtern*
désennuyer 14 *unterhalten, zerstreuen*
désenrayer 11 *Ladehemmung beseitigen*
désensabler 3 *von Sand befreien*
désensibiliser 3 *desensibilisieren*
désensimer 3 *entfetten*
désensorceler 24 *entzaubern*
désentoiler 3 *Leinwand entfernen*
désentortiller 3 *aus-, abwickeln ; entwirren*
désentraver 3 *Fesseln abnehmen*
désenvaser 3 *entschlammen*
désenvelopper 3 *auswickeln*
désenvenimer 3 *entgiften*
désépaissir 32 *ver-, ausdünnen*
déséquilibrer 3 *aus dem Gleichgewicht bringen*
déserter 3 *desertieren ; verlassen*
désespérer 18 *verzweifeln*
désétatiser 3 *verprivatisieren*
désexciter 3 *entregen*
déshabiller 3 *ausziehen*
déshabituer 7 *entwöhnen*
désherber 3 *jäten*
déshériter 3 *enterben*
déshonorer 3 *entehren*
déshuiler 3 *entölen*
déshumaniser 3 *enthumanisieren*
déshumidifier 9 *entfeuchten*
déshydrater 3 *das Wasser entziehen*
déshydrogéner 18 *dehydrieren*
désigner 3 *zeigen ; benennen*
désillusionner 3 *die Illusionen nehmen*
désincruster 3 *Belag lösen*
désinfecter 4 *desinfizieren*
désintégrer 18 *zerstören ; spalten*
désintéresser 4 *abfinden, entschädigen*
désintoxiquer 3 *entgiften*
désinvestir 32 *Investitionstätigkeit einstellen*
désirer 3 *wünschen*
désister (se) 3 *verzichten, zurücktreten*
désobéir 32 *nicht gehorchen*
désobliger 17 *beleidigen ; unfreundlich begegnen*
désobstruer 3 *Verstopfung beheben ; freimachen*
désodoriser 3 *desodorieren*
désoler 3 *betrüben*
désolidariser (se) 3 *nicht mehr solidarisch sein*
désoperculer 3 *den Wachsdeckel entfernen*
désorganiser 3 *desorganisieren*
désorienter 3 *verwirren*
désosser 3 *Fleisch von den Knochen lösen*
désoxyder 3 *desoxydieren*
désoxygéner 18 *Sauerstoff entziehen*
desquamer 3 *abschuppen*
dessabler 3 *vom Sand befreien*
dessaisir 32 *für nicht zuständig erklären (Gericht)*
dessaler 3 *entsalzen*
dessangler 3 *Gurt lösen*
dessaouler 3 *nüchtern werden/machen*
dessécher 18 *austrocknen*
desseller 4 *absatteln*
desserrer 4 *aufschnüren*
dessertir 32 *aus der Fassung nehmen (Steine)*
desservir 38 *abdecken ; verkehren, fahren*
dessiller 3 *jm die Augen öffnen*
dessiner 3 *zeichnen*
dessoler 3 *die Fruchtfolge ändern*
dessouder 3 *loslöten*
dessoûler 3 *nüchtern werden/machen*
dessuinter 3 *entfetten (Wolle)*
déstabiliser 3 *entstabilisieren*
déstaliniser 3 *entstalinisieren*
destiner 3 *bestimmen*
destituer 7 *entheben ; absetzen*
déstocker 3 *Lagerbestände auflösen*
déstructurer 3 *destrukturieren ; Struktur auflösen*
désulfiter 3 *entschwefeln (Wein)*
désulfurer 3 *entschwefeln*
désunir 32 *entzweien*
désurchauffer 3 *heißdampfkühlen*
désynchroniser 3 *desynchronisieren*
détacher 3 *trennen ; lösen ; Fleck entfernen ; abordnen*
détailler 3 *einzeln verkaufen ; im einzelnen erörtern ; detaillieren*
détaler 3 *verduften, abhauen*
détalonner 3 *hinterschleifen, -drehen*
détartrer 3 *Kesselstein entfernen*
détaxer 3 *Gebühren aufheben*
détecter 4 *auffinden*
déteindre 81 *abfärben*
dételer 24 *ausspannen (Pferde)*
détendre 73 *entspannen*
détenir 40 [*mit* avoir] *behalten ; bewahren*
déterger 17 *reinigen*
détériorer 3 *beschädigen ; verschlechtern*
déterminer 3 *bestimmen ; festsetzen*
déterrer 4 *ausgraben*
détester 3 *hassen*
détirer 3 *auseinanderziehen*
détoner 3 *detonieren, explodieren*
détonner 3 *vom Ton abweichen, nicht passen*
détordre 76 *auseinanderdrehen*
détortiller 3 *aufwickeln*
détourer 3 *freistellen (Foto)*
détourner 3 *ablenken, entführen*
détoxiquer 3 *entgiften*
détraquer 3 *kaputtmachen ; verderben*
détremper 3 *aufweichen*
détromper 3 *eines Besseren belehren*
détrôner 3 *entthronen ; verdrängen*
détrousser 3 *ausplündern*
détruire 98 *zerstören*
dévaler 3 *herunterstürzen*
dévaliser 3 *(aus)plündern*
dévaloriser 3 *entwerten*
dévaluer 7 *abwerten*
devancer 16 *vorangehen ; zuvorkommen*
dévaster 3 *verwüsten*
développer 3 *entwickeln*
devenir 40 [*mit* être] *werden*
dévergonder (se) 3 *ein ausschweifendes Leben führen*
dévernir 32 *Firnis entfernen*
déverrouiller 3 *entriegeln*
déverser 3 *fließen lassen*
dévêtir 44 *ausziehen*
dévider 3 *abwickeln, haspeln*
dévier 9 *umleiten ; abweichen*
deviner 3 *raten*
dévirer 3 *wenden (beim Segeln)*
dévisager 17 *anstarren*
deviser 3 *plaudern*
dévisser 3 *aufschrauben*
dévitaliser 3 *abtöten*
dévitrifier 9 *entglasen*
dévoiler 3 *enthüllen*
devoir 53 *müssen, sollen ; schulden ; dürfen*
dévorer 3 *verschlingen*
dévouer (se) 6 *sich (auf)opfern*
dévoyer 13 *vom rechten Weg abbringen*

diagnostiquer 3 *diagnostizieren*
diagonaliser 3 *die Matrix aus ihrer Diagonale errechnen*
dialectiser 3 *dialektisch argumentieren, interpretieren*
dialoguer 3 [*alle Formen mit* gu] *in Dialogform bringen ; sich unterhalten*
dialyser 3 *dialysieren*
diaphragmer 3 *abblenden*
diaprer 3 *buntfarbig machen ; blümen*
dicter 3 *diktieren*
diffamer 3 *verleumden*
différencier 9 *differenzieren*
différentier 9 *ableiten*
différer 18 *verschieben*
diffracter 3 *beugen (Wellen)*
diffuser 3 *verbreiten ; senden ; streuen*
digérer 18 *verdauen*
dilacérer 18 *zerreißen*
dilapider 3 *verschwenden*
dilater 3 *(aus)dehnen*
diluer 7 *verdünnen*
dimensionner 3 *Maße festlegen*
diminuer 7 *vermindern*
dîner 3 *zu Abend essen*
dinguer 3 [*alle Formen mit* gu] *(jn) abblitzen lassen*
diphtonguer 3 [*alle Formen mit* gu] *diphtongieren*
dire 102 *sagen ; heißen, bedeuten ; angeben ; aussprechen*
diriger 17 *leiten, dirigieren, führen*
discerner 3 *erkennen ; unterscheiden*
discipliner 3 *disziplinieren*
discontinuer 7 *unterbrechen*
disconvenir 40 [*mit* avoir] *leugnen*
discourir 45 *lang und breit reden*
discréditer 3 *in Verruf bringen*
discriminer 3 *diskriminieren ; unterscheiden*
disculper 3 *für unschuldig erklären*
discutailler 3 *palavern*
discuter 3 *diskutieren*
disgracier 9 *(jm) seine Gunst entziehen*
disjoindre 82 *trennen*
disloquer 3 *auseinanderbrechen*
disparaître 91 [*mit* avoir *oder* être] *verschwinden*
dispenser 3 *befreien ; erteilen*
disperser 3 *zerstreuen*
disposer 3 *anordnen ; verfügen*
disputer 3 *streitig machen, ausschimpfen*
disqualifier 9 *disqualifizieren*
disséminer 3 *zerstreuen, verbreiten*
disséquer 18 *sezieren*
disserter 3 *abhandeln*
dissimuler 3 *verbergen*
dissiper 3 *vertreiben ; verschwenden*
dissocier 9 *trennen*
dissoner 3 *mißtönen*
dissoudre 87 *auflösen*
dissuader 3 *ausreden*
distancer 16 *distanzieren*
distancier (se) 9 *Abstand nehmen*
distendre 73 *ausdehnen*
distiller 3 *destillieren*
distinguer 3 [*alle Formen mit* gu] *unterscheiden, auszeichnen*
distordre 76 *verrenken*
distraire 112 *ablenken*
distribuer 7 *aus-, verteilen*
divaguer 3 *phantasieren*
diverger 17 *auseinanderlaufen, -gehen*
diversifier 9 *vielseitiger gestalten*
divertir 32 *unterhalten*
diviniser 3 *zum Gott erheben*
diviser 3 *teilen*
divorcer 16 *sich scheiden lassen*
divulguer 3 [*alle Formen mit* gu] *verbreiten, bekanntmachen*
documenter 3 *dokumentieren, informieren*
dodeliner 3 *hin und her wiegen*
dogmatiser 3 *sich in einem dogmatischen Ton äußern*
doigter 3 *mit dem Fingersatz bezeichnen*
domestiquer 3 *zähmen*
domicilier 9 *ansiedeln ; domizilieren*
dominer 3 *beherrschen*
dompter 3 *bezähmen*
donner 3 *geben*
doper 3 *dopen*
dorer 3 *vergolden*
dorloter 3 *verhätscheln*
dormir 36 *schlafen*
doser 3 *dosieren*
doter 3 *ausstatten ; Aussteuer mitgeben*
doubler 3 *verdoppeln ; überholen ; füttern ; synchronisieren ; hintergehen*
doucher 3 *(ab)duschen*
doucir 32 *polieren*
douer 6 *begaben*
douter 3 *an-, bezweifeln*
drageonner 3 *Wurzelschößlinge treiben*
draguer 3 *baggern ; (jn) « anmachen »*
drainer 4 *dränieren*
dramatiser 3 *dramatisieren*
draper 3 *umhüllen, drapieren*
dresser 4 *aufstellen, -richten ; dressieren*
dribbler 3 *dribbeln*
driver 3 *treibschlagen*
droguer 3 *(zu)viele Medikamente geben*
drosser 3 *abtreiben (Schiff)*
dudgeonner 3 *Rohre einwalzen*
dulcifier 9 *süßen*
duper 3 *betrügen*
duplexer 4 *duplieren, auf Duplexbetrieb stellen*
dupliquer 3 *duplizieren, auf Duplexbetrieb stellen*
durcir 32 *(er)härten*
durer 3 *dauern*
duveter (se) 27 *einen Flaum bilden*
dynamiser 3 *dynamisieren*
dynamiter 3 *mit Dynamit sprengen*

e

ébahir 32 *in Erstaunen setzen*
ébarber 3 *abschneiden, abgraten*
ébattre (s') 83 *herumtollen*
ébaucher 3 *entwerfen*
ébavurer 3 *abgraten*
éblouir 32 *blenden*
éborgner 3 *ein Auge ausschlagen*
ébouillanter 3 *abbrühen*
ébouler 3 *zum Einsturz bringen*
ébourgeonner 3 *Triebe ausbrechen*
ébouriffer 3 *das Haar zerzausen*
ébourrer 3 *enthaaren*
ébouter 3 *abschneiden ; schopfen*
ébrancher 3 *abästen*
ébranler 3 *erschüttern*
ébraser 3 *ausschrägen*
ébrécher 18 *anschlagen ; schartig machen*
ébrouer (s') 3 *sich schütteln*
ébruiter 3 *ausplaudern*
écailler 3 *abschuppen*
écaler 3 *schälen*
écanguer 3 [*alle Formen mit* gu] *schwingen (Flachs)*
écarquiller 3 *aufsperren, spreizen*
écarteler 25 *vierteilen*
écarter 3 *auseinandermachen ; zur Seite rücken ; zurückweisen, ablehnen ; entfernen*
échafauder 3 *(auf)stapeln ; aufstellen*
échalasser 3 *anpfählen*
échancrer 3 *ausschneiden*
échanger 17 *wechseln ; um-, austauschen*
échantillonner 3 *eichen ; auswählen ; Proben zusammenstellen*
échapper 3 *entwischen ; entrinnen ; entfallen ; entgleiten*

échardonner 3 *von Disteln befreien*
écharner 3 *abschaben ; entfleischen*
écharper 3 *verstümmeln*
échauder 3 *verbrühen*
échauffer 3 *erwärmen*
échelonner 3 *staffeln*
écheniller 3 *Raupen ablesen*
écheveler 24 *das Haar zerzausen*
échiner (s') 3 *sich abrackern*
échoir 70 [*mit* être *oder* avoir] *zuteil werden*
échopper 3 *mit der Radiernadel bearbeiten*
échouer 6 *scheitern ; auf Grund setzen*
écimer 3 *(Baum) köpfen*
éclabousser 3 *bespritzen*
éclaircir 32 *an-, erhellen ; aufklären*
éclairer 4 *beleuchten*
éclater 3 *(zer)platzen ; knallen ; losbrechen ; zerspringen ; ausbrechen*
éclipser 3 *verfinstern*
éclisser 3 *schienen*
éclore 113 [*mit* être *oder* avoir] *ausschlüpfen ; aufblühen*
écluser 3 *durchschleusen ; saufen*
écobuer 7 *abschwenden*
écœurer 5 *anekeln*
éconduire 98 *abweisen*
économiser 3 *sparen*
écoper 3 *(Wasser) ausschöpfen ; Krach bekommen*
écorcer 16 *entrinden*
écorcher 3 *enthäuten ; aufschürfen ; schlecht sprechen (Sprache) ; ausnehmen*
écorner 3 *anschlagen, beschädigen*
écosser 3 *enthülsen*
écouler 3 *absetzen*
écourter 3 *(ab)kürzen*
écouter 3 *(zu)hören ; auf jn hören*
écrabouiller 3 *zermatschen*
écraser 3 *zerdrücken ; überfahren*
écrémer 18 *abrahmen*
écrêter 4 *schröpfen ; begrenzen ; tiefer legen*
écrier (s') 10 *ausrufen*
écrire 99 *schreiben*
écrivailler 3 *hin-, zusammenschmieren*
écrouer 3 *einsperren*
écrouir 32 *kalthämmern*
écrouler (s') 3 *einstürzen*
écroûter 3 *entrinden (Brot)*
écuisser 3 *zersplittern (Baum)*
écumer 3 *(ab)schäumen*
écussonner 3 *okulieren*
édenter 3 *Zähne abbrechen*
édicter 3 *verordnen*
édifier 9 *er-, aufbauen*
éditer 3 *herausgeben*
édulcorer 3 *versüßen ; abschwächen*
éduquer 3 *erziehen*
éfaufiler 3 *auszupfen (Fäden)*
effacer 16 *ab-, verwischen ; löschen ; streichen*
effaner 3 *welke Blätter abschneiden*
effarer 3 *verwirren*
effaroucher 3 *verscheuchen, einschüchtern*
effectuer 7 *aus-, durchführen*
efféminer 3 *verweichlichen*
effeuiller 5 *entlauben*
effiler 3 *auszupfen ; effilieren*
effilocher 3 *zerzupfen ; zerfasern*
effleurer 5 *streifen ; flüchtig berühren*
effondrer 3 *umgraben*
efforcer (s') 16 *sich bemühen*
effranger 17 *ausfransen*
effrayer 11 *erschrecken*
effriter 3 *brüchig machen*
égailler (s') 3 *sich zerstreuen*
égaler 3 *gleich sein, gleichen*
égaliser 3 *aus-, angleichen*
égarer 3 *fehlleiten ; verlegen*
égayer 11 *aufheitern*
égorger 17 *Kehle durchschneiden*
égosiller (s') 3 *sich heiser schreien*
égoutter 3 *abtropfen lassen*
égrainer 4 *auskörnen*
égratigner 3 *(zer-, auf)kratzen*
égrener 19 *auskörnen*
égriser 3 *(ab)schleifen*
égruger 17 *zerstampfen, zerstoßen*
éjaculer 3 *ejakulieren*
éjecter 4 *(hin)auswerfen*
élaborer 3 *aus-, durcharbeiten*
élaguer 3 [*alle Formen mit* gu] *auslichten (Baum)*
élancer 16 *stechende Schmerzen verursachen*
élargir 32 *erweitern*
électrifier 9 *elektrifizieren*
électriser 3 *elektrisieren*
électrocuter 3 *durch elektrischen Strom töten*
électrolyser 3 *elektrolysieren*
élever 19 *errichten ; erhöhen ; großziehen ; züchten*
élider 3 *elidieren*
élimer 3 *abnutzen*
éliminer 3 *aussondern ; ausscheiden ; beseitigen*
élinguer 3 [*alle Formen mit* gu] *eine Schlinge legen*
élire 106 *wählen*
éloigner 3 *entfernen*
élucider 3 *(auf)klären*
éluder 3 *ausweichen*
émacier (s') 9 *sich abzehren*
émailler 3 *emaillieren*
émanciper 3 *emanzipieren*
émaner 3 *ausstrahlen, ausströmen*
émarger 17 *abzeichnen ; (Gehalt) beziehen*
émasculer 3 *entmannen, kastrieren*
emballer 3 *einpacken ; hinreißen*
embarbouiller 3 *aus dem Konzept bringen*
embarquer 3 *einschiffen*
embarrasser 3 *stören ; in Verlegenheit bringen*
embarrer 3 *Hebel ansetzen*
embastiller 3 *einsperren*
embattre 83 *(Radreifen) warm aufziehen*
embaucher 3 *ein-, anstellen*
embaumer 3 *duften*
embellir 32 *verschöne(r)n*
emberlificoter 3 *einwickeln*
embêter 4 *ärgern, langweilen*
emblaver 3 *besäen*
embobeliner 3 *beschwatzen ; einwickeln*
embobiner 3 *beschwatzen ; einwickeln*
emboîter 3 *einfügen*
embosser 3 *quer vor Anker legen*
emboucher 3 *ansetzen (Musikinstrument)*
embouer 6 *Grubenfeuer löschen*
embouquer 3 *in einen Kanal einlaufen*
embourber 3 *in den Schlamm fahren*
embourgeoiser 3 *zum Bourgeois machen*
embourrer 3 *polstern*
embouteiller 4 *verstopfen (Straße) ; abfüllen*
emboutir 32 *eindrücken ; ausbauchen ; pressen*
embrancher (s') 3 *ineinander münden*
embraquer 3 *durchholen*
embraser 3 *in Glut tauchen*
embrasser 3 *umarmen, küssen*
embrayer 11 *einkuppeln*
embrever 19 *einfalzen ; mit Versatz verbinden*
embrigader 3 *eingliedern*
embringuer 3 [*alle Formen mit* gu] *in eine Sache verwickeln*
embrocher 3 *aufspießen*
embrouiller 3 *verwirren*
embrumer 3 *ein-, vernebeln*
embuer 7 *anlaufen lassen, beschlagen*
embusquer 3 *auf die Lauer legen*
émerger 17 *auftauchen*
émeriser 3 *mit Schmirgel präparieren*

émerveiller 4 *in Verwunderung setzen*
émettre 84 *(aus)senden ; äußern*
émietter 4 *zerbröckeln*
émigrer 3 *auswandern*
émincer 16 *in dünne Scheiben schneiden*
emmagasiner 3 *(auf)speichern*
emmailloter 3 *wickeln*
emmancher 3 *mit einem Stiel versehen*
emmêler 4 *verwickeln*
emménager 17 *einziehen, sich einrichten*
emmener 19 *mitnehmen*
emmerder 3 *ankotzen*
emmieller 4 *mit Honig bestreichen*
emmitoufler 3 *einmummen*
emmouscailler 3 *auf den Wecker fallen*
emmurer 3 *einmauern*
émonder 3 *ausästen*
émorfiler 3 *abgraten*
émotionner 3 *aufregen*
émotter 3 *Erdschollen zerkleinern (Landw.)*
émousser 3 *abstumpfen*
émoustiller 3 *anregen, animieren*
émouvoir 55 *bewegen, rühren*
empailler 3 *ausstopfen ; mit Stroh flechten*
empaler 3 *aufspießen ; pfählen*
empanacher 3 *mit Federbusch schmücken*
empanner 3 *über Steuer treiben*
empaqueter 27 *einpacken*
emparer (s') 3 *sich bemächtigen ; erobern*
empâter 3 *stopfen, klebrig machen*
empaumer 3 *beschwindeln ; mit der Hand auffangen*
empêcher 4 *(ver)hindern*
emperler 3 *mit Perlen besetzen*
empeser 19 *stärken ; steifen*
empester 3 *verpesten, stinken*
empêtrer 4 *verwickeln*
empierrer 4 *beschottern*
empiéter 18 *eingreifen ; vordringen*
empiffrer (s') 3 *sich vollstopfen*
empiler 3 *aufstapeln*
empirer 3 *sich verschlimmern*
emplir 32 *füllen*
employer 13 *anwenden ; anstellen ; beschäftigen*
emplumer 3 *mit Federn verzieren*
empocher 3 *einstecken*
empoigner 3 *(an)packen*
empoisonner 3 *vergiften*
empoisser 3 *mit Pech ausstreichen*
empoissonner 3 *mit Fischbrut besetzen*
emporter 3 *mitnehmen*
empoter 3 *in einen Topf setzen*
empourprer 3 *purpurrot färben*
empoussiérer 18 *einstauben*
empreindre 81 *prägen ; (ein)drücken*
empresser (s') 4 *sich beeilen ; sich eifrig bemühen*
emprésurer 3 *(der Milch) Lab zusetzen*
emprisonner 3 *einsperren*
emprunter 3 *(aus)leihen*
empuantir 32 *verpesten*
émulsionner 3 *emulgieren*
enamourer (s') 3 *sich verlieben*
énamourer (s') 3 *sich verlieben*
encabaner 3 *Seidenraupen in einen Pappkäfig legen*
encadrer 3 *(um-, ein)rahmen*
encager 17 *in einen Käfig einsperren*
encaisser 4 *(ein)kassieren, einziehen ; einstecken ; ausstehen*
encanailler (s') 3 *sich in schlechte Gesellschaft begeben*
encapuchonner 3 *Kapuze überziehen*
encaquer 3 *in Fässer packen*
ençarter 3 *einheften*
encaserner 3 *kasernieren*
encasteler (s') 25 *Hufzwang haben*
encastrer 3 *einbauen*
encaustiquer 3 *bohnern*
encaver 3 *einkellern*
enceindre 81 *umgeben*
encenser 3 *beweihräuchern, beräuchern*
encercler 3 *einkreisen, umzingeln ; einkesseln*
enchaîner 4 *anketten ; fesseln*
enchanter 3 *entzücken ; ver-, bezaubern*
enchâsser 3 *(ein)fassen*
enchatonner 3 *(ein)fassen*
enchausser 3 *mit Stroh abdecken*
enchemiser 3 *überziehen*
enchérir 32 *überbieten*
enchevaucher 3 *überlappen*
enchevêtrer 4 *verwickeln*
enclaver 3 *um-, einschließen*
enclencher 3 *einschalten ; einklinken*
encliqueter 27 *einrasten*
enclore 113 *umzäunen*
enclouer 3 *(ver)nageln*
encocher 3 *(ein)kerben*
encoder 3 *kodieren*
encoller 3 *leimen*
encombrer 3 *versperren*
encorder (s') 3 *sich anseilen*
encorner 3 *mit Hörnern verletzen*
encoubler (s') 3 *sich verheddern*
encourager 17 *ermutigen*
encourir 45 *auf sich laden ; mit etwas rechnen müssen*
encrasser 3 *verschmutzen*
encrer 3 *schwärzen ; Farbe, Tinte auftragen*
encroûter 3 *mit einer Kruste überziehen*
encuver 3 *in Kufen füllen*
endenter 3 *verzahnen*
endetter 4 *in Schulden stürzen*
endeuiller 5 *in Trauer versetzen*
endêver 4 *ärgerlich sein*
endiguer 3 [*alle Formen mit* gu] *eindeichen, eindämmen*
endivisionner 3 *in Divisionen einteilen*
endoctriner 3 *indoktrinieren*
endolorir 32 *Schmerzen verursachen*
endommager 17 *beschädigen*
endormir 36 *zum Einschlafen bringen ; einschläfern ; einlullen*
endosser 3 *anziehen, auf sich nehmen ; indossieren*
enduire 98 *bestreichen*
endurcir 32 *(ab)härten*
endurer 3 *aushalten*
énerver 3 *aufregen ; entnerven*
enfaîter 4 *den First eindecken*
enfanter 3 *gebären*
enfariner 3 *mit Mehl bestreuen*
enfermer 3 *einschließen*
enferrer 4 *durchstechen ; Köder am Angelhaken befestigen*
enfiévrer 18 *Fieber auslösen ; erregen*
enfiler 3 *auf-, einfädeln ; rasch überziehen*
enflammer 3 *anzünden*
enfler 3 *(an)schwellen*
enfleurer 5 *Parfüm gewinnen*
enfoncer 16 *hineindrücken, ein-/hineinschlagen*
enfouir 32 *ein-, vergraben*
enfourcher 3 *sich in den Sattel, aufs Fahrrad schwingen*
enfourner 3 *in den Ofen schieben*
enfreindre 81 *überschreiten, verletzen*
enfuir (s') 35 *fliehen ; dahinschwinden*
enfumer 3 *verräuchern, verqualmen*
enfutailler 3 *in Fässer füllen*
enfûter 3 *in Fässer füllen*
engager 17 *verpflichten ; verpfänden ; auffordern ; anwerben*
engainer 4 *in die Scheide stecken*
engamer 3 *Haken verschlucken (Fisch)*
engazonner 3 *Rasen säen*
engendrer 3 *(er)zeugen*
engerber 3 *zu Garben binden*
englober 3 *einschließen*
engloutir 32 *verschlingen*
engluer 3 *mit Leim bestreichen/fangen*

engober 3 *überziehen, engobieren*
engoncer 16 *den Hals tief einhüllen, die Schultern einziehen*
engorger 17 *verstopfen*
engouer (s') 6 *schwärmen*
engouffrer 3 *verschlingen ; verdrücken*
engourdir 32 *gefühllos machen, erschlaffen lassen*
engraisser 4 *mästen ; Fett ansetzen*
engranger 17 *(Ernte) einfahren*
engraver 3 *mit Sand beschütten*
engrener 19 *einrücken ; verzahnen*
engrosser 3 *schwängern*
engueuler 5 *anschnauzen*
enguirlander 3 *mit Girlanden schmücken ; anschnauzen*
enhardir 32 *ermutigen*
enharnacher 3 *anschirren*
enherber 3 *mit Gras besäen*
enivrer 3 *berauschen*
enjamber 3 *überschreiten, überqueren ; überspannen*
enjaveler 24 *in Schwaden legen*
enjoindre 82 *gebieten, vorschreiben*
enjôler 3 *betören, einwickeln*
enjoliver 3 *(ver)zieren*
enjuguer 3 [*alle Formen mit* gu] *ins Joch spannen*
enkyster (s') 3 *sich einkapseln*
enlacer 16 *umschlingen*
enlaidir 32 *häßlich machen/werden*
enlever 19 *ab-, wegnehmen ; fortschaffen ; entführen*
enliasser 3 *bündeln*
enliser 3 *versinken lassen, einsinken machen*
enluminer 3 *kolorieren*
enneiger 23 *mit Schnee bedecken*
ennoblir 32 *adeln*
ennuager 17 *bewölken*
ennuyer 14 *langweilen ; ärgern ; belästigen*
énoncer 16 *ausdrücken ; formu-3lieren*
enorgueillir 32 *stolz machen*
enquérir (s') 39 *sich erkundigen*
enquêter 4 *untersuchen, ermitteln*
enquiquiner 3 *auf den Wecker fallen*
enraciner 3 *einpflanzen, einwurzeln*
enrager 17 *wütend sein*
enrayer 11 *hemmen, aufhalten*
enrégimenter 3 *einreihen, eingliedern*
enregistrer 3 *aufzeichnen ; eintragen ; erfassen ; abfertigen*
enrhumer 3 *Erkältung verursachen*
enrichir 32 *bereichern*
enrober 3 *umhüllen ; überziehen*
enrôler 3 *anwerben, anheuern*
enrouer 6 *heiser machen*
enrouler 3 *zusammenrollen, wickeln*
enrubanner 3 *mit Bändern schmücken*
ensabler 3 *mit Sand bedecken, auf Sand laufen*
ensacher 3 *in Säcke (ab)füllen*
ensaisiner 3 *den neuen Besitzer anerkennen (Erbrecht)*
ensanglanter 3 *mit Blut besudeln*
enseigner 4 *unterrichten*
ensemencer 16 *besäen*
enserrer 4 *umschlingen ; einschnüren*
ensevelir 32 *begraben*
ensiler 3 *einlagern*
ensoleiller 4 *bescheinen ; erhellen*
ensorceler 24 *ver-, bezaubern*
ensuivre (s') 89 [*nur inf., part. prés. und 3. Pers. Sing. und Pl.*] *sich daraus ergeben*
entacher 3 *beflecken*
entailler 3 *einschneiden*
entamer 3 *anschneiden, anbrechen*
entartrer 3 *Kesselstein bilden*
entasser 3 *anhäufen*
entendre 73 *hören*
enténébrer 18 *verdunkeln*
enter 3 *einfugen ; pfropfen*
entériner 3 *bestätigen*
enterrer 4 *begraben*
entêter 4 *den Kopf schwermachen*
enthousiasmer 3 *begeistern*
enticher (s') 3 *sich vernarren*
entoiler 3 *auf Leinwand aufziehen ; bespannen*
entôler 3 *bestehlen*
entonner 3 *in Fässer füllen*
entortiller 3 *einwickeln*
entourer 3 *umschließen, umgeben*
entraider (s') 4 *sich gegenseitig helfen*
entr'aimer (s') 4 *einander lieben*
entraîner 4 *mitreißen*
entr'apercevoir 52 *flüchtig sehen*
entraver 3 *fesseln ; behindern*
entrebâiller 3 *halb öffnen*
entrechoquer 3 *gegeneinanderstoßen*
entrecouper 3 *unterbrechen*
entrecroiser 3 *(durch)kreuzen*
entre-déchirer (s') 3 *sich gegenseitig zerfleischen*
entre-dévorer (s') 3 *sich gegenseitig auffressen*
entr'égorger (s') 17 *sich gegenseitig umbringen*
entrelacer 16 *verflechten*
entrelarder 3 *spicken*
entremêler 4 *vermischen*
entremettre (s') 84 *vermitteln*
entreposer 3 *lagern*
entreprendre 79 *unternehmen*
entrer 3 [*mit* être *oder* avoir] *eintreten*
entretailler (s') 3 *sich die Beine verletzen (Pferd)*
entretenir 40 [*mit* avoir] *unterhalten*
entre-tisser 3 *durchweben*
entretoiser 3 *verstreben*
entre-tuer (s') 7 *sich gegenseitig umbringen*
entrevoir 62 *flüchtig sehen ; ahnen*
entrouvrir 34 *halb öffnen*
entuber 3 *übers Ohr hauen*
énucléer 15 *enukleieren*
énumérer 18 *aufzählen*
énuquer (s') 3 *sich das Genick brechen*
envahir 32 *ein-, überfallen, eindringen*
envaser 3 *verschlammen*
envelopper 3 *einhüllen, einpacken*
envenimer 3 *anheizen ; infizieren*
enverguer 3 [*alle Formen mit* gu] *an einer Rah festmachen*
envier 9 *beneiden*
environner 3 *umgeben*
envisager 17 *ins Auge fassen*
envoler (s') 3 *wegfliegen*
envoûter 3 *be-, verzaubern*
envoyer 30 *schicken ; entsenden, abordnen ; werfen*
épaissir 32 *dicker machen*
épamprer 3 *(Weinstock) ablauben*
épancher 3 *auslassen (Zorn)*
épandre 74 *ausstreuen*
épanneler 24 *vorprofilieren*
épanouir 32 *aufblühen lassen, aufheitern*
épargner 3 *(er)sparen*
éparpiller 3 *ver-, zerstreuen*
épater 3 *verblüffen ; imponieren*
épaufrer 3 *Kanten beschädigen (Stein)*
épauler 3 *anlegen, unterstützen*
épeler 24 *buchstabieren*
épépiner 3 *entkernen*
éperonner 3 *(an)spornen*
épicer 16 *würzen*
épier 9 *belauern ; Ähren ausbilden*
épierrer 4 *von Steinen befreien*
épiler 3 *enthaaren*
épiloguer 3 [*alle Formen mit* gu] *lang und breit kommentieren*
épincer 16 *Knospen ausschneiden*
épinceter 27 *noppen*

épingler 3 *fest-, aufstecken*
épisser 3 *spleißen*
éplucher 3 *schälen ; genau prüfen, kontrollieren*
épointer 3 *abstumpfen*
éponger 17 *aufwischen*
épouiller 3 *(ent)lausen*
époumoner (s') 3 *sich die Seele vom Leib reden*
épouser 3 *heiraten ; annehmen ; sich anpassen*
épousseter 27 *abstauben ; wischen*
époustoufler 3 *verblüffen*
épouvanter 3 *erschrecken*
éprendre (s') 79 *sich verlieben*
éprouver 3 *erproben ; empfinden*
épucer 16 *flöhen*
épuiser 3 *aus-, erschöpfen*
épurer 3 *reinigen*
équarrir 32 *abdecken, abvieren*
équeuter 3 *entstielen*
équilibrer 3 *ausgleichen, ausbalancieren*
équiper 3 *ausrüsten*
équivaloir 60 [*part. passé* équivalu *unveränderlich*] *gleichkommen*
éradiquer 3 *exstirpieren*
érafler 3 *(zer)schrammen*
érailler 3 *aufrauhen ; ausfasern ; heiser machen*
éreinter 3 *überanstrengen*
ergoter 3 *(herum)nörgeln*
ériger 17 *errichten*
éroder 3 *abtragen (Wind)*
érotiser 3 *erotisieren*
errer 4 *umherirren*
éructer 3 *hervor-, aufstoßen*
esbigner (s') 3 *abhauen*
esbroufer 3 *bluffen*
escalader 3 *(er)klettern*
escamoter 3 *verschwinden lassen ; auslassen*
escarrifier 9 *verschorfen*
esclaffer (s') 3 *laut lachen*
escompter 3 *diskontieren ; erwarten*
escorter 3 *geleiten*
escrimer (s') 3 *sich abmühen*
escroquer 3 *betrügen ; erschwindeln*
espacer 16 *Zwischenraum lassen ; durchschießen*
espérer 18 *hoffen*
espionner 3 *bespitzeln*
esquinter 3 *erschöpfen ; fertigmachen ; ramponieren*
esquisser 3 *skizzieren*
esquiver 3 *ausweichen*
essaimer 4 *schwärmen*
essarter 3 *roden*
essayer 11 *versuchen ; (aus)probieren*
essorer 3 *schleudern*
essoriller 3 *Ohren stutzen*
essoucher 3 *Baumstümpfe ausreißen*
essouffler 3 *außer Atem bringen*
essuyer 14 *abwischen, abtrocknen*
estamper 3 *stanzen ; prägen ; reinlegen*
estampiller 3 *abstempeln*
ester [*nur inf.*] *vor Gericht auftreten*
estérifier 9 *verestern*
estimer 3 *schätzen*
estomaquer 3 *verblüffen*
estomper 3 *(ver)wischen, mildern*
estoquer 3 *den Todesstoß versetzen (Stierkampf)*
estourbir 32 *nieder-, totschlagen*
estrapasser 3 *übermäßig anstrengen (Pferd)*
estropier 9 *verstümmeln*
établir 32 *einrichten ; aufstellen*
étager 17 *(ab)stufen ; stufenweise aufbauen*
étalager 17 *ausstellen ; auslegen*
étaler 3 *auslegen ; aus-, verbreiten*
étalonner 3 *eichen*
étamer 3 *verzinnen*
étamper 3 *stanzen ; prägen*
étancher 3 *löschen (Durst) ; (ab)dichten*
étançonner 3 *stützen, verstreben*
étarquer 3 *(Segel) hissen und straffen*
étatiser 3 *verstaatlichen*
étayer 11 *absteifen, abstützen*
éteindre 81 *löschen, ausmachen*
étendre 73 *ausbreiten ; ausstrecken ; strecken*
éterniser 3 *in die Länge ziehen*
éternuer 7 *niesen*
étêter 4 *köpfen, Kopf abzwicken*
étinceler 24 *funkeln*
étioler 3 *vergeilen lassen*
étiqueter 27 [Littré : **28**] *mit Etiketten versehen*
étirer 3 *strecken, ziehen*
étoffer 3 *ausbauen ; vervollständigen*
étoiler 3 *sternförmige Risse in einer Scheibe verursachen ; mit Sternen besetzen*
étonner 3 *erstaunen*
étouffer 3 *ersticken*
étoupiller 3 *mit einer Zündschnur versehen*
étourdir 32 *betäuben*
étrangler 3 *erwürgen*
être 2 *sein*
étreindre 81 *umschlingen ; bedrücken*
étrenner 4 *zum erstenmal gebrauchen ; ausbaden müssen*
étrésillonner 3 *absteifen*
étriller 3 *striegeln*
étriper 3 *ausweiden*
étronçonner 3 *abästen*
étudier 9 *lernen, studieren ; erforschen*
étuver 3 *trocknen, dünsten, dämpfen*
euphoriser 3 *euphorisch machen*
européaniser 3 *europäisieren*
évacuer 7 *ausscheiden ; räumen ; evakuieren*
évader (s') 3 *ausbrechen*
évaluer 7 *(ab)schätzen*
évangéliser 3 *evangelisieren*
évanouir (s') 32 *in Ohnmacht fallen*
évaporer 3 *verdunsten lassen*
évaser 3 *erweitern (Öffnung) ; weiten*
éveiller 4 *(auf)wecken*
éventer 3 *lüften, enthüllen ; fächeln*
éventrer 3 *den Bauch aufschlitzen*
évertuer (s') 7 *sich bemühen*
évider 3 *aushöhlen*
évincer 16 *verdrängen, vertreiben*
éviscérer 18 *Gedärme ausnehmen*
éviter 3 *(ver)meiden*
évoluer 7 *sich entwickeln ; sich bewegen*
évoquer 3 *hervorrufen ; beschwören*
exacerber 3 *steigern ; aufstacheln*
exagérer 18 *übertreiben*
exalter 3 *begeistern ; verherrlichen*
examiner 3 *prüfen, untersuchen*
exaspérer 18 *in Wut versetzen ; irritieren*
exaucer 16 *erhören ; erfüllen (Wunsch)*
excaver 3 *ausbaggern*
excéder 18 *überschreiten ; belästigen*
exceller 4 *sich auszeichnen*
excentrer 3 *exzentrisch verstellen*
excepter 4 *ausnehmen*
exciper 3 *sich berufen (auf), beteuern*
exciser 3 *exzidieren*
exciter 3 *erregen ; reizen*
exclamer (s') 3 *ausrufen*
exclure 96 *ausschließen*
excommunier 9 *exkommunizieren*
excorier 9 *abschürfen*
excréter 18 *ausscheiden*
excursionner 3 *Ausflüge machen*
excuser 3 *entschuldigen*
exécrer 18 *verabscheuen*

exécuter 3 *ausführen, vollstrecken, hinrichten*
exemplifier 9 *anhand von Beispielen erklären*
exempter 3 *befreien, freistellen*
exercer 16 *(aus)üben ; praktizieren*
exfolier 9 *abblättern*
exhaler 3 *aushauchen ; ausdünsten*
exhausser 3 *erhöhen, aufstocken*
exhéréder 18 *enterben*
exhiber 3 *zur Schau tragen ; vorweisen*
exhorter 3 *ermahnen*
exhumer 3 *ausgraben ; exhumieren*
exiger 17 *fordern ; verlangen ; brauchen ; beanspruchen*
exiler 3 *verbannen*
exister 3 *bestehen, dasein*
exonérer 18 *befreien (Steuer)*
exorciser 3 *austreiben (Teufel)*
expatrier 10 *des Landes verweisen*
expectorer 3 *auswerfen, ausspucken*
expédier 9 *(ver)schicken, erledigen*
expérimenter 3 *erproben*
expertiser 3 *begutachten*
expier 9 *büßen, sühnen*
expirer 3 [*mit* être *oder* avoir] *ausatmen ; sterben ; ablaufen, ungültig werden*
expliciter 3 *klar formulieren*
expliquer 3 *erklären*
exploiter 3 *bewirtschaften ; (aus)nutzen*
explorer 3 *erforschen, absuchen*
exploser 3 *explodieren*
exporter 3 *ausführen*
exposer 3 *ausstellen, aussetzen ; belichten*
exprimer 3 *ausdrücken*
exproprier 10 *enteignen*
expulser 3 *vertreiben, verweisen*
expurger 17 *anstößige Stellen streichen*
extasier (s') 9 *in Entzücken ausbrechen*
exténuer 7 *entkräften*
extérioriser 3 *äußern, zeigen*
exterminer 3 *ausrotten*
extirper 3 *ausreißen ; ausrotten*
extorquer 3 *erzwingen*
extrader 3 *ausliefern*
extraire 112 *(heraus)ziehen ; fördern, abbauen*
extrapoler 3 *extrapolieren, verallgemeinern*
extravaser (s') 3 *(aus den Gefäßen) austreten*
extruder 3 *Strang pressen*
exulter 3 *frohlocken*

f

fabriquer 3 *herstellen ; treiben*
fabuler 3 *fabulieren*
facetter 4 *facettieren*
fâcher 3 *ärgern*
faciliter 3 *erleichtern*
façonner 3 *formen ; be-, er-, verarbeiten*
facturer 3 *in Rechnung stellen*
fagoter 3 *bündeln (Reisig)*
faiblir 32 *schwach werden*
faillir 46 *verletzen, nicht nachkommen ; nahe dran sein*
fainéanter 3 *faulenzen*
faire 109 *machen, tun*
faisander 3 *(Wild) abhängen lassen (bis es den Hautgout annimmt)*
falloir 69 *[unpersönlich] müssen, sollen ; nötig sein*
falsifier 9 *(ver)fälschen*
faluner 3 *mit Muschelsand meliorieren*
familiariser 3 *vertraut machen*
fanatiser 3 *fanatisieren*
faner 3 *wenden (Heu) ; welken, verbleichen lassen*
fanfaronner 3 *prahlen, aufschneiden*
fantasmer 3 *phantasieren*
farcir 32 *füllen (Küche)*
farder 3 *schminken, beschönigen*
farfouiller 3 *herumstöbern, -schnüffeln*
fariner 3 *mit Mehl bestreuen*
farter 3 *(Skier) wachsen*
fasciner 3 *bezaubern ; faszinieren*
fasciser 3 *faschistisch eingestellt machen*
faseyer 12 *flattern (Segel)*
fatiguer 3 [*alle Formen mit* gu] *ermuden, anstrengen*
faucarder 3 *abmähen*
faucher 3 *mähen ; klauen*
faufiler 3 *heften*
fausser 3 *verbiegen ; (ver)fälschen*
fauter 3 *Fehltritt begehen*
favoriser 3 *begünstigen*
fayoter 3 *sich einkratzen*
féconder 3 *befruchten*
féculer 3 *in Stärke umwandeln*
fédéraliser 3 *in einen Bundesstaat umwandeln*
fédérer 18 *in eine Föderation vereinigen*
feindre 81 *vortäuschen*
feinter 3 *täuschen, ablenken*
fêler 4 *Sprung verursachen (Porzellan)*
féliciter 3 *beglückwünschen, gratulieren*
féminiser 3 *verweiblichen*
fendiller 3 *Risse verursachen*
fendre 73 *spalten*
fenêtrer 4 *mit Fenstern versehen*
férir [*nur inf. und part. passé* féru, -e] *schlagen* (sans coup férir = *ohne auf Widerstand zu stoßen*)
ferler 3 *(Segel) einbinden*
fermenter 3 *gären*
fermer 3 *schließen ; zumachen ; sperren ; ausmachen*
ferrailler 3 *sich mit dem Säbel schlagen ; armieren*
ferrer 4 *mit Eisen versehen ; beschlagen ; festhaken*
fertiliser 3 *fruchtbar machen*
fesser 4 *den Hintern versohlen*
festonner 3 *festonieren, mit Girlanden schmücken*
festoyer 13 *festlich essen*
fêter 4 *feiern*
feuiller 5 *Blätter bekommen*
feuilleter 27 *durchblättern*
feuler 3 *fauchen, brüllen (Tiger)*
feutrer 3 *filzen*
fiancer 16 *verloben*
ficeler 24 *zu-, festschnüren*
fiche [*geläufiger inf. von* ficher ; *2 Formen für das part. passé :* fiché *(selten) und* fichu] *machen, tun ; geben, versetzen*
ficher 3 *einrammen : registrieren*
fidéliser 3 *sich einen Kundenstamm schaffen*
fienter 3 *misten*
fier (se) 9 *vertrauen*
figer 17 *fest, dick werden lassen ; lähmen*
fignoler 3 *ausfeilen, den letzten Schliff geben*
figurer 3 *darstellen ; stehen (Liste)*
filer 3 *spinnen ; laufen*
fileter 28 *Gewinde schneiden*
filigraner 3 *zu Filigran verarbeiten*
filmer 3 *filmen*
filouter 3 *stehlen ; falschspielen*
filtrer 3 *filtern*
financer 16 *finanzieren*
finasser 3 *Kniffe anwenden*
finir 32 *beend(ig)en*
fiscaliser 3 *besteuern*
fissurer 3 *Risse hervorrufen*
fixer 3 *festmachen ; bestimmen ; festlegen*
flageller 4 *geißeln*
flageoler 3 *schlottern*
flagorner 3 *katzbuckeln*
flairer 4 *(be)riechen, wittern*
flamber 3 *(ab)sengen ; flambieren ; brennen*
flamboyer 13 *aufleuchten, flammen*
flancher 3 *umfallen ; schwach werden ; streiken (Herz)*

flâner 3 *bummeln*
flanquer 3 *flankieren ; schmeißen ; verpassen*
flatter 3 *schmeicheln*
flécher 18 *beschildern*
fléchir 32 *beugen ; erweichen ; sinken*
flemmarder 3 *faulenzen*
flétrir 32 *verwelken lassen ; die Frische nehmen*
fleurer 5 *duften*
fleurir 32 [*im übertragenen Sinn : imparf. und part. prés. auf* flor-] *blühen*
flinguer 3 *niederknallen*
flipper 3 *deprimiert, depressiv sein*
flirter 3 *flirten*
floconner 3 *Flocken bilden*
floculer 3 *(aus)flocken*
floquer 3 *beflocken*
flotter 3 *schwimmen, treiben*
flouer 3 *reinlegen*
fluctuer 3 *schwanken*
fluidifier 9 *verflüssigen*
focaliser 3 *fokussieren*
foirer 3 *Dünnschiß haben ; schiefgehen*
foisonner 3 *im Überfluß vorhanden sein*
folâtrer 3 *sich herumtummeln*
folioter 3 *paginieren*
fomenter 3 *stiften, anzetteln, schüren*
foncer 16 *dunkler werden/machen ; abteufen ; losrennen*
fonctionnaliser 3 *funktionell gestalten*
fonctionnariser 3 *verbeamten*
fonctionner 3 *funktionieren*
fonder 3 *(be)gründen*
fondre 75 *(ver)schmelzen ; sich stürzen*
forcer 16 *(er)zwingen ; aufbrechen, durchbrechen*
forcir 32 *dicker werden*
forclore [*nur inf. und part. passé* forclos, -e] *ausschließen*
forer 3 *(an)bohren*
forfaire 109 [*nur inf., Sing. des ind. prés. und temps comp.*] *Untat, Schandtat begehen*
forger 17 *schmieden*
forlancer 16 *aufstöbern (Wild)*
formaliser 3 *formalisieren*
former 3 *bilden ; formen, gestalten ; formieren, aufstellen ; ausbilden*
formoler 3 *mit Formalin behandeln*
formuler 3 *formulieren ; aussprechen*
forniquer 3 *Unzucht treiben*
fortifier 9 *stärken ; befestigen*
fossiliser 3 *zu Fossilien werden ; versteinern*
fouailler 3 *quälen*
foudroyer 13 *niederschmettern*
fouetter 4 *peitschen*
fouger 17 *wühlen (Wildschwein)*
fouiller 3 *durchwühlen, -suchen ; (aus)graben*
fouiner 3 *herumschnüffeln*
fouir 32 *wühlen*
fouler 3 *zerquetschen ; betreten ; verstauchen*
fourbir 32 *blank putzen*
fourcher 3 *sich gabeln*
fourgonner 3 *herumstöbern*
fourguer 3 [*alle Formen mit* gu] *billig verkaufen ; andrehen*
fourmiller 3 *wimmeln*
fournir 32 *versorgen, (be)liefern*
fourrager 17 *herumwühlen*
fourrer 3 *(hinein)stecken ; füllen ; füttern*
fourvoyer 13 *irreführen*
foutre *machen, tun*
[Ind. prés. : *je fous, tu fous, il fout, nous foutons, vous foutez, ils foutent* ; imparf. : *je foutais*, etc. ; fut. : *je foutrai*, etc. Subj. prés. : *q. je foute*, etc. ; imparf. (selten) : *q. je foutisse*, etc. Impér. : *fous, foutons, foutez*. Part. prés. : *foutant* ; pass. : *foutu, e*.]
fracasser 3 *zerschmettern*
fractionner 3 *(zer)teilen*
fracturer 3 *(auf)brechen*
fragiliser 3 *anfällig machen*
fragmenter 3 *zerstückeln*
fraîchir 32 *frischer werden ; auffrischen*
fraiser 4 *fräsen*
framboiser 3 *Himbeergeschmack geben*
franchir 32 *überschreiten*
franciser 3 *französieren*
franger 17 *mit Fransen besetzen*
frapper 3 *schlagen ; (be)treffen ; auffallen*
fraser 3 *kneten*
fraterniser 3 *sich verbrüdern*
frauder 3 *betrügen ; täuschen*
frayer 11 *bahnen ; laichen ; verkehren mit*
fredonner 3 *trällern*
freiner 4 *bremsen*
frelater 3 *(ver)fälschen*
frémir 32 *(er)zittern*
fréquenter 3 *verkehren mit ; häufig besuchen*
fréter 18 *verchartern*
frétiller 3 *zappeln*
fretter 4 *aufschrumpfen*
fricasser 3 *frikassieren*
fricoter 3 *aushecken ; Gulasch zubereiten ; vernaschen*
frictionner 3 *ab-, einreiben*
frigorifier 9 *einfrieren*
frimer 3 *angeben ; bluffen*
fringuer 3 [*alle Formen mit* gu] *anziehen*
friper 3 *zerknittern*
frire 115 *braten, backen*
friser 3 *kräuseln ; wellen*
frisotter 3 *leicht kräuseln*
frissonner 3 *frösteln, schauern, erschauern*
fritter 3 *fritten ; sintern*
froisser 3 *zerknittern*
frôler 3 *streifen ; um ein Haar... haben*
froncer 16 *runzeln ; fälteln*
fronder 3 *kritisieren*
frotter 3 *(ab)reiben ; schrubben*
froufrouter 3 *knistern ; rascheln*
fructifier 9 *Früchte tragen, ertragreich sein*
frustrer 3 *enttäuschen, frustrieren*
fuir 35 *fliehen ; leck sein*
fulgurer 3 *blitzen*
fulminer 3 *detonieren ; wettern*
fumer 3 *rauchen, qualmen ; düngen, misten*
fureter 28 *(herum)schnüffeln*
fuseler 24 *spindelförmig gestalten*
fuser 3 *durchschmelzen ; erschallen*
fusiller 3 *erschießen*
fusionner 3 *fusionieren*
fustiger 17 *auspeitschen ; heftig kritisieren*

g

gâcher 3 *anrühren ; verderben, verpfuschen*
gadgétiser 3 *aus etwas eine technische Spielerei machen*
gaffer 3 *Schnitzer machen ; mit dem Bootshaken fassen*
gager 17 *wetten ; sichern*
gagner 3 *gewinnen ; verdienen*
gainer 4 *mit Schutzhülle versehen*
galber 3 *anmutige Konturen geben*
galéjer 18 *Witze machen*
galonner 3 *mit Borten besetzen*
galoper 3 *galoppieren*
galvaniser 3 *verzinken ; galvanisieren*
galvauder 3 *entwürdigen ; vergeuden ; abnutzen*
gambader 3 *herumspringen*
gamberger 17 *grübeln*
gambiller 3 *schwofen*
gangrener 19 *brandig werden lassen ; verderben*
ganser 3 *paspeln*
ganter 3 *Handschuhe anziehen*
garantir 32 *bürgen ; garantieren ; sichern*

garder 3 *bewachen ; (be)hüten ; aufheben, behalten*
garer 3 *parken, abstellen*
gargariser (se) 3 *gurgeln*
gargouiller 3 *plätschern ; knurren ; kollern*
garnir 32 *ausstatten ; (aus-) schmücken, garnieren*
garrotter 3 *fesseln*
gaspiller 3 *verschwenden*
gâter 3 *verderben ; verwöhnen*
gâtifier 9 *verkalken, vertrotteln*
gauchir 32 *verziehen*
gaufrer 3 *gaufrieren*
gauler 3 *abschlagen (Obst)*
gausser (se) 3 *auslachen*
gaver 3 *(voll)stopfen*
gazéifier 9 *in Gas umwandeln*
gazer 3 *vergasen ; dahinflitzen*
gazonner 3 *Rasen anlegen*
gazouiller 3 *zwitschern*
geindre 81 *stöhnen*
geler 25 *(er-, ge-, zu)frieren*
gélifier 9 *gelatinieren*
géminer 3 *paarweise gruppieren*
gémir 32 *stöhnen ; jammern*
gemmer 4 *(Harz) anzapfen*
gendarmer (se) 3 *protestieren ; einen energischen Ton anschlagen*
gêner 4 *stören, behindern*
généraliser 3 *verallgemeinern ; allgemein anwenden*
générer 18 *generieren*
gerber 3 *zu Garben binden*
gercer 16 *rissig/schrundig werden lassen*
gérer 18 *verwalten, führen*
germaniser 3 *germanisieren*
germer 3 *(aus)keimen*
gésir 49 *liegen*
gesticuler 3 *gestikulieren*
gicler 3 *spritzen*
gifler 3 *ohrfeigen*
gigoter 3 *zappeln*
gîter 3 *seine Sasse haben ; Schlagseite haben*
givrer 3 *vereisen, mit Reif überziehen*
glacer 16 *gefrieren lassen ; glasieren ; kühlen*
glairer 4 *mit Eiweiß überziehen/einreiben*
glander 3 *herumstehen, -lungern*
glandouiller 3 *herumstehen, -lungern*
glaner 3 *stoppeln ; aufsammeln*
glapir 32 *kreischen ; bellen (Fuchs)*
glatir 32 *schreien (Adler)*
glisser 3 *gleiten, rutschen ; schieben*
globaliser 3 *pauschalieren ; zusammenziehen*
glorifier 9 *verherrlichen ; ehren*
gloser 3 *glossieren*
glouglouter 3 *gluckern*
glousser 3 *gluck(s)en*
glycériner 3 *mit Glyzerin einreiben*
gober 3 *(aus)schlürfen*
goberger (se) 17 *sich gütlich tun*
godailler 3 *Falten werfen*
goder 3 *Falten werfen*
godiller 3 *wriggen*
goinfrer 3 *sich vollfressen*
gommer 3 *ausradieren ; gummieren*
gondoler 3 *sich verziehen, sich wellen*
gonfler 3 *aufblähen ; aufpumpen ; schwellen*
gorger 17 *überfüttern ; übersättigen ; durchtränken*
gouacher 3 *mit Guaschfarbe retuschieren*
gouailler 3 *spotten*
goudronner 3 *teeren*
goujonner 3 *ver-, anbolzen*
goupiller 3 *versplinten ; deichseln*
gourer (se) 3 *sich irren ; sich vertun*
gourmander 3 *zurechtweisen*
goûter 3 *schmecken, kosten ; schätzen*
goutter 3 *tropfen*
gouverner 3 *regieren ; steuern*
gracier 9 *begnadigen*
graduer 7 *abstufen ; graduieren*
grailler 3 *krächzen ; mampfen*
graillonner 3 *nach verbranntem Fett riechen ; Schleim aushusten*
grainer 4 *körnen*
graisser 4 *(ein)fetten*
grammaticaliser 3 *grammatikalisieren*
grandir 32 *wachsen ; größer machen*
granuler 3 *körnen*
grappiller 3 *Nachlese halten ; mitgehen lassen*
grasseyer 12 *guttural sprechen*
gratifier 9 *beschenken ; verpassen*
gratiner 3 *überbacken*
gratter 3 *kratzen, schaben*
graver 3 *(ein)gravieren*
gravillonner 3 *Splitt streuen*
gravir 32 *erklimmen*
graviter 3 *kreisen*
gréciser 3 *gräzisieren*
grecquer 4 *einsägen*
gréer 15 *(be)takeln*
greffer 4 *pfropfen ; verpflanzen*
grêler 4 *hageln*
grelotter 3 *zittern*
grenader 3 *Granate werfen*
grenailler 3 *körnen, zerkleinern*
greneler 24 *körnen, narben*
grener 19 *körnen*
grenouiller 3 *nassauern ; intrigieren*
gréser 18 *schmirgeln*
grésiller 3 *knistern, brutzeln*
grever 19 *belasten*
gribouiller 3 *(hin)kritzeln*
griffer 3 *(zer)kratzen*
griffonner 3 *(hin)kritzeln*
grigner 3 *Falten werfen*
grignoter 3 *knabbern ; aufzehren*
grillager 17 *vergittern*
griller 3 *braten, grillen ; verbrennen, durchbrennen ; überfahren*
grimacer 16 *Gesicht verziehen*
grimer 3 *schminken*
grimper 3 *klettern, steigen*
grincer 16 *quietschen, knirschen*
gripper 3 *stocken, sich festfressen*
grisailler 3 *grau werden, grau anstreichen*
griser 3 *berauschen, benebeln*
grisoller 3 *tirilieren (Lerche)*
grisonner 3 *ergrauen*
griveler 24 [Littré : **25**] *seine Rechnung nicht bezahlen, die Zeche prellen*
grognasser 3 *meckern, nörgeln*
grogner 3 *brummen, murren*
grognonner 3 *meckern, nörgeln*
grommeler 24 *murmeln, brummen*
gronder 3 *ausschimpfen ; donnern, brummen*
grossir 32 *dicker werden, dicker machen*
grouiller 3 *wimmeln*
grouper 3 *zusammenstellen, -schließen, gruppieren*
gruger 17 *hereinlegen*
grumeler (se) 24 *Klumpen bilden*
guérir 32 *heilen, genesen*
guerroyer 13 *Krieg führen*
guetter 4 *(auf-, be)lauern ; abpassen*
gueuler 5 *schnauzen, wettern*
gueuletonner 3 *schmausen*
guider 3 *führen, lenken*
guigner 3 *im Auge haben*
guillemeter 27 *in Anführungszeichen setzen*
guillocher 3 *guillochieren*
guillotiner 3 *guillotinieren*
guincher 3 *schwofen*
guinder 3 *hieven*
guiper 3 *mit Seide umspinnen ; umhüllen*
guniter 3 *torkretieren*

h

habiliter 3 *ermächtigen*
habiller 3 *anziehen ; kleiden*
habiter 3 *(be)wohnen*

habituer 7 *gewöhnen*
hacher 3 *hacken*
hachurer 3 *schraffieren ; stricheln*
haïr 33 *hassen*
haler 3 *treideln*
hâler 3 *bräunen*
haleter 28 [Littré : **27**] *keuchen*
halluciner 3 *Halluzinationen hervorbringen ; nicht aus dem Sinn gehen*
hameçonner 3 *Angel mit einem Haken versehen*
hancher (se) 3 *die Hüfte hervortreten lassen*
handicaper 3 *benachteiligen, handikapen*
hannetonner 3 *Maikäfer vertilgen*
hanter 3 *keine Ruhe lassen, quälen, nicht aus dem Sinn gehen*
happer 3 *schnappen ; mitreißen*
haranguer 3 *eine Ansprache halten*
harasser 3 *erschöpfen*
harceler 24 [*nach der* Académie, **24 ;** *nach dem Sprachgebrauch und* Littré, **25**] *bedrängen*
harmoniser 3 *angleichen, harmonisieren*
harnacher 3 *anschirren*
harponner 3 *harpunieren*
hasarder 3 *wagen, riskieren*
hâter 3 *beschleunigen, vorantreiben*
haubaner 3 *verspannen*
hausser 3 *heben*
haver 3 *schrämen*
héberger 17 *beherbergen*
hébéter 18 *verdutzen*
héler 18 *herbeirufen*
helléniser 3 *hellenisieren*
hennir 32 *wiehern*
herbager 17 *auf die Weide treiben*
herboriser 3 *botanisieren*
hercher 3 *Förderwagen schieben*
hérisser 3 *sträuben ; erzürnen*
hériter 3 *erben*
herscher 3 *Förderwagen schieben*
herser 3 *eggen*
hésiter 3 *zögern*
heurter 3 *(an)stoßen*
hiberner 3 *Winterschlaf halten*
hiérarchiser 3 *hierarchisch gliedern, staffeln*
hisser 3 *hissen*
historier 9 *mit Ornamenten schmücken*
hiverner 3 *überwintern*
hocher 3 *schütteln, wiegen (Kopf)*
homogénéiser 3 *homogenisieren*
homologuer 3 [*alle Formen mit* gu] (*gerichtlich*) *bestätigen ; genehmigen*
hongrer 3 *kastrieren (Pferd)*
hongroyer 13 *gerben (mit Alaun und Salz)*
honnir 32 *verhöhnen*
honorer 3 *ehren ; einlösen*
hoqueter 27 *Schluckauf haben ; schluchzen*
horrifier 9 *entsetzen*
horripiler 3 *den letzten Nerv töten*
hospitaliser 3 *ins Krankenhaus einliefern, einweisen*
houblonner 3 *Hopfen zusetzen*
hourder 3 *rauh putzen*
houspiller 3 *ausschelten*
housser 3 *zudecken (Schoner, Schonbezug)*
hucher 3 *laut rufen*
huer 7 *buh rufen ; auspfeifen*
huiler 3 *ölen*
hululer 3 *schreien (Nachtvögel)*
humaniser 3 *vermenschlichen, humanisieren*
humecter 4 *anfeuchten, benetzen*
humer 3 *einatmen*
humidifier 9 *be-, anfeuchten*
humilier 9 *demütigen*
hurler 3 *brüllen, heulen*
hybrider 3 *hybridisieren, kreuzen*
hydrater 3 *hydratisieren, mit Wasser versorgen*
hydrofuger 17 *imprägnieren*
hydrogéner 18 *mit Wasserstoff verbinden*
hydrolyser 3 *einer Hydrolyse unterziehen*
hypertrophier 9 *übermäßig entwickeln*
hypnotiser 3 *hypnotisieren*
hypostasier 9 *hypostasieren*
hypothéquer 18 *mit einer Hypothek belasten*

i

idéaliser 3 *idealisieren, verklären*
identifier 9 *identifizieren*
idolâtrer 3 *vergöttern, leidenschaftlich lieben*
ignifuger 17 *feuerfest machen*
ignorer 3 *nicht wissen ; ignorieren*
illuminer 3 *beleuchten ; erhellen*
illusionner 3 *vortäuschen, vorgaukeln*
illustrer 3 *illustrieren, bebildern ; veranschaulichen*
imaginer 3 *sich ausdenken, sich vorstellen*
imbiber 3 *(durch)tränken*
imbriquer 3 *verschachteln*
imiter 3 *nachahmen*
immatriculer 3 *eintragen ; registrieren*
immerger 17 *eintauchen, versenken*
immigrer 3 *einwandern*
immiscer (s') 16 *sich einmischen*
immobiliser 3 *zum Stehen bringen, immobilisieren*
immoler 3 *opfern*
immortaliser 3 *verewigen ; unsterblich machen*
immuniser 3 *immunisieren*
impartir 32 [*besonders ind. prés., temps comp. und part. passé*] *gewähren ; zuteilen*
impatienter 3 *ungeduldig machen ; zur Verzweiflung bringen*
impatroniser (s') 3 *sich zum Herrn machen*
imperméabiliser 3 *wasserundurchlässig machen, imprägnieren*
implanter 3 *ansiedeln, einführen ; implantieren*
impliquer 3 *verwickeln, miteinbeziehen, bedeuten*
implorer 3 *anflehen*
imploser 3 *implodieren*
importer 3 *einführen ; von Bedeutung sein, bedeuten*
importuner 3 *belästigen*
imposer 3 *auferlegen ; besteuern ; auflegen ; imponieren*
imprégner 18 *tränken, sättigen, imprägnieren*
impressionner 3 *beeindrucken*
imprimer 3 *drucken*
improviser 3 *improvisieren*
impulser 3 *Impuls geben*
imputer 3 *anlasten, zuschreiben ; anrechnen*
inactiver 3 *nicht aktivieren, inaktivieren*
inaugurer 3 *einweihen, eröffnen*
incarcérer 18 *inhaftieren*
incarner 3 *verkörpern*
incendier 9 *in Brand stecken*
incinérer 18 *einäschern ; veraschen*
inciser 3 *einschneiden*
inciter 3 *anreizen, verleiten*
incliner 3 *neigen*
inclure 96 *einschließen ; einfügen*
incomber 3 [*nur 3. Pers.*] *obliegen*
incommoder 3 *belästigen*
incorporer 3 *einverleiben ; beimengen*
incriminer 3 *anschuldigen ; beanstanden*
incruster 3 *inkrustieren ; einlegen*

incuber 3 *ausbrüten*
inculper 3 *an-, beschuldigen*
inculquer 3 *eintrichtern*
incurver 3 *krümmen, biegen*
indemniser 3 *entschädigen*
indexer 4 *nach dem Index festlegen*
indifférer 18 *gleichgültig sein, kalt lassen*
indigner 3 *empören, aufbringen*
indiquer 3 *angeben, (an)zeigen*
indisposer 3 *verstimmen, indisponiert machen*
individualiser 3 *individualisieren*
induire 98 *folgern, induzieren*
indulgencier 9 *einen Gegenstand als Ablaß erwerben*
indurer 3 *verhärten*
industrialiser 3 *industrialisieren*
infantiliser 3 *verkindlichen, verdummen*
infecter 4 *anstecken, infizieren ; verpesten*
inféoder 3 *belehnen, als Lehen vergeben*
inférer 18 *schließen, folgern*
inférioriser 3 *unterschätzen, von oben herab behandeln ; herabsetzen*
infester 3 *befallen, verseuchen*
infiltrer (s') 3 *durchsickern*
infirmer 3 *entkräften, anheben*
infléchir 32 *biegen, beugen*
infliger 17 *auferlegen*
influencer 16 *beeinflussen*
influer 3 *Einfluß haben*
informatiser 3 *EDV einsetzen, auf EDV umstellen*
informer 3 *informieren, mitteilen*
infuser 3 *ziehen (Tee)*
ingénier (s') 9 *sich den Kopf zerbrechen, wie...*
ingérer 18 *auf-, einnehmen*
ingurgiter 3 *hinunterschlingen*
inhaler 3 *inhalieren, einatmen*
inhiber 3 *hemmen*
inhumer 3 *bestatten, beerdigen*
initier 9 *einweihen, einführen, initiieren*
injecter 4 *(ein)spritzen, injizieren*
injurier 9 *beschimpfen, beleidigen*
innerver 3 *innervieren*
innocenter 3 *für unschuldig erklären ; entschuldigen*
innover 3 *Neuerungen einführen*
inoculer 3 *(ein)impfen ; inokulieren ; übertragen*
inonder 3 *überschwemmen*
inquiéter 18 *beunruhigen*
inscrire 99 *eintragen ; anmelden*
insculper 3 *einstanzen*
inséminer 3 *künstlich besamen*
insensibiliser 3 *betäuben*
insérer 18 *einfügen, -schieben, einsetzen, aufnehmen*
insinuer 7 *zu verstehen geben*
insister 3 *beharren ; bestehen*
insoler 3 *der Sonne aussetzen*
insolubiliser 3 *unlöslich machen*
insonoriser 3 *schalldicht machen ; abschirmen*
inspecter 4 *inspizieren ; mustern*
inspirer 3 *einatmen, anregen ; inspirieren*
installer 3 *einrichten, einsetzen, installieren*
instaurer 3 *begründen, einführen*
instiguer 3 [*alle Formen mit* gu] *(zu etwas) ermuntern, verleiten*
instiller 3 *einträufeln*
instituer 7 *einführen, einsetzen ; gründen*
institutionnaliser 3 *institutionalisieren*
instruire 98 *unterrichten, ausbilden ; Voruntersuchung einleiten ; unterweisen*
instrumenter 3 *ausfertigen (Urkunde) ; instrumentieren*
insuffler 3 *einblasen ; einflößen*
insulter 3 *beleidigen, beschimpfen*
insurger (s') 17 *sich erheben, sich auflehnen*
intégrer 18 *integrieren ; eingliedern ; einfügen*
intellectualiser 3 *intellektualisieren*
intensifier 9 *intensivieren, verstärken*
intenter 3 *anstrengen (Prozeß)*
interagir 32 *Wechselwirkung ausüben*
intercaler 3 *einschieben*
intercéder 18 *sich einsetzen*
intercepter 4 *auffangen ; unterschlagen, zurückhalten*
interclasser 3 *mischen (Lochkarten)*
interconnecter 4 *durchschalten*
interdire 103 *verbieten*
intéresser 4 *interessieren ; beteiligen*
interférer 18 *interferieren, sich überlagern*
interfolier 9 *durchschießen (Papier)*
intérioriser 3 *verinnerlichen ; nicht äußern*
interjeter 27 *Berufung einlegen*
interligner 3 *durchschießen (Zeilen)*
interloquer 3 *verblüffen*
internationaliser 3 *internationalisieren*
interner 3 *internieren, einweisen*
interpeller 26 *anreden, interpellieren, auffordern*
interpénétrer (s') 18 *sich gegenseitig durchdringen*
interpoler 3 *einschieben ; interpolieren*
interposer 3 *dazwischen setzen ; einsetzen*
interpréter 18 *interpretieren*
interroger 17 *(be)fragen ; verhören ; prüfen*
interrompre 78 *unterbrechen*
intervenir 40 [mit être] *eingreifen ; geschehen*
intervertir 32 *vertauschen*
interviewer 3 *interviewen*
intimer 3 *erteilen (Befehl) ; vorladen*
intimider 3 *einschüchtern*
intituler 3 *betiteln*
intoxiquer 3 *vergiften ; moralisch zerstören*
intriguer 3 [*alle Formen mit* gu] *Neugier wecken, intrigieren*
intriquer 3 *verkomplizieren*
introduire 98 *einführen*
introniser 3 *feierlich einsetzen*
invaginer (s') 3 *sich einstülpen*
invalider 3 *für ungültig erklären*
invectiver 3 *beschimpfen, beleidigen, schmähen*
inventer 3 *erfinden ; sich ausdenken*
inventorier 9 *inventarisieren*
inverser 3 *umkehren, vertauschen*
investir 32 *investieren ; belehnen ; umzingeln, umstellen*
invétérer (s') 18 *(mit der Zeit) stärker, schlimmer werden*
inviter 3 *einladen, auffordern*
invoquer 3 *(er)flehen ; sich berufen auf*
ioder 3 *jodieren*
iodler 3 *jodeln*
ioniser 3 *ionisieren*
iouler 3 *jodeln*
iriser 3 *irisieren*
ironiser 3 *ironisieren*
irradier 9 *ausstrahlen, bestrahlen*
irriguer 3 [*alle Formen mit* gu] *bewässern ; durchbluten*
irriter 3 *reizen*
islamiser 3 *islamisieren*
isoler 3 *isolieren*
italianiser 3 *italienisieren*

j-k

jaboter 3 *kreischen (Vogel)*
jacasser 3 *schreien (Elster) ; schwatzen*
jacter 3 *quasseln*
jaillir 32 *hervorsprudeln, ausströmen ; entspringen*
jalonner 3 *abstecken ; markieren ; prägen*
jalouser 3 *beneiden*

japper 3 *kläffen*
jardiner 3 *gärtnern*
jargonner 3 *kauderwelschen ; schnattern (Gänserich)*
jaser 3 *klatschen, herziehen ; brabbeln*
jasper 3 *sprenkeln*
jaspiner 3 *plaudern, schwatzen*
jauger 17 *eichen ; einschätzen ; Tonnage bestimmen ; Tonnage haben*
jaunir 32 *Gelb (ein)färben ; vergilben*
javeler 24 *in Schwaden legen*
javelliser 3 *Wasser mit Eau de Javelle keimfrei machen*
jerker 3 *Jerk tanzen*
jeter 27 *werfen*
jeûner 3 *fasten ; hungern*
jodler 3 *jodeln*
joindre 82 *verbinden ; aneinanderfügen ; beifügen*
jointoyer 13 *ausfugen*
joncher 3 *bestreuen ; umherliegen*
jongler 3 *jonglieren*
jouer 6 *spielen*
jouir 32 *genießen*
jouter 3 *kämpfen, in Wettkampf treten*
jouxter 3 *angrenzen*
jubiler 3 *jubeln, frohlocken, aufjauchzen*
jucher 3 *sich (auf die Stange, einen Zweig) setzen ; hochstellen*
judaïser 3 *judaisieren*
juger 17 *(be)urteilen ; befinden ; richten*
juguler 3 *unterbinden, abwürgen, unter Kontrolle bringen*
jumeler 24 *zusammenfügen, durch eine Partnerschaft verbinden*
jurer 3 *(be)schwören ; fluchen ; nicht passen*
justifier 9 *rechtfertigen, begründen*
juter 3 *viel Saft haben*
juxtaposer 3 *nebeneinandersetzen*
kidnapper 3 *kidnappen*
kilométrer 18 *mit Kilometersteinen versehen*
klaxonner 3 *hupen*

l

labourer 3 *pflügen*
lacer 16 *(zu)schnüren ; knüpfen*
lacérer 18 *zerreißen, zerfetzen*
lâcher 3 *loslassen ; fallen lassen*
laïciser 3 *dem kirchlichen Einfluß entziehen, bekenntnisneutral gestalten*
lainer 4 *aufrauhen*
laisser 4 *lassen*
laitonner 3 *vermessingen*
laïusser 3 *schwatzen, eine Rede schwingen*
lambiner 3 *trödeln*
lambrisser 3 *täfeln, paneelieren*
lamenter (se) 3 *jammern*
lamer 3 *fräsen*
laminer 3 *(aus)walzen, strecken*
lamper 3 *in langen Zügen trinken*
lancer 16 *werfen ; ausstoßen ; lancieren ; vom Stapel lassen*
lanciner 3 *lanzinieren ; quälen*
langer 17 *wickeln (Säugling)*
langueyer 12 *die Zunge eines Schweins untersuchen ; mit einer Zunge versehen*
languir 32 *schmachten ; stocken ; erlahmen*
lanterner 3 *trödeln ; zaudern*
laper 3 *schlecken*
lapider 3 *steinigen*
lapiner 3 *werfen (Kaninchen)*
laquer 3 *lackieren*
larder 3 *spicken ; durchbohren*
larguer 3 [alle Formen mit gu] *abwerfen ; fallenlassen ; loswerfen*
larmoyer 13 *tränen ; jammern*
lasser 3 *ermüden, langweilen*
latiniser 3 *latinisieren*
latter 3 *mit Latten versehen*
laver 3 *waschen ; spülen ; reinigen*
layer 11 *eine Schneise schlagen*
lécher 18 *(aus-, ab)lecken ; sorgfältig ausführen*
légaliser 3 *amtlich beglaubigen ; legalisieren*
légender 3 *mit einer Legende versehen*
légiférer 18 *Gesetze machen ; Regeln aufstellen*
légitimer 3 *legitimieren ; rechtfertigen*
léguer 18 *vermachen, vererben*
lénifier 9 *lindern*
léser 18 *benachteiligen ; verletzen*
lésiner 3 *knausern*
lessiver 3 *auswaschen, scheuern, schrubben*
lester 3 *beschweren, mit Ballast beladen*
leurrer 5 *anlocken ; zurücklocken*
lever 19 *heben ; aufheben ; abnehmen ; einziehen*
léviger 17 *schlämmen*
levretter 26 *werfen (Häsin)*
lexicaliser 3 *lexikographisch erfassen*
lézarder 3 *rissig machen ; sich sonnen*
liaisonner 3 *mit Mörtel einverbinden, im Verband mauern*
libeller 4 *abfassen*
libéraliser 3 *liberalisieren*
libérer 18 *befreien ; entlassen ; freigeben*
licencier 9 *entlassen, verabschieden*
licher 3 *picheln*
liciter 3 *versteigern*
lier 9 *binden, verbinden*
lifter 3 *liften ; (über)schneiden (Tennis)*
ligaturer 3 *unterbinden*
ligner 3 *linieren*
lignifier (se) 9 *verholzen*
ligoter 3 *fesseln*
liguer 3 *(zu einem Bund) zusammenschließen*
limer 3 *feilen*
limiter 3 *begrenzen, beschränken ; einschränken*
limoger 17 *kaltstellen, absägen*
liquéfier 9 *verflüssigen*
liquider 3 *liquidieren ; ausverkaufen*
lire 106 *lesen*
liserer 19 *paspelieren*
lisérer 18 *paspelieren*
lisser 3 *polieren, glätten*
lister 3 *(auf)listen*
liter 3 *schichten (Fische in Fässern)*
lithographier 9 *lithographieren*
livrer 3 *(an-, ab-, aus)liefern*
lober 3 *lobben (Tennis)*
localiser 3 *lokalisieren*
lock-outer 3 *aussperren*
lofer 3 *anluven*
loger 17 *unterbringen ; wohnen*
longer 17 *entlanggehen, -fahren*
lorgner 3 *anschielen ; nach etwas schielen*
lotionner 3 *einmassieren*
lotir 32 *parzellieren*
louanger 17 *loben*
loucher 3 *schielen*
louer 6 *mieten ; vermieten ; rühmen ; preisen*
louper 3 *verpassen ; verpfuschen*
lourder 3 *rausschmeißen, vor die Tür setzen*
lourer 3 *erste Note eines Taktes betonen*
louver 3 *mit der Steinzange heben*
louveter 27 *werfen (Wölfin)*
louvoyer 13 *lavieren ; kreuzen*
lover 3 *aufschießen, aufrollen*
lubrifier 9 *(ein)schmieren*
luger 17 *rodeln*
luire 97 *glänzen, scheinen*
lustrer 3 *glänzend machen, polieren*
luter 3 *kitten, dichten*
lutiner 3 *schäkern*
lutter 3 *kämpfen*

luxer 3 *verrenken*
lyncher 3 *lynchen*
lyophiliser 3 *gefriertrocknen*

m

macadamiser 3 *makadamisieren*
macérer 18 *einweichen, mazerieren*
mâcher 3 *kauen ; vorkauen ; quetschen*
machiner 3 *anzetteln*
mâchonner 3 *langsam kauen ; murmeln*
mâchouiller 3 *langsam kauen*
mâchurer 3 *beschmutzen ; zerquetschen*
macler 3 *umrühren (Glasmasse)*
maçonner 3 *mauern*
maculer 3 *beschmutzen, beflecken*
magasiner 3 *Einkäufe tätigen*
magner (se) 3 *sich beeilen, sich tummeln*
magnétiser 3 *magnetisieren ; in seinen Bann ziehen*
magnétoscoper 3 *auf Videoband aufzeichnen*
magnifier 9 *preisen, rühmen*
magouiller 3 *mauscheln*
maigrir 32 *abnehmen ; dünner machen*
mailler 3 *knüpfen (Netz) ; zusammenstecken (Kette)*
maintenir 40 [*mit* avoir] *halten, aufrechterhalten ; behaupten*
maîtriser 3 *unter Kontrolle bringen ; überwältigen, bändigen*
majorer 3 *erhöhen (Preis, Lohn)*
malaxer 3 *kneten*
malléabiliser 3 *tempern*
malmener 19 *schlecht behandeln ; hart bedrängen*
malter 3 *mälzen*
maltraiter 4 *mißhandeln, malträtieren*
manager 17 *leiten, organisieren, einteilen*
mandater 3 *beauftragen ; ausstellen (Postanweisung)*
mander 3 *zu sich rufen*
mandriner 3 *aufdornen ; einspannen*
mangeotter 3 *ohne Appetit essen*
manger 17 *essen, fressen ; verschlingen*
manier 9 *handhaben, bedienen*
manifester 3 *offenbaren, äußern ; demonstrieren*
manigancer 16 *anzetteln*
manipuler 3 *handhaben ; manipulieren*
manœuvrer 5 *handhaben ; lenken ; manövrieren*
manquer 3 *verfehlen ; fehlen ; ermangeln*
manucurer 3 *maniküren*
manufacturer 3 *verarbeiten, anfertigen, herstellen*
manutentionner 3 *innerbetrieblich befördern*
maquignonner 3 *mit betrügerischen Mitteln aufputzen (Pferd)*
maquiller 3 *schminken, (um)frisieren, fälschen*
marauder 3 *Felddiebstahl begehen ; marodieren*
marbrer 3 *marmorieren*
marchander 3 *handeln, feilschen*
marcher 3 *gehen, laufen, marschieren*
marcotter 3 *absenken, ablegen*
margauder 3 *rufen (Wachtel)*
marger 17 *Rand einstellen*
marginaliser 3 *an den Rand drängen, abseits stellen*
margot(t)er 3 *rufen (Wachtel)*
marier 9 *verheiraten ; trauen*
mariner 3 *marinieren*
marivauder 3 *galant plaudern*
marmonner 3 *brummen, murmeln*
marmotter 3 *vor sich hinmurmeln, brummen*
marner 3 *mergeln ; schuften*
maronner 3 *murren ; warten*
maroquiner 3 *wie Maroquin bearbeiten*
maroufler 3 *aufleimen*
marquer 3 *bezeichnen, markieren, angeben*
marqueter 27 *intarsieren*
marrer (se) 3 *lachen*
marteler 25 *hämmern ; laut und deutlich artikulieren*
martyriser 3 *quälen*
masculiniser 3 *vermännlichen, maskulinisieren*
masquer 3 *verbergen ; maskieren ; versperren, überdecken*
massacrer 3 *niedermetzeln, massakrieren*
masser 3 *versammeln ; massieren*
massicoter 3 *(Papier) maschinell schneiden*
mastiquer 3 *kauen ; verkitten*
masturber 3 *durch Masturbation befriedigen*
matelasser 3 *polstern ; steppen*
mâter 3 *bemasten*
mater 3 *matt setzen ; niederwerfen ; mattieren ; stemmen*
matérialiser 3 *verwirklichen, verkörperlichen*
materner 3 *bemuttern*
materniser 3 *der Muttermilch anpassen*
mathématiser 3 *mathematisch ausdrücken*
mâtiner 3 *(andersrassige Hündin) decken lassen*
matir 32 *mattieren, stemmen*
matraquer 3 *niederknüppeln, erschlagen*
matricer 16 *im Gesenk schmieden*
matriculer 3 *in die Stammrolle eintragen, registrieren ; mit der Registriernummer versehen*
maudire 104 *verfluchen*
maugréer 15 *schimpfen, fluchen ; brummen*
maximaliser 3 *maximieren*
maximiser 3 *maximieren*
mazouter 3 *Öl bunkern ; mit Öl verschmutzen*
mécaniser 3 *mechanisieren*
mécher 18 *ausschwefeln (Faß) ; dränieren*
méconduire (se) 98 *sich schlecht benehmen*
méconnaître 91 *verkennen*
mécontenter 3 *unzufrieden machen, verdrießen*
médailler 3 *mit einer Medaille auszeichnen*
médiatiser 3 *mittelbar machen*
médicaliser 3 *der Medizin zuordnen*
médire 103 *verleumden, Übles nachsagen*
méditer 3 *nachdenken, ausdenken ; meditieren*
méduser 3 *verdutzen, in Staunen (ver)setzen*
méfier (se) 9 *mißtrauen*
mégir 32 *weiß-, alaungerben*
mégisser 3 *weiß-, alaungerben*
mégoter 3 *geizen*
méjuger 17 *falsch beurteilen, unterschätzen*
mélanger 17 *(ver)mischen, vermengen, mengen*
mêler 4 *vermengen, durcheinanderbringen ; verwirren*
mémoriser 3 *memorieren*
menacer 16 *drohen*
ménager 17 *schonen ; bewerkstelligen ; anbringen*
mendier 9 *betteln*
mendigoter 3 *(herum)betteln*
mener 19 *führen ; bringen*
mensualiser 3 *monatlich entlohnen*
mentionner 3 *erwähnen, vermerken*
mentir 37 *lügen*
menuiser 3 *tischlern*
méprendre (se) 79 *sich irren*
mépriser 3 *verachten, mißachten*
merceriser 3 *merzerisieren*
merder 3 *Mist bauen*

meringuer 3 [*alle Formen mit* gu] *mit Baisermasse überziehen, mit Baiser garnieren*
mériter 3 *verdienen, wert sein*
mésallier (se) 9 *unter seinem Stande heiraten*
mésestimer 3 *geringschätzen, unterschätzen*
mesurer 3 *messen*
métaboliser 3 *Substanzen umwandeln (Stoffwechsel)*
métalliser 3 *mit Metall überziehen, metallisieren*
métamorphiser 3 *umwandeln (Geologie)*
métamorphoser 3 *verwandeln, umwandeln*
météoriser 3 *aufblähen*
métisser 3 *kreuzen (Rassen)*
métrer 18 *vermessen*
mettre 84 *legen, setzen, stellen, hängen, stecken*
meubler 5 *möblieren, ausfüllen*
meugler 5 *muhen, brüllen*
meuler 5 *schleifen*
meurtrir 32 *(zer)quetschen, verwunden*
miauler 3 *miauen*
microfilmer 3 *auf Mikrofilm aufnehmen*
migrer 3 *ab- und zuwandern*
mijoter 3 *schmoren, kochen ; ausbrüten*
militariser 3 *militarisieren, militärisch organisieren*
militer 3 *aktiv sein (Politik), militant sein*
millésimer 3 *mit der Jahreszahl versehen*
mimer 3 *mimen, nachmachen*
minauder 3 *sich zieren, kokettieren*
mincir 32 *dünner werden*
miner 3 *verminen ; untergraben ; zermürben*
minéraliser 3 *mineralisieren*
miniaturiser 3 *miniaturisieren*
minimaliser 3 *minimieren*
minimiser 3 *minimieren ; herunterspielen, bagatellisieren*
minorer 3 *unterbewerten*
minuter 3 *Dauer genau festlegen ; aufsetzen*
mirer 3 *durchleuchten (Eier)*
miroiter 3 *spiegeln, glänzen*
miser 3 *wetten, setzen (Summe)*
miter (se) 3 *von Motten zerfressen werden*
mithridatiser 3 *durch Gewöhnung gegen Gift immun machen*
mitonner 3 *langsam kochen*
mitrailler 3 *mit MG beschießen ; schießen (Fotos)*
mixer 3 *mixen ; mischen*
mobiliser 3 *mobilisieren, mobilmachen*
modeler 25 *formen, gestalten ; modellieren ; betonen*
modéliser 3 *Modelle entwerfen/erstellen*
modérer 18 *mäßigen, zügeln*
moderniser 3 *modernisieren*
modifier 9 *ändern*
moduler 3 *modulieren, anpassen*
moirer 3 *moirieren*
moiser 3 *durch Bänder verbinden*
moisir 32 *(ver)schimmeln ; versauern, warten*
moissonner 3 *ernten, mähen*
molester 3 *brutal behandeln*
moleter 27 *rändeln*
molletonner 3 *mit Molton füttern*
mollir 32 *weich werden, lockern, abflauen*
momifier 9 *mumifizieren*
monder 3 *schälen, entkernen*
mondialiser 3 *weltweit ausdehnen*
monétiser 3 *aus-, vermünzen*
monnayer 11 *aus-, vermünzen ; zu Geld machen*
monologuer 3 [*alle Formen mit* gu] *Selbstgespräche führen*
monopoliser 3 *monopolisieren, konzentrieren*
monter 3 [*mit* être *oder* avoir] *hinauf-, herauf-, hoch-, einsteigen bzw. -bringen*
montrer 3 *zeigen*
moquer (se) 3 *spotten, verspotten*
moquetter 4 *mit einem Teppichboden auslegen*
moraliser 3 *moralisieren*
morceler 24 *zerstückeln, aufteilen*
mordancer 16 *beizen*
mordiller 3 *knabbern*
mordre 76 *(an)beißen, nagen*
morfondre (se) 75 *sich langweilen, Trübsal blasen*
morigéner 18 *schelten, zurechtweisen*
mortaiser 4 *ein Zapfenloch ausbohren ; einschneiden*
mortifier 9 *abtöten ; kasteien ; demütigen*
motiver 3 *begründen, motivieren, rechtfertigen*
motoriser 3 *motorisieren*
motter (se) 3 *sich hinter Erdschollen verstecken*
moucharder 3 *(ver)petzen*
moucher 3 *Nase putzen ; putzen (Docht)*
moucheronner 3 *Insekten schnappen (Fisch)*
moucheter 27 *sprenkeln, tüpfeln ; mit dem Lederknopf versehen (Florett)*
moudre 85 *mahlen*
moufter 3 *sprechen, protestieren*
mouiller 3 *an-, befeuchten ; verdünnen ; werfen (Anker)*
mouler 3 *(ab)formen, gießen*
mouliner 3 *zwirnen ; passieren*
moulurer 3 *mit Zierleisten versehen*
mourir 42 [*mit* être] *sterben*
mousser 3 *schäumen*
moutonner 3 *Schaumkronen bilden (Meer)*
mouvoir 54 *bewegen, antreiben*
muer 7 *sich mausern, sich häuten ; Stimmwechsel haben*
mugir 32 *brüllen, brausen*
multiplier 10 *multiplizieren, vermehren*
municipaliser 3 *kommunalisieren*
munir 32 *ausstatten, versehen*
murer 3 *zu-, ver-, einmauern*
mûrir 32 *reifen, reif machen*
murmurer 3 *murmeln*
musarder 3 *herumtrödeln*
muscler 3 *die Muskeln stärken*
museler 24 *Maulkorb anlegen*
muser 3 *die Zeit mit Muße verbringen*
muter 3 *versetzen, die Gärung unterbrechen*
mutiler 3 *verstümmeln*
mutiner (se) 3 *meutern*
mystifier 9 *hereinlegen, täuschen, irreführen*
mythifier 9 *mythologisieren*

n

nacrer 3 *Perlmuttglanz geben*
nager 17 *schwimmen*
naître 92 [*mit* être] *geboren werden, entstehen*
nantir 32 *durch ein Pfand sicherstellen, ausgestattet sein*
napper 3 *überziehen (Küche)*
narguer 3 [*alle Formen mit* gu] *(ver)höhnen, trotzen*
narrer 3 *erzählen*
nasaliser 3 *nasalieren*
nasiller 3 *näseln ; schnattern (Ente)*
nationaliser 3 *verstaatlichen*
natter 3 *flechten (Zopf, Matte)*
naturaliser 3 *einbürgern ; ausstopfen*
naviguer 3 [*alle Formen mit* gu] *(zur See) fahren ; fliegen*
navrer 3 *tief betrüben*
néantiser 3 *verschwinden lassen*
nébuliser 3 *sprühen*
nécessiter 3 *erfordern*
nécroser 3 *nekrotisieren*
négliger 17 *vernachlässigen*

négocier 9 *aus-, verhandeln*
neiger 23 [*unpersönlich*] *schneien*
nervurer 3 *rippen*
nettoyer 13 *säubern, reinigen, putzen*
neutraliser 3 *neutralisieren*
nicher 3 *nisten*
nickeler 24 [Littré : **25**] *vernickeln*
nidifier 9 *sein Nest bauen*
nieller 4 *niellieren*
nier 9 *leugnen*
nimber 3 *mit einem Nimbus umgeben*
nipper 3 *kleiden*
nitrater 3 *mit Nitrat versetzen*
nitrifier 9 *nitrifizieren*
nitrurer 3 *nitrier(härt)en*
niveler 24 *einebnen, nivellieren, egalisieren*
noircir 32 *schwärzen, vollschreiben*
noliser 3 *chartern*
nomadiser 3 *nomadisieren*
nominaliser 3 *nominalisieren*
nommer 3 *nennen ; ernennen*
nonupler 3 *verneunfachen*
nordir 32 [*nur 3. Pers.*] *(sich) nach Norden drehen*
normaliser 3 *normalisieren ; normieren*
noter 3 *ver-, vormerken, notieren*
notifier 9 *offiziell bekanntgeben ; zustellen*
nouer 6 *knoten, schnüren ; anknüpfen*
nourrir 32 *ernähren, nähren*
nover 3 *Novation vornehmen*
noyauter 3 *unterwandern*
noyer 13 *ertränken ; unter Wasser setzen ; ersäufen*
nuancer 16 *abstufen, differenzieren*
nucléariser 3 *mit Kernenergie versorgen*
nuire 97 *schaden*
numériser 3 *digitalisieren*
numéroter 3 *numerieren, beziffern*

o

obéir 32 *gehorchen, folgen*
obérer 18 *mit (hohen) Schulden belasten*
objecter 4 *einwenden, entgegenhalten*
objectiver 3 *versachlichen, objektivieren, vergegenständlichen*
obliger 17 *zwingen, verpflichten*
obliquer 3 *abbiegen*
oblitérer 18 *entwerten ; verwischen ; veröden*
obnubiler 3 *trüben, beherrschen (Gedanken)*
obscurcir 32 *verdunkeln, verschleiern*
obséder 18 *nicht aus dem Sinn gehen, heimsuchen, bedrängen*
observer 3 *beobachten ; befolgen*
obstiner (s') 3 *sich versteifen, sich verbeißen*
obstruer 3 *versperren, verstopfen*
obtempérer 18 *gehorchen, Folge leisten*
obtenir 40 [*mit* avoir] *erlangen, bekommen, erwirken, erzielen*
obturer 3 *verschließen ; füllen*
obvenir 40 *zufallen, zuteil werden*
obvier 9 *vorbeugen*
occasionner 3 *bewirken, führen zu*
occidentaliser 3 *dem westlichen Vorbild anpassen*
occire [*gebräuchlich im inf., part. passé* occis, -e *und temps comp.*] *töten*
occlure 96 *verschließen, okkludieren*
occulter 3 *bedecken ; abblenden ; unterbrechen*
occuper 3 *beschäftigen, besetzen, ausfüllen*
ocrer 3 *mit Ocker färben*
octavier 9 *oktavieren*
octroyer 13 *bewilligen*
octupler 3 *verachtfachen*
œilletonner 3 *durch Abtrennen eines Triebs vermehren (Pflanze)*
œuvrer 5 *arbeiten, wirken*
offenser 3 *beleidigen*
officialiser 3 *amtlichen, offiziellen Charakter geben*
officier 9 *Gottesdienst halten*
offrir 34 *schenken, (an)bieten*
offusquer 3 *mißfallen, zuwider sein*
oindre 82 *salben*
oiseler 24 *Vögel fangen*
ombrager 17 *beschatten (Baum)*
ombrer 3 *schattieren*
omettre 84 *auslassen, vergessen*
ondoyer 13 *wogen ; nottaufen*
onduler 3 *wellen, sanft wogen*
opacifier 9 *undurchsichtig machen*
opaliser 3 *Opaleffekt geben*
opérer 18 *operieren ; vornehmen, verfahren, wirken*
opiner 3 *seine Meinung sagen ; zustimmen*
opposer 3 *entgegenstellen*
oppresser 4 *bedrücken, beklemmen*
opprimer 3 *unterdrücken, unterjochen, knechten*
opter 3 *wählen, sich entscheiden für*
optimaliser 3 *optimieren*
optimiser 3 *optimieren*
orchestrer 3 *instrumentieren ; organisieren*
ordonnancer 16 *zur Zahlung anweisen*
ordonner 3 *befehlen ; (ver-, an)ordnen ; verschreiben ; weihen*
organiser 3 *organisieren, gestalten ; veranstalten*
orienter 3 *orientieren ; beraten ; steuern*
ornementer 3 *verzieren*
orner 3 *schmücken*
orthographier 9 *schreiben (nach den Regeln der Rechtschreibung)*
osciller 3 *schwingen, pendeln, schwanken*
oser 3 *wagen*
ossifier (s') 9 *verknöchern*
ôter 3 *wegnehmen, abnehmen, abziehen*
ouater 3 *wattieren*
ouatiner 3 *mit Watteline füttern*
oublier 10 *vergessen*
ouiller 3 *nachfüllen*
ouïr 51 *hören*
ourdir 32 *anzetteln*
ourler 3 *säumen*
outiller 3 *(mit Werkzeug) ausstatten*
outrager 17 *beleidigen*
outrepasser 3 *überschreiten*
outrer 3 *übertreiben, empören*
ouvrager 17 *ausarbeiten*
ouvrer 3 *ver-, bearbeiten*
ouvrir 34 *öffnen, aufmachen ; eröffnen*
ovaliser 3 *oval machen*
ovationner 3 *zujubeln*
ovuler 3 *einen Eisprung haben*
oxyder 3 *oxydieren*
oxygéner 18 *mit Sauerstoff anreichern*
ozoniser 3 *ozonisieren*

p

pacager 17 *weiden (lassen)*
pacifier 9 *befrieden, beruhigen*
pacquer 3 *in Fässer legen (Fisch)*
pactiser 3 *gemeinsame Sache machen*
paganiser 3 *heidnisch machen*
pagayer 11 *paddeln*
paginer 3 *paginieren*
paillassonner 3 *mit Matten zudecken*

pailler 3 *mit Stroh abdecken*
pailleter 27 *mit Flitter bestreuen*
paître 91 [*passé simple, subj. imparf. und temps comp. selten*] *weiden*
palabrer 3 *palavern*
palettiser 3 *auf Paletten stapeln, palettieren*
pâlir 32 *ver-, erblassen*
palissader 3 *einzäunen*
palisser 3 *am Spalier festbinden*
palissonner 3 *(mit dem Stollen) geschmeidig machen (Leder)*
pallier 9 *abhelfen, beheben*
palmer 3 *Nadelköpfe flachschlagen*
palper 3 *betasten ; einstreichen*
palpiter 3 *zucken ; klopfen (Herz)*
pâmer (se) 3 *ohnmächtig werden ; fast den Verstand verlieren (vor Liebe)*
panacher 3 *mischen, panaschieren*
paner 3 *panieren*
panifier 9 *zu Brot backen*
paniquer 3 *in Panik geraten*
panneauter 3 *Schlingen legen*
panser 3 *verbinden (Wunde) ; striegeln*
pantoufler 3 *den Staatsdienst verlassen und in die freie Wirtschaft gehen*
papillonner 3 *umherflattern, flatterhaft sein*
papilloter 3 *flimmern, glitzern ; blinzeln*
papoter 3 *schwatzen*
parachever 19 *vollenden*
parachuter 3 *(mit dem Fallschirm) absetzen*
parader 3 *paradieren, Eindruck zu machen suchen*
parafer 3 *paraphieren*
paraffiner 3 *paraffinieren*
paraître 91 [*mit* avoir *oder* être] *(er)scheinen*
paralyser 3 *lähmen ; zum Stillstand bringen*
parangonner 3 *justieren*
parapher 3 *paraphieren*
paraphraser 3 *paraphrasieren*
parasiter 3 *schmarotzen*
parcellariser 3 *parzellieren*
parcelliser 3 *parzellieren*
parcourir 45 *durchlaufen, durchfahren*
pardonner 3 *verzeihen, vergeben*
parementer 3 *verputzen, verblenden*
parer 3 *abwehren, parieren ; klarmachen ; schmücken*
paresser 4 *faulenzen*
parfaire 109 [*besonders inf., Sing. des ind. prés. und temps comp.*] *vollenden, vervollkommnen*
parfiler 3 *einweben, einstricken*
parfondre 75 *durchschmelzen, in der Masse färben*
parfumer 3 *parfümieren, mit Duft erfüllen*
parier 9 *wetten*
parjurer (se) 3 *eidbrüchig werden*
parlementer 3 *unter-, verhandeln*
parler 3 *sprechen, reden*
parodier 9 *parodieren, nachäffen*
parquer 3 *einpferchen ; parken*
parqueter 27 *mit Parkett auslegen, parkettieren*
parrainer 4 *als Bürge eintreten ; die Schirmherrschaft übernehmen*
parsemer 19 *bestreuen, übersäen*
partager 17 *(auf-, ver)teilen*
participer 3 *teilnehmen, mitmachen, teilhaben*
particulariser 3 *spezifizieren*
partir 43 [*mit* être] *fort-, weggehen, (ab)fahren, (ab)fliegen ; losgehen ; anfangen*
parvenir 40 [*mit* être] *erreichen, ankommen, gelangen*
passementer 3 *mit einer Borte besetzen*
passer 3 [*mit* être *oder* avoir] *vorbeigehen ; überqueren ; überreichen ; verbringen ; passieren*
passionner 3 *begeistern*
pasteuriser 3 *pasteurisieren*
pasticher 3 *nachahmen*
patauger 17 *patschen ; sich verhaspeln*
pateliner 3 *honigsüß tun*
patenter 3 *der Gewerbesteuer unterwerfen ; den Gewerbeschein ausstellen*
patienter 3 *sich gedulden*
patiner 3 *eislaufen, rutschen, durchdrehen ; patinieren*
pâtir 32 *unter etwas leiden, für etwas büßen müssen*
patoiser 3 *eine Mundart sprechen*
patouiller 3 *manschen, patschen*
patronner 3 *unterstützen, fördern*
patrouiller 3 *patrouillieren*
pâturer 3 *weiden*
paumer 3 *verlieren*
paumoyer 13 *trecken*
paupériser 3 *verarmen*
pavaner (se) 3 *einherstolzieren, paradieren*
paver 3 *pflastern*
pavoiser 3 *(be)flaggen*
payer 11 *(be)zahlen, entrichten, spendieren*
peaufiner 3 *abledern ; den letzten Schliff geben*
pécher 18 *sündigen*
pêcher 4 *fischen ; aufgabeln*
pécloter 3 *eine schwache Gesundheit haben*
pédaler 3 *radeln ; flitzen*
peigner 4 *kämmen*
peindre 81 *(an)malen, (an)streichen, darstellen*
peiner 4 *traurig machen ; Mühe haben*
peinturlurer 3 *(mit schreienden Farben) malen*
peler 25 *schälen ; sich pellen*
pelleter 27 *schaufeln*
peloter 3 *befummeln*
pelotonner 3 *(auf)wickeln*
pelucher 3 *fusseln*
pénaliser 3 *bestrafen*
pencher 3 *neigen, beugen*
pendiller 3 *flattern, baumeln, schaukeln*
pendouiller 3 *baumeln*
pendre 73 *(auf)hängen ; erhängen*
penduler 3 *(am Seil) pendeln*
pénétrer 18 *durch-, eindringen*
penser 3 *denken, meinen*
pensionner 3 *eine Rente zahlen*
pépier 9 *piepen (Vögel)*
percer 16 *durchbohren ; durchbrechen*
percevoir 52 *wahrnehmen ; eintreiben (Steuern)*
percher 3 *sitzen (Vögel) ; hausen ; hinauf-, hochstellen*
percuter 3 *(auf)prallen, stoßen, (auf)schlagen ; perkutieren*
perdre 77 *verlieren*
perdurer 3 *lange dauern*
pérenniser 3 *in eine Planstelle einweisen ; verewigen*
perfectionner 3 *vervollkommnen ; fortbilden*
perforer 3 *durchbohren, durchlochen, perforieren*
péricliter 3 *(langsam) zugrunde gehen*
périmer (se) 3 *verfallen, veralten*
périr 32 *umkommen*
perler 3 *perlen*
permettre 84 *erlauben, gestatten, dulden*
permuter 3 *aus-, vertauschen*
pérorer 3 *schwadronieren*
peroxyder 3 *in Peroxyd umwandeln*
perpétrer 18 *verüben, begehen*
perpétuer 7 *perpetuieren, weitertragen ; verewigen*
perquisitionner 3 *eine Durchsuchung vornehmen*
persécuter 3 *verfolgen*
persévérer 18 *beharren*
persifler 3 *(ver)spotten*
persister 3 *verharren ; andauern*
personnaliser 3 *individuell gestalten*
personnifier 9 *personifizieren*

persuader 3 *überzeugen ; zureden*
perturber 3 *stören, durcheinanderbringen*
pervertir 32 *verderben*
pervibrer 3 *rütteln (Beton)*
peser 19 *(ab)wiegen ; abwägen, lasten*
pester 3 *wettern*
pétarader 3 *knattern*
péter 18 *furzen ; knallen, platzen*
pétiller 3 *knistern ; prickeln ; sprühen*
pétitionner 3 *Bittschrift einreichen*
pétouiller 3 *trödeln*
pétrifier 9 *versteinern*
pétrir 32 *kneten*
peupler 5 *bevölkern*
phagocyter 3 *phagozytieren*
philosopher 3 *philosophieren*
phosphater 3 *mit Phosphat düngen ; phosphatieren*
phosphorer 3 *mit Phosphor verbinden ; arbeiten, daß der Kopf raucht*
photocopier 9 *fotokopieren*
photographier 9 *fotografieren*
phraser 3 *Phrasen dreschen*
piaffer 3 *stampfen (Pferd)*
piailler 3 *piepen, schreien*
pianoter 3 *klimpern (Klavier) ; (mit den Fingern) klopfen*
piauler 3 *piepen, plärren*
picoler 3 *bechern, zechen*
picorer 3 *(auf)picken*
picoter 3 *prickeln ; kribbeln ; aufpicken*
piéger 22 *mit einer Falle fangen ; eine versteckte Sprengladung anbringen*
piéter 18 *laufen (Vögel)*
piétiner 3 *(fest)stampfen, zertrampeln ; stocken ; mit Füßen treten*
pieuter (se) 3 *zu Bett gehen*
pigeonner 3 *betrügen, aufs Kreuz legen*
piger 17 *kapieren*
pigmenter 3 *pigmentieren*
pignocher 3 *ohne Appetit essen*
piler 3 *(zer)stampfen, zerstoßen, schlagen (Sport) ; vollbremsen*
piller 3 *plündern*
pilonner 3 *(fest)stampfen ; einstampfen ; unter pausenloses Feuer nehmen, bombardieren*
piloter 3 *steuern, fahren, lotsen ; pilotieren*
pimenter 3 *scharf würzen*
pinailler 3 *Haarspalterei treiben, herumnörgeln*
pincer 16 *kneifen, zwicken ; zupfen ; ertappen*
pinter 3 *picheln*
piocher 3 *hacken ; büffeln*
pioncer 16 *pennen*
piper 3 *piepen ; mit der Lockpfeife anlocken ; zinken (Karten)*
pique-niquer 3 *picknicken*
piquer 3 *stechen, aufspießen ; klauen ; ertappen*
piqueter 27 *(mit Pfählen) abstecken ; sprenkeln*
pirater 3 *Seeräuberei treiben ; klauen*
pirouetter 4 *sich im Kreise herumdrehen*
pisser 3 *pinkeln*
pister 3 *jemandes Spur verfolgen*
pistonner 3 *protegieren*
pitonner 3 *Haken einschlagen (Bergsteigen)*
pivoter 3 *sich drehen ; eine Pfahlwurzel treiben*
placarder 3 *anschlagen (Plakat)*
placer 16 *stellen, legen, setzen, plazieren*
plafonner 3 *Decke einziehen ; Höchstgrenze, -geschwindigkeit erreichen*
plagier 9 *plagiieren*
plaider 4 *plädieren ; (vor Gericht) verteidigen, bedauern*
plaindre 80 *beklagen, bemitleiden, bedauern*
plaire 110 *gefallen*
plaisanter 3 *scherzen, aufziehen*
planchéier 4 [*behält immer das* é] *mit Brettern verkleiden, dielen*
plancher 3 *abgefragt werden (Prüfung)*
planer 3 *schweben ; ebnen, planieren*
planifier 9 *planen*
planquer 3 *verstecken*
planter 3 *(be)pflanzen, errichten*
plaquer 3 *furnieren, plattieren, andrücken ; im Stich lassen*
plastifier 9 *mit Kunststoff überziehen*
plastiquer 3 *mit einer Plastikladung sprengen*
plastronner 3 *sich in die Brust werfen, posieren*
platiner 3 *platinieren*
plâtrer 3 *(ein-, ver)gipsen*
plébisciter 3 *durch Volksabstimmung entscheiden, wählen*
pleurer 5 *(be-, nach)weinen*
pleurnicher 3 *jammern, flennen*
pleuvasser 3 [*unpersönlich*] *nieseln*
pleuviner 3 [*unpersönlich*] *nieseln*
pleuvoir 68 [*unpersönlich*] *regnen*
pleuvoter 3 [*unpersönlich*] *nieseln*
plier 10 *(zusammen)falten ; beugen, biegen, knicken*
plisser 3 *in Falten legen*
plomber 3 *plombieren ; verbleien ; beschweren*
plonger 17 *tauchen*
ployer 13 *(sich) biegen, beugen*
plumer 3 *rupfen*
pocher 3 *pochieren ; blau schlagen (Auge) ; skizzieren*
poêler 3 *in der Pfanne braten*
poétiser 3 *dichterisch ausschmücken*
poignarder 3 *erdolchen*
poiler (se) 3 *laut lachen*
poinçonner 3 *lochen ; stempeln*
poindre 82 [*nur inf. und 3. Pers. Sing. des ind. prés. und fut.*] *anbrechen (Tag), sprießen*
pointer 3 *abhaken ; stempeln ; spitzen ; kontrollieren ; emporragen*
pointiller 3 *punkten*
poireauter 3 *(lange) warten*
poisser 3 *mit Pech behandeln ; klebrig machen*
poivrer 3 *pfeffern*
polariser 3 *polarisieren*
polémiquer 3 *polemisieren*
polir 32 *polieren, glätten*
polissonner 3 *sich wie ein Gassenjunge benehmen, Zoten reißen*
politiser 3 *politisieren*
polluer 7 *verunreinigen, verschmutzen*
polycopier 9 *vervielfältigen*
polymériser 3 *polymerisieren*
pommader 3 *pomadisieren*
pommeler (se) 24 *sich mit Schäfchenwolken überziehen*
pommer 3 *Kopf ansetzen (Salat, Kohl)*
pomper 3 *pumpen, saugen ; abschreiben ; erschöpfen*
pomponner 3 *herausputzen*
poncer 16 *durchpausen, abschleifen*
ponctionner 3 *punktieren*
ponctuer 7 *interpunktieren*
pondérer 18 *gewichten, ausgleichen*
pondre 75 *Eier legen, (zusammen)schreiben*
ponter 3 *mit einem Deck versehen ; gegen die Bank spielen*
pontifier 9 *dozieren ; ein Pontifikalamt halten*
populariser 3 *popularisieren*
poquer 3 *die Kugel so werfen, daß sie nach dem Aufstoß nicht weiterrollt (Boulespiel)*
porter 3 *tragen, halten, behandeln, ruhen auf*
portraiturer 3 *porträtieren*
poser 3 *setzen, legen, stellen, anbringen ; Modell stehen ; posieren*
positionner 3 *in eine Position bringen, einstellen ; Stand ermitteln*

posséder 18 *besitzen ; beherrschen ; reinlegen*
postdater 3 *vordatieren*
poster 3 *aufstellen, postieren ; zur Post geben*
postillonner 3 *eine feuchte Aussprache haben*
postposer 3 *nachstellen*
postsynchroniser 3 *nachsynchronisieren*
postuler 3 *sich bewerben ; postulieren ; als Parteivertreter auftreten*
potasser 3 *pauken*
potiner 3 *tratschen*
poudrer 3 *pudern*
poudroyer 13 *stauben*
pouffer 3 *laut loslachen*
pouliner 3 *fohlen*
pouponner 3 *hätscheln*
pourchasser 3 *jagen, verfolgen*
pourfendre 73 *mit einem Hieb spalten ; heftig attackieren*
pourlécher (se) 18 *sich die Lippen lecken*
pourrir 32 *verfaulen ; verderben*
poursuivre 89 *verfolgen*
pourvoir 64 *versehen, versorgen*
pousser 3 *stoßen, schieben, treiben ; wachsen*
poutser 3 *putzen*
pouvoir 58 *können, vermögen, dürfen*
praliner 3 *in Zucker bräunen ; einschlämmen*
pratiquer 3 *ausüben, betreiben, praktizieren*
précautionner (se) 3 *Vorsichtsmaßnahmen treffen*
précéder 18 *vorausgehen, vorangehen*
préchauffer 3 *vorheizen, vorwärmen*
prêcher 4 *predigen*
précipiter 3 *hinunterstürzen ; überstürzen*
préciser 3 *präzisieren, klarstellen*
précompter 3 *vom Lohn einbehalten (Versicherung)*
préconiser 3 *empfehlen ; präkonisieren*
prédestiner 3 *prädestinieren*
prédéterminer 3 *prädeterminieren*
prédiquer 3 *ein Prädikat hinzufügen*
prédire 103 *voraussagen*
prédisposer 3 *Veranlagung zu etwas mitgeben, prädisponieren*
prédominer 3 *vorherrschen*
préétablir 32 *vorher festsetzen*
préexister 3 *schon vorher da sein, präexistieren*
préfacer 16 *Vorwort schreiben*
préférer 18 *vorziehen, bevorzugen*
préfigurer 3 *ahnen lassen*
préfixer 3 *vorher festsetzen*
préformer 3 *vorformen*
préjuger 17 *vorentscheiden ; präjudizieren*
prélasser (se) 3 *es sich bequem machen*
prélever 19 *ab-, entnehmen ; abbuchen*
préluder 3 *einleiten ; sich einspielen ; präludieren*
préméditer 3 *gedanklich vorbereiten, planen*
prémunir 32 *schützen, bewahren*
prendre 79 *nehmen, fassen ; fangen ; ertappen*
prénommer 3 *den Vornamen geben*
préoccuper 3 *beschäftigen, beunruhigen*
préparer 3 *zu-, vorbereiten*
préposer 3 *beauftragen*
présager 17 *ankündigen ; vermuten*
prescrire 99 *ver-, vorschreiben ; ersitzen*
présélectionner 3 *vorwählen*
présenter 3 *vorstellen, vorbringen, vorzeigen, anbieten*
préserver 3 *bewahren, schützen*
présider 3 *den Vorsitz haben*
pressentir 37 *ahnen ; vorfühlen*
presser 4 *pressen, drücken, drängen, eilen*
pressurer 3 *auspressen, keltern ; ausnehmen*
pressuriser 3 *normale Druckverhältnisse aufrechterhalten (Flugzeug)*
présumer 3 *vermuten, mutmaßen*
présupposer 3 *voraussetzen*
présurer 3 *mit Lab zum Gerinnen bringen (Milch)*
prétendre 73 *behaupten, vorgeben ; Anspruch erheben*
prêter 4 *(aus)leihen, borgen*
prétexter 4 *zum Vorwand nehmen*
prévaloir 61 *die Oberhand gewinnen ; überwiegen, den Ausschlag geben*
prévariquer 3 *die Dienstpflicht vergessen*
prévenir 40 [mit avoir] *warnen, benachrichtigen ; vorbeugen*
prévoir 63 *voraussehen, veranschlagen*
prier 10 *bitten, beten*
primer 3 *den Vorrang haben ; prämieren*
priser 3 *(hoch)schätzen ; (Tabak) schnupfen*
privatiser 3 *privatisieren*
priver 3 *entziehen ; entrechten ; berauben*
privilégier 9 *bevorzugen, begünstigen*
procéder 18 *vornehmen ; herrühren*
proclamer 3 *verkünden, erklären*
procréer 15 *zeugen*
procurer 3 *besorgen, verschaffen*
prodiguer 3 *verschwenden ; überschütten*
produire 98 *erzeugen, herstellen, schaffen ; hervorrufen ; produzieren ; vorlegen*
profaner 3 *entweihen, entehren*
proférer 18 *hervorstoßen*
professer 4 *öffentlich bekennen ; lehren ; offen bekunden*
profiler 3 *profilieren ; im Profil darstellen*
profiter 3 *profitieren, ausnutzen ; gedeihen*
programmer 3 *programmieren ; auf das Programm setzen*
progresser 4 *Fortschritte machen ; vorrücken ; sich verbreiten*
prohiber 3 *(gesetzlich) verbieten*
projeter 27 *(aus)werfen ; planen ; projizieren*
prolétariser 3 *proletarisieren*
proliférer 18 *sich rasch vermehren, wuchern*
prolonger 17 *verlängern*
promener 19 *spazierenführen, mitführen*
promettre 84 *versprechen, versichern*
promouvoir 56 *befördern ; in die Wege leiten ; fördern*
promulguer 3 [*alle Formen mit* gu] *promulgieren*
prôner 3 *rühmen, preisen ; predigen*
prononcer 16 *aussprechen*
pronostiquer 3 *voraussagen, prognostizieren*
propager 17 *propagieren, verbreiten ; vermehren*
prophétiser 3 *prophezeien*
proportionner 3 *in ein ausgeglichenes Verhältnis setzen*
proposer 3 *vorschlagen, anbieten*
propulser 3 *(vor)antreiben*
proroger 17 *verlängern, vertagen*
proscrire 99 *verbieten ; verbannen*
prospecter 4 *schürfen, erkunden, prospektieren*
prospérer 18 *gedeihen, florieren*
prosterner (se) 3 *sich niederwerfen*
prostituer 7 *auf den Strich schicken ; prostituieren, degradieren*

protéger 22 *(be)schützen ; sichern ; protegieren ; fördern*
protester 3 *protestieren, beteuern*
prouver 3 *nach-, beweisen*
provenir 40 *herkommen, beruhen auf*
provigner 3 *absenken, ablegen*
provoquer 3 *herausfordern, provozieren*
psalmodier 9 *psalmodieren, herunterleiern*
psychanalyser 3 *psychoanalysieren*
psychiatriser 3 *psychiatrisch behandeln/interpretieren*
publier 10 *veröffentlichen ; an die Öffentlichkeit bringen*
puddler 3 *puddeln, frischen*
puer 7 *stinken*
puiser 3 *schöpfen ; entnehmen*
pulluler 3 *wuchern, wimmeln*
pulser 3 *pulsieren, ausstoßen*
pulvériser 3 *zerstäuben ; pulverisieren, zermahlen ; vernichten ; brechen*
punaiser 4 *mit Reißzwecken anheften*
punir 32 *(be)strafen*
purger 17 *Abführmittel geben ; entlüften, (Wasser, Luft, Gas) ablassen, säubern ; absitzen*
purifier 9 *reinigen ; läutern*
putréfier 9 *verfaulen lassen*
pyrograver 3 *mit Brandmalerei verzieren*

q

quadriller 3 *karieren ; überwachen*
quadrupler 3 *vervierfachen*
qualifier 9 *qualifizieren, kennzeichnen ; nennen*
quantifier 9 *Menge bestimmen ; quantisieren*
quarter 3 *(Volumen einer Probe) reduzieren*
quémander 3 *betteln*
quereller 4 *auszanken*
quérir [*nur inf.*] *suchen, holen*
questionner 3 *befragen*
quêter 4 *erbitten ; sammeln (Spenden)*
queuter 3 *zwei Billardkugeln mit einem Schlag wegstoßen*
quintupler 3 *verfünffachen*
quittancer 16 *bescheinigen, quittieren*
quitter 3 *verlassen*

r

rabâcher 3 *fortwährend wiederholen ; herbeten*
rabaisser 4 *herabsetzen*
rabattre 83 *herum-, herunterklappen ; treiben ; stutzen*
rabibocher 3 *zurechtflicken ; versöhnen*
rabioter 3 *sich den Nachschlag besorgen*
râbler 3 *flüssiges Glas von Schmutzteilen reinigen*
rabonnir 32 *besser werden*
raboter 3 *hobeln ; hart streifen*
rabougrir 32 *auszehren*
rabouter 3 *anfügen*
rabrouer 3 *anschnauzen, anfahren*
raccommoder 3 *ausbessern, flicken ; versöhnen*
raccompagner 3 *(zurück)begleiten*
raccorder 3 *verbinden, zusammenfügen, nachbessern*
raccourcir 32 *kürzen ; kürzer werden*
raccrocher 3 *wiederaufhängen ; einhängen*
racheter 28 *wieder-, zurückkaufen ; freikaufen ; erlösen*
racketter 4 *Geld erpressen*
racler 3 *kratzen, abschaben, abstreifen, streifen*
racoler 3 *anwerben, auf Kundenfang gehen*
raconter 3 *erzählen*
racornir 32 *hart machen*
rader 9 *messen (mit Maß und Stab für Salz, Körner)*
radicaliser 3 *radikalisieren*
radier 9 *(aus)streichen, löschen*
radiner 3 *ankommen, eintrudeln*
radiobaliser 3 *mit Radiobaken versehen*
radiodiffuser 3 *senden, übertragen (Rundfunk)*
radiographier 9 *röntgen*
radioguider 3 *über Funk steuern*
radoter 3 *schwafeln, quasseln*
radouber 3 *ausbessern (Schiff, Netz)*
radoucir 32 *mildern, besänftigen*
raffermir 32 *straffen, (be)stärken*
raffiner 3 *verfeinern, raffinieren*
raffoler 3 *schwärmen*
raffûter 3 *schleifen ; zur Seite drängen*
rafistoler 3 *zurechtflicken*
rafler 3 *mitgehen lassen*
rafraîchir 32 *erfrischen, kühlen, auffrischen*
ragaillardir 32 *aufmuntern*
rager 17 *sich ärgern, toben*
ragréer 15 *den letzten Schliff geben ; neu verputzen*
raguer 3 [*alle Formen mit* gu] *sich durch Reibung abnutzen*
raidir 32 *steif machen, spannen*
railler 3 *(ver)spotten*
rainer 4 *ausnuten*
rainurer 3 *rillen, nuten*
raire 112 [*nie im passé simple oder subj. imparf.*] *röhren (Hirsch)*
raisonner 3 *argumentieren ; zureden ; Schlußfolgerungen ziehen ; räsonieren*
rajeunir 32 *jünger werden/machen*
rajouter 3 *hinzufügen*
rajuster 3 *zurechtrücken ; anpassen*
ralentir 32 *verlangsamen, bremsen*
râler 3 *röcheln ; meckern*
ralinguer 3 [*alle Formen mit* gu] *(ein)lieken ; killen (Segel)*
rallier 9 *sammeln, vereinen, sich anschließen, zurückkehren zu*
rallonger 17 *verlängern ; länger werden*
rallumer 3 *wiederanzünden*
ramager 17 *zwitschern ; mit Blumenmuster verzieren*
ramasser 3 *einsammeln, auflesen ; zusammenraffen*
ramender 3 *ausbessern (Netz, Vergoldung) ; düngen*
ramener 19 *zurückbringen*
ramer 3 *rudern ; (mit Stangen) stützen (Bohnen)*
rameuter 3 *wieder zusammenbringen (Hunde, Demonstranten)*
ramifier 9 *verzweigen*
ramollir 32 *auf-, erweichen*
ramoner 3 *fegen (Schornstein)*
ramper 3 *kriechen ; schleichen*
rancarder 3 *Auskunft geben*
rancir 32 *ranzig werden*
rançonner 3 *ein Lösegeld fordern*
randomiser 3 *den Zufall berücksichtigen (Statistik)*
ranger 17 *ordnen, aufräumen ; parken*
ranimer 3 *wiederbeleben, anfachen*
rapatrier 10 *repatriieren*
râper 3 *reiben, raspeln, abtragen, kratzen*
rapetasser 3 *flicken*
rapetisser 3 *verkleinern*
rapiécer 20 *flicken*
raplatir 32 *wieder flach machen*
rappareiller 4 *wieder ergänzen, vervollständigen*
rapparier 9 *wieder zu einem Paar ergänzen*
rappeler 24 *erinnern ; zurückrufen*

rappliquer 3 *aufkreuzen, antanzen*
rapporter 3 *wiederbringen ; berichten ; einbringen*
rapprendre 79 *noch einmal lernen*
rapprocher 3 *nähern ; heranrücken, näherbringen*
rapprovisionner 3 *wiederversorgen*
raquer 3 *zahlen*
raréfier 9 *verdünnen (Luft) ; seltener werden lassen*
raser 3 *rasieren ; anöden ; abreißen, dicht vorbeigehen*
rassasier 9 *sättigen ; befriedigen*
rassembler 3 *versammeln*
rasseoir 65 *wieder hinsetzen ; wieder hinstellen*
rasséréner 18 *beruhigen*
rassir 32 *trocken werden (Brot)*
rassortir 32 *wieder ergänzen, nachkaufen*
rassurer 3 *beruhigen*
ratatiner 3 *verschrumpeln lassen*
râteler 24 *harken, rechen*
rater 3 *nicht bestehen ; verpassen ; verkorksen*
ratiboiser 3 *klauen ; erledigen, ruinieren*
ratifier 9 *bestätigen ; ratifizieren*
ratiner 3 *ratinieren*
ratiociner 3 *grübeln*
rationaliser 3 *rationalisieren*
rationner 3 *rationieren ; knapphalten*
ratisser 3 *harken ; durchkämmen*
rattacher 3 *wieder festbinden ; anschließen*
rattraper 3 *nachholen, wiedereinfangen ; auffangen ; wieder hinkriegen*
raturer 3 *durchstreichen*
raucher 3 *Schacht abstützen, nachreißen*
ravager 17 *verheeren, zerstören*
ravaler 3 *wieder hinunterschlucken ; unterdrücken ; neu verputzen*
ravauder 3 *stopfen, flicken*
ravigoter 3 *aufmöbeln*
raviner 3 *auswaschen*
ravir 32 *entzücken ; rauben, entführen*
raviser (se) 3 *es sich anders überlegen*
ravitailler 3 *versorgen*
raviver 3 *wieder beleben, auffrischen ; anfachen*
ravoir [*nur inf.*] *wiederhaben ; wieder hinkriegen*
rayer 11 *(durch)streichen, zerkratzen, streifen*
rayonner 3 *(aus)strahlen ; mit Regalen versehen ; Ausflüge machen*
razzier 9 *(aus)plündern, über etwas herfallen*
réabonner 3 *wieder abonnieren*
réabsorber 3 *wieder aufsaugen*
réaccoutumer 3 *wieder gewöhnen*
réactiver 3 *reaktivieren, wiederbeleben*
réactualiser 3 *erneut aktualisieren*
réadapter 3 *wieder anpassen, rehabilitieren, wiedereingliedern*
réadmettre 84 *wieder zulassen, aufnehmen*
réaffirmer 3 *erneut bekräftigen*
réagir 32 *reagieren*
réajuster 3 *zurechtrücken, wieder anpassen*
réaléser 18 *ausbohren*
réaliser 3 *realisieren, durchführen ; erfüllen ; erzielen*
réaménager 17 *neu einrichten/gestalten/aufstellen*
réanimer 3 *wiederbeleben*
réapparaître 91 [*mit* être *oder* avoir] *wieder erscheinen/auftauchen/auftreten*
réapprendre 79 *noch einmal lernen*
réapprovisionner 3 *wieder versorgen*
réargenter 3 *neu versilbern*
réarmer 3 *wiederbewaffnen, wiederaufrüsten ; wieder spannen*
réarranger 17 *wieder richten*
réassigner 3 *wieder vorladen*
réassortir 32 *wieder ergänzen, nachkaufen*
réassurer 3 *rückversichern*
rebaptiser 3 *wieder taufen ; umbenennen*
rebâtir 32 *wiederaufbauen ; neu errichten*
rebattre 83 *wieder schlagen ; wiederaufarbeiten*
rebeller (se) 4 *rebellieren, sich auflehnen*
rebiffer (se) 3 *aufbegehren ; rebellisch werden*
rebiquer 3 *abstehen (Haare)*
reblanchir 32 *wieder weiß machen, wieder weißeln*
reboiser 3 *aufforsten*
rebondir 32 *abprallen ; wieder in Gang kommen*
reborder 3 *neu einfassen*
reboucher 3 *wieder verschließen, wieder zustöpseln*
reboutonner 3 *wieder zuknöpfen*
rebrousser 3 *gegen den Strich streichen*
rebrûler 3 *wieder brennen ; Kanten runden (Glas)*
rebuter 3 *abweisen, abstoßen, abschrecken*
recacheter 27 *wieder zukleben (Brief)*
recalcifier 9 *Calciummangel beheben*
recalculer 3 *(neu) nachrechnen*
recaler 3 *durchfallen (Prüfung)*
récapituler 3 *zusammenfassen*
recarder 3 *wieder aufkratzen ; neu krempeln*
recarreler 24 *neu kacheln*
recaser 3 *wieder unterbringen*
recauser 3 *nochmals besprechen*
recéder 18 *wieder abtreten, wieder verkaufen*
receler 25 *hehlen, verbergen*
recenser 3 *zählen, erfassen*
recentrer 3 *nachspuren (Luftschraube)*
receper 19 *zurückschneiden*
recéper 18 *zurückschneiden*
réceptionner 3 *prüfen, annehmen*
recercler 3 *neu bereifen (Faß)*
recevoir 52 *erhalten, empfangen*
rechampir 32 *(vom Hintergrund) abheben*
réchampir 32 *(vom Hintergrund) abheben*
rechanter 3 *noch einmal singen*
rechaper 3 *runderneuern (Reifen)*
réchapper 3 *überstehen, überleben*
recharger 17 *wieder (be)laden, wieder füllen*
rechasser 3 *wieder verjagen*
réchauffer 3 *auf-, erwärmen*
rechausser 3 *Schuhe wieder anziehen ; (an)häufeln*
rechercher 3 *wieder suchen, fahnden, (er)forschen*
rechigner 3 *mürrisch sein*
rechristianiser 3 *wieder für das Christentum gewinnen*
rechuter 3 *einen Rückfall haben*
récidiver 3 *rückfällig werden ; wieder auftreten*
réciproquer 3 *heimzahlen*
réciter 3 *vortragen, aufsagen*
réclamer 3 *erbitten, verlangen ; Einspruch erheben*
reclasser 3 *neuordnen ; wiedereingliedern*
reclouer 3 *neu festnageln*
recoiffer 3 *Haare zurechtmachen*
récoler 3 *(amtlich) nachprüfen ; (den Zeugen das Aussageprotokoll) vorlesen*
recoller 3 *wieder an-, aufkleben*
récolter 3 *ernten*
recommander 3 *empfehlen ; (seine Seele Gott) befehlen*
recommencer 16 *wieder anfangen ; noch einmal machen*
recomparaître 91 *noch einmal erscheinen (vor Gericht)*
récompenser 3 *belohnen*

recomposer 3 *wieder zusammensetzen ; neu setzen*
recompter 3 *nachrechnen, nachzählen*
réconcilier 9 *aus-, versöhnen*
recondamner 3 *wieder verurteilen*
reconduire 98 *zurückführen*
réconforter 3 *trösten ; stärken*
reconnaître 91 *an-, wiedererkennen*
reconquérir 39 *zurückerobern*
reconsidérer 18 *neu bedenken, überdenken*
reconstituer 7 *wiederherstellen*
reconstruire 98 *wiederaufbauen ; rekonstruieren*
reconvertir 32 *umschulen ; für neue Zwecke verwenden*
recopier 9 *(wieder) abschreiben ; ins Reine schreiben*
recorder 3 *neu besaiten, neu bespannen*
recorriger 17 *noch einmal verbessern, korrigieren*
recoucher 3 *wieder hinlegen*
recoudre 86 *wieder zusammennähen*
recouper 3 *wieder schneiden ; verschneiden ; bestätigen*
recourber 3 *umbiegen, wieder biegen*
recourir 45 *nochmals laufen ; zu etwas greifen*
recouvrer 3 *wiedererlangen ; einziehen*
recouvrir 34 *überziehen*
recracher 3 *ausspucken*
recréer 15 *erneut schaffen*
récréer 15 *unterhalten*
recrépir 32 *neu verputzen*
recreuser 3 *wieder, tiefer graben*
récrier (se) 10 *laut aufschreien, protestieren*
récriminer 3 *sich beklagen ; meckern*
récrire 99 *nochmals schreiben, umarbeiten*
recristalliser 3 *rekristallisieren*
recroqueviller (se) 3 *sich zusammenkauern ; schrumpfen*
recruter 3 *anwerben, rekrutieren*
rectifier 9 *berichtigen ; begradigen ; rektifizieren, abschleifen*
recueillir 41 *sammeln ; einholen ; auflesen ; antreten (Erbschaft)*
recuire 98 *nochmals kochen ; ausglühen*
reculer 3 *zurückweichen, zurückgehen ; zurückschieben*
reculotter 3 *Hose hochziehen*
récupérer 18 *wiedererlangen ; wiederverwenden ; sich erholen*
récurer 3 *scheuern*
récuser 3 *ablehnen, zurückweisen*
recycler 3 *umschulen ; wiederverwerten*
redécouvrir 34 *wiederentdecken*
redéfaire 109 *wieder aufmachen*
redéfinir 32 *neu definieren*
redemander 3 *nochmals fragen*
redémarrer 3 *wieder beginnen ; neuen Aufschwung nehmen*
redescendre 73 [*mit* être *oder* avoir] *wieder hinuntergehen, -kommen, -fahren, -führen, -bringen ; tiefer gehen, absteigen*
redevenir 40 *wieder werden*
redevoir 53 *noch Restschulden haben*
rediffuser 3 *(Sendung) ein zweites Mal ausstrahlen*
rédiger 17 *abfassen*
redire 102 *noch mal sagen, wiederholen*
rediscuter 3 *noch mal diskutieren*
redistribuer 7 *neu verteilen, noch einmal austeilen*
redonner 3 *zurückgeben*
redorer 3 *wieder vergolden*
redoubler 3 *verdoppeln ; sitzenbleiben ; steigern*
redouter 3 *fürchten*
redresser 4 *wieder aufrichten ; gerade richten ; wieder in Ordnung bringen*
réduire 98 *reduzieren, herabsetzen*
réécouter 3 *wiederholt anhören*
réécrire 99 *noch einmal schreiben, umarbeiten*
réédifier 9 *wiederaufbauen*
rééditer 3 *neu herausgeben, neu auflegen*
rééduquer 3 *umerziehen ; mit Heilgymnastik behandeln*
réélire 106 *wieder wählen*
réembaucher 3 *wieder einstellen*
réemployer 13 *wieder beschäftigen, wieder verwenden*
réemprunter 3 *wieder (aus)leihen, borgen*
réengager 17 *wiedereinstellen ; wieder aufnehmen ; sich weiterverpflichten*
réensemencer 16 *neu besäen*
rééquilibrer 3 *wiederausgleichen*
réer 15 *röhren (Hirsch)*
réescompter 3 *rediskontieren*
réessayer 11 *noch einmal ausprobieren/versuchen*
réétudier 9 *erneut (über)prüfen*
réévaluer 7 *neu bewerten ; aufwerten*
réexaminer 3 *noch einmal überprüfen*
réexpédier 9 *weiterbefördern ; nachsenden*
réexporter 3 *wieder ausführen*
refaçonner 3 *neu, wieder gestalten*
refaire 109 *wieder machen ; umarbeiten ; ausbessern ; hereinlegen*
refendre 73 *(wieder) spalten ; der Länge nach schneiden*
référencer 16 *Quellen angeben*
référer 18 *Bericht erstatten*
refermer 3 *wieder schließen*
refiler 3 *andrehen, unterjubeln*
réfléchir 32 *überlegen ; widerspiegeln*
refléter 18 *(wider)spiegeln ; ausdrücken*
refleurir 32 *zum 2. Mal blühen ; wieder mit Blumen schmücken*
refluer 3 *zurückfließen ; zurückweichen*
refondre 75 *umschmelzen ; um-, überarbeiten*
reformer 3 *umgestalten, neu bilden*
réformer 3 *verbessern ; zurückstellen (Mil.)*
refouiller 3 *nochmals durchsuchen*
refouler 3 *zurückdrängen ; verdrängen ; unterdrücken*
réfracter 3 *(Strahlen) brechen*
refréner 18 *zügeln*
réfréner 18 *zügeln*
réfrigérer 18 *kühlen*
refroidir 32 *(ab)kühlen ; ernüchtern ; kalt werden*
réfugier (se) 9 *sich flüchten*
refuser 3 *abschlagen, ablehnen, verweigern*
réfuter 3 *widerlegen*
regagner 3 *zurück-, wiedergewinnen ; wieder erreichen*
régaler 3 *reichlich bewirten ; einebnen*
regarder 3 *betrachten, ansehen, anschauen ; genau achten ; angehen*
regarnir 32 *wieder versehen, auffüllen*
régater 3 *an einer Regatta teilnehmen*
regeler 25 *wieder frieren*
régénérer 18 *regenerieren, wiederbeleben, erneuern*
régenter 3 *regieren, bevormunden*
regimber 3 *sich sträuben*
régionaliser 3 *dezentralisieren*
régir 32 *regeln, bestimmen ; verwalten, regieren*
registrer 3 *Register optimal ziehen (Orgel)*
réglementer 3 *reglementieren ; (durch Vorschriften gesetzlich) regeln*
régler 18 *liniieren ; richten nach ; festlegen ; bezahlen ; regeln*
régner 18 *herrschen*
regonfler 3 *wieder aufpumpen ; Mut machen*

regorger 17 *in Hülle und Fülle haben*
regratter 3 *abkratzen (Bauindustrie)*
regréer 15 *neu auftakeln*
regreffer 4 *ein zweites Mal pfropfen*
régresser 4 *zurückgehen*
regretter 4 *bedauern ; nachtrauern*
regrouper 3 *umgruppieren ; zusammenlegen*
régulariser 3 *in Ordnung bringen ; legalisieren ; regulieren*
réguler 3 *mit Lagermetall ausgießen*
régurgiter 3 *(Verschlucktes) würgen*
réhabiliter 3 *rehabilitieren*
réhabituer 7 *wieder gewöhnen*
rehausser 3 *erhöhen*
réifier 9 *reifizieren*
réimperméabiliser 3 *wieder imprägnieren*
réimplanter 3 *wieder einpflanzen (Organ)*
réimporter 3 *wieder einführen*
réimposer 3 *neu besteuern*
réimprimer 3 *nachdrucken*
réincarcérer 18 *wieder einkerkern*
réincarner (se) 3 *wieder verkörpern*
réincorporer 3 *wiedereingliedern*
réinscrire 99 *wieder einschreiben*
réinsérer 18 *wiedereingliedern ; resozialisieren*
réinstaller 3 *wiedereinsetzen*
réintégrer 18 *wiedereinsetzen, wiedereingliedern, zurückkehren in*
réintroduire 98 *wieder einführen*
réinventer 3 *noch einmal erfinden*
réinvestir 32 *wieder investieren*
réinviter 3 *wieder einladen*
réitérer 18 *wiederholen*
rejaillir 32 *(auf)spritzen ; zurückfallen aus*
rejeter 27 *zurückwerfen ; abstoßen ; ablehnen*
rejoindre 82 *einholen, (wieder)treffen, (wieder) zusammenfügen*
rejointoyer 13 *wieder ausfugen*
rejouer 6 *wieder spielen*
réjouir 32 *erfreuen*
relâcher 3 *entspannen ; lockern ; freilassen ; (Hafen) anlaufen*
relancer 16 *zurückwerfen ; wieder in Schwung bringen ; bedrängen*
relater 3 *berichten*
relativiser 3 *relativieren*
relaver 3 *noch einmal waschen, nachwaschen*
relaxer 3 *freisprechen, freilassen*
relayer 11 *ablösen ; übertragen*
reléguer 18 [*alle Formen mit* gu] *verbannen ; abstellen*
relever 19 *aufheben, wieder aufrichten ; hochklappen ; erhöhen ; heben ; festhalten ; pikanter machen ; ablösen*
relier 9 *(ein-, ver)binden, wieder binden*
relire 106 *wieder lesen ; durchlesen*
reloger 17 *wieder unterbringen*
relouer 6 *wieder vermieten*
reluire 97 *glänzen*
reluquer 3 *schielen nach*
remâcher 3 *wiederkauen ; nicht loskommen von*
remailler 3 *Laufmaschen aufnehmen ; flicken (Netz)*
remanger 17 *nochmal essen*
remanier 9 *umändern, überarbeiten ; umbilden*
remaquiller 3 *wieder schminken*
remarcher 3 *wieder laufen*
remarier (se) 9 *wieder heiraten*
remarquer 3 *bemerken ; feststellen*
remastiquer 3 *wieder verkitten*
remballer 3 *wieder einpacken*
rembarquer 3 *(sich) wieder einschiffen*
rembarrer 3 *abweisen*
remblayer 11 *aufschütten*
remboîter 3 *wieder einrenken, einfügen*
rembourrer 3 *polstern, füllen*
rembourser 3 *zurückzahlen, erstatten*
rembrunir (se) 32 *sich verfinstern*
rembucher 3 *Wild in den Wald treiben*
remédier 9 *abhelfen, beheben*
remembrer 3 *Flurbereinigung durchführen*
remémorer 3 *in das Gedächtnis zurückrufen*
remercier 9 *danken ; entlassen*
remettre 84 *wieder anziehen ; wieder hinsetzen ; nachfüllen ; aushändigen ; aufschieben*
remeubler 5 *neu möblieren*
remilitariser 3 *remilitarisieren*
remiser 3 *ab-, ein-, unterstellen*
remmailler 3 *Laufmaschen aufnehmen ; flicken (Netz)*
remmailloter 3 *neu wickeln*
remmancher 3 *neu bestielen*
remmener 19 *zurückbringen*
remodeler 25 *schönere Form geben, neu gestalten ; umstrukturieren*
remonter 3 [*mit* être *oder* avoir] *hinaufgehen, -kommen, -fahren, -schwimmen, -singen, -bringen ; wieder montieren/einbauen/einsteigen ; zurückliegen*
remontrer 3 *wieder zeigen*
remorquer 3 *(mit-, herum-) schleppen*
remouiller 3 *wieder naßmachen, anfeuchten ; wieder Anker werfen*
rempailler 3 *neu mit Stroh bespannen*
rempaqueter 27 *wieder einpacken*
rempiler 3 *wieder aufeinanderstapeln ; sich länger verpflichten*
remplacer 16 *ersetzen ; auswechseln ; vertreten*
remplir 32 *(aus-, er)füllen ; ausüben*
remployer 13 *wieder verwenden ; wieder beschäftigen*
remplumer (se) 3 *neue Federn bekommen, wieder zu Geld kommen ; wieder zunehmen*
rempocher 3 *wieder einstecken*
rempoissonner 3 *wieder mit Fischbrut besetzen*
remporter 3 *wieder mitnehmen ; erringen, gewinnen*
rempoter 3 *umtopfen*
remprunter 3 *wieder (aus)leihen, borgen*
remuer 7 *bewegen ; (weg)rücken ; sich bewegen*
rémunérer 18 *entlohnen, vergüten*
renâcler 3 *schnauben, sich sträuben*
renaître 92 [*temps comp. selten ; mit* être] *wiedergeboren werden, wieder aufleben*
renauder 3 *sich beklagen*
rencaisser 4 *wieder einkassieren ; umpflanzen*
rencarder 3 *Auskunft geben*
renchérir 32 *übertreffen ; noch weiter gehen ; im Preis steigen*
rencogner 3 *in eine Ecke treiben*
rencontrer 3 *begegnen, treffen ; stoßen auf*
rendormir 36 *wieder zum Einschlafen bringen*
rendre 73 *wieder-, zurückgeben ; herausgeben (Geld) ; vergelten ; erbrechen*
renégocier 9 *neu ver-, aushandeln*
reneiger 23 [*unpersönlich*] *wieder schneien*
renfermer 3 *wieder einsperren ; enthalten*
renfiler 3 *wiedereinfädeln, wieder aufreihen*
renfler 3 *anschwellen lassen*
renflouer 3 *wieder flottmachen ; sanieren*
renfoncer 16 *tiefer hineindrücken/hineinschlagen*
renforcer 16 *(ver)stärken*

renformir 32 *ausbessern und putzen (Mauer)*
renfrogner (se) 3 *ein mürrisches Gesicht machen*
rengager 17 *wiedereinstellen, wiederaufnehmen ; sich weiterverpflichten*
rengainer 4 *wieder in die Scheide stecken ; für sich behalten*
rengorger (se) 17 *sich aufplustern*
rengraisser 4 *wieder Fett ansetzen*
rengrener 19 *Getreide aufschütten ; ineinandergreifen lassen*
rengréner 18 *Getreide aufschütten ; ineinandergreifen lassen*
renier 9 *(ver)leugnen*
renifler 3 *schnüffeln, schnuppern ; schnupfen*
renommer 3 *wieder ernennen*
renoncer 16 *verzichten*
renouer 6 *wieder anknüpfen ; wieder verknoten, festbinden*
renouveler 24 *erneuern, verlängern*
rénover 3 *renovieren ; auffrischen ; erneuern*
renseigner 4 *Auskunft geben, informieren*
rentabiliser 3 *rentabel machen*
rentamer 3 *wieder aufnehmen/anfangen*
rentoiler 3 *rentoilieren*
rentraire 112 *stopfen, ausbessern*
rentrayer 11 *stopfen, ausbessern*
rentrer 3 [*mit* être *oder* avoir] *wieder hinein-, hereinbringen/-schaffen/-nehmen/-fahren ; einrücken ; unterdrücken ; zurückkehren/-kommen ; eintreten*
renverser 3 *umwerfen ; umkippen ; stürzen ; umkehren ; (nach hinten) beugen*
renvider 3 *aufspulen*
renvoyer 30 *zurückschicken ; entlassen ; abwimmeln ; zurückwerfen ; vertagen*
réoccuper 3 *wieder besetzen*
réopérer 18 *wieder operieren*
réorchestrer 3 *neu orchestrieren*
réorganiser 3 *reorganisieren ; umgestalten*
réorienter 3 *neu orientieren ; umschulen*
repairer 4 *im Lager sein (Wild)*
repaître 91 [*passé simple und temps comp. selten*] *sättigen ; weiden*
répandre 74 *verschütten ; verbreiten*
reparaître 91 [*mit* être *oder* avoir] *wieder erscheinen ; sich wieder zeigen*
réparer 3 *reparieren ; wiedergutmachen*
reparler 3 *erneut sprechen*
repartager 17 *wieder (ver)teilen*
repartir 43 [*mit* avoir] *erwidern*
repartir 43 [*mit* être] *wieder weggehen/anfangen*
répartir 32 *auf-, zu-, verteilen*
repasser 3 *wieder überqueren ; wieder vorbeikommen ; bügeln ; schleifen ; noch einmal durchgehen*
repaver 3 *neu pflastern*
repayer 11 *noch einmal bezahlen*
repêcher 4 *herausfischen ; bergen ; noch durchkommen lassen (Prüfung)*
repeindre 81 *übermalen ; neu anstreichen*
repenser 3 *wieder denken an ; überdenken*
repentir (se) 37 *bereuen*
répercuter 3 *zurückwerfen ; weitergeben ; aufschlagen*
reperdre 77 *wieder verlieren*
repérer 18 *auffinden ; ausmachen*
répertorier 9 *in ein Register aufnehmen*
répéter 18 *wiederholen ; weitererzählen ; proben*
repeupler 5 *wieder bevölkern*
repiquer 3 *wieder stechen ; auspflanzen ; überarbeiten ; überspielen*
replacer 16 *wieder hinstellen ; jm eine Stelle verschaffen*
replanter 3 *umpflanzen, neu verpflanzen*
replâtrer 3 *wieder vergipsen ; zurechtschustern*
repleuvoir 68 [*nur inf. und 3. Pers. Sing. und Pl.*] *wieder regnen*
replier 10 *wieder zusammenfalten, hochkrempeln ; anziehen*
répliquer 3 *erwidern*
replisser 3 *wieder in Falten legen*
replonger 17 *wieder tauchen*
repolir 32 *wieder glätten, nachpolieren*
répondre 75 *antworten, erwidern ; bürgen*
reporter 3 *wieder hinbringen ; übertragen*
reposer 3 *wieder hinlegen, wiederanbringen ; entspannen ; beruhen ; ruhen*
repourvoir 64 *ein Amt wiederbesetzen*
repousser 3 *zurückstoßen ; abschlagen ; hinausschieben ; nachwachsen*
reprendre 79 *wieder nehmen, zurücknehmen ; zurückerobern ; überarbeiten ; wieder anfangen*
représenter 3 *darstellen ; aufführen ; vertreten*
réprimander 3 *zurechtweisen*
réprimer 3 *unterdrücken*
repriser 3 *stopfen*
reprocher 3 *vorwerfen*
reproduire 98 *reproduzieren ; wiedergeben*
reprographier 9 *trocken fotokopieren*
réprouver 3 *mißbilligen ; verdammen*
répudier 9 *verstoßen ; aufgeben ; ablehnen*
répugner 3 *anekeln ; verabscheuen*
requérir 39 *ersuchen ; (an)fordern*
requinquer 3 *aufmöbeln*
réquisitionner 3 *beschlagnahmen, dienstverpflichten*
resaler 3 *nachsalzen*
rescinder 3 *aufheben, annullieren*
réséquer 18 *resezieren*
réserver 3 *zurückhalten, zurücklegen, vorbestellen, vorbehalten*
résider 3 *wohnhaft sein ; beruhen auf*
résigner 3 *niederlegen (Amt)*
résilier 9 *kündigen (Vertrag)*
résiner 3 *Harz abzapfen ; mit Harz überziehen*
résister 3 *widerstehen ; aushalten, sich widersetzen*
résonner 3 *(wider)hallen*
résorber 3 *aufsaugen ; resorbieren ; beseitigen*
résoudre 88 *(auf)lösen ; beschließen*
respecter 4 *(be)achten*
respirer 3 *atmen*
resplendir 32 *glänzen, strahlen*
responsabiliser 3 *verantwortlich machen*
resquiller 3 *sich vordrängen ; schwarzfahren*
ressaisir 32 *wieder ergreifen*
ressasser 3 *bis zum Überdruß wiederholen*
ressauter 3 *wieder (über)springen*
ressayer 11 *noch einmal ausprobieren/versuchen*
ressembler 3 *ähneln*
ressemeler 24 *neu besohlen*
ressemer 19 *wieder aus-, besäen*
ressentir 37 *empfinden, spüren*
resserrer 4 *fester bzw. enger schnüren/binden/ziehen*
resservir 38 *nochmals gebraucht werden ; wieder auftischen ; noch einmal servieren, einschenken*
ressortir 43 [*mit* être *oder* avoir] *wieder hinaus- bzw. heraus-*

gehen/-fahren ; hervortreten ; hervorgehen
ressortir 32 *zur Zuständigkeit gehören*
ressouder 3 *wieder zusammenlöten, -schweißen*
ressourcer (se) 16 *zu den Quellen zurückgehen*
ressouvenir (se) 40 *sich wieder erinnern*
ressuer 7 *schwitzen ; (aus)seigern*
ressusciter 3 *auferwecken ; auferstehen*
restaurer 3 *restaurieren ; wiederherstellen ; wiedereinführen*
rester 3 [*mit* être] *bleiben ; übrigbleiben*
restituer 7 *zurückgeben, zurückerstatten ; wiederherstellen ; erbrechen*
restreindre 81 *beschränken*
restructurer 3 *umstrukturieren*
résulter 3 [*nur inf., part. prés. et passé und 3. Pers. Sing. und Pl.*] *resultieren*
résumer 3 *zusammenfassen*
resurchauffer 3 *zwischenüberhitzen*
resurgir 32 *von neuem auftauchen*
rétablir 32 *wiederherstellen ; rekonstruieren ; gesundmachen*
retailler 3 *wieder schneiden ; umändern*
rétamer 3 *wieder verzinnen ; kaputtmachen*
retaper 3 *wieder in Ordnung bringen, hochbringen*
retarder 3 *aufhalten ; zurückstellen ; verzögern ; nachgehen*
retâter 3 *wieder betasten ; noch einmal versuchen*
reteindre 81 *nachfärben*
retendre 73 *neu spannen, nachspannen*
retenir 40 [*mit* avoir] *zurückhalten ; abziehen ; behalten ; vorbestellen*
retentir 32 *(wider)hallen ; sich auswirken auf*
retercer 16 *(zum 4. Mal) umpflügen (Weinberg)*
retirer 3 *heraus-, weg-, zurücknehmen ; zurück-, entziehen*
retisser 3 *neu weben*
retomber 3 [*mit* être] *wieder fallen, zurückfallen ; wieder verfallen in*
retordre 76 *erneut auswringen ; zwirnen*
rétorquer 3 *erwidern*
retoucher 3 *überarbeiten ; retuschieren ; ändern*
retourner 3 [*mit* être *oder* avoir] *(um-, wieder)drehen, umkehren ; zurückschicken ; durcheinanderbringen*
retracer 16 *nach-, neuzeichnen ; schildern*
rétracter 3 *zurücknehmen ; zurückziehen*
retraduire 98 *neu-, rückübersetzen*
retraiter 4 *wiederaufbereiten*
retrancher 3 *(weg)streichen ; abziehen ; befestigen*
retranscrire 99 *(wieder) abschreiben*
retransmettre 84 *übertragen ; weitergeben*
retravailler 3 *wieder arbeiten*
retraverser 3 *erneut durch-, überqueren*
rétrécir 32 *enger machen ; eingehen*
rétreindre 81 *einhalsen, reduzieren*
retremper 3 *wieder einweichen ; wieder härten*
rétribuer 7 *bezahlen, vergüten*
rétrocéder 18 *wieder abtreten ; weiterverkaufen*
rétrograder 3 *zurückgehen ; zurückstufen ; zurückschalten*
retrousser 3 *hochraffen, -krempeln*
retrouver 3 *wieder finden ; wiederfinden*
réunifier 9 *wieder einigen*
réunir 32 *verbinden ; vereinigen ; versammeln*
réussir 32 *gelingen ; erfolgreich durchführen ; bestehen ; Erfolg haben*
réutiliser 3 *wieder verwenden*
revacciner 3 *nachimpfen, wieder impfen*
revaloir 60 [*nur inf., ind. futur und cond. présent*] *heimzahlen ; sich revanchieren*
revaloriser 3 *aufwerten, revalorisieren*
revasculariser 3 *Gefäße operieren*
rêvasser 3 *dösen*
réveiller 4 *er-, aufwecken ; anregen*
réveillonner 3 *Heiligabend bzw. Silvester (mit einem Festessen) feiern*
révéler 18 *offenbaren ; aufdekken, verraten ; ergeben*
revendiquer 3 *fordern ; die Verantwortung übernehmen für*
revendre 73 *weiter-, wiederverkaufen*
revenir 40 [*mit* être] *wieder-, zurückkommen ; wiederkehren ; einfallen*
rêver 4 *träumen*
réverbérer 18 *zurückstrahlen ; zurückwerfen*
revercher 3 *Löcher zulöten*
reverdir 32 *wieder grün werden ; weichen*
révérer 18 *(ver)ehren*
reverser 3 *nachgießen ; übertragen*
revêtir 44 *anziehen ; versehen ; auskleiden ; annehmen*
revigorer 3 *stärken ; neu beleben*
réviser 3 *überprüfen ; ändern ; überholen ; wiederholen*
revisser 3 *wieder festschrauben*
revitaliser 3 *wieder kräftigen*
revivifier 9 *neu beleben*
revivre 90 *wiederaufleben ; noch einmal erleben*
revoir 62 *wiedersehen, noch einmal sehen ; durchsehen*
revoler 3 *wieder fliegen*
révolter 3 *aufwiegeln*
révolutionner 3 *aufregen ; revolutionieren*
révoquer 3 *absetzen ; entlassen ; widerrufen*
revoter 3 *noch einmal wählen*
révulser 3 *verdrehen (Augen) ; ableiten*
rewriter 3 *neu schreiben*
rhabiller 3 *wieder anziehen ; reparieren*
rhumer 3 *mit Rum mischen*
ricaner 3 *grinsen*
ricocher 3 *abprallen*
rider 3 *in Falten ziehen, zerfurchen*
ridiculiser 3 *lächerlich machen, blamieren*
rigidifier 9 *steif machen*
rigoler 3 *lachen, Witze machen*
rimailler 3 *Reime schmieden*
rimer 3 *sich reimen ; dichten*
rincer 16 *(ab-, nach-, aus)spülen*
ripailler 3 *schlemmen*
riper 3 *abschaben ; gleiten, rutschen ; schlieren*
ripoliner 3 *mit Lackfarbe streichen*
riposter 3 *schlagfertig antworten*
rire 95 *lachen*
risquer 3 *wagen ; riskieren ; Gefahr laufen zu*
rissoler 3 *braun braten, bräunen*
ristourner 3 *rückvergüten ; Preisnachlaß gewähren*
ritualiser 3 *ritualisieren*
rivaliser 3 *wetteifern*
river 3 *(ver)nieten ; festmachen ; fesseln*
riveter 27 *(ver)nieten*
rober 3 *das Deckblatt auflegen (Zigarre)*
robotiser 3 *zu einem bloßen Werkzeug machen*
rocher 3 *spratzen ; (beim Gären) schäumen*

rocouer 6 *mit Orlean färben*
rôdailler 3 *umherstreichen*
roder 3 *einfahren ; einschleifen ; einüben*
rôder 3 *umherstreifen*
rogner 3 *(be)schneiden ; stutzen ; kürzen*
romancer 16 *in Romanform schreiben*
romaniser 3 *romanisieren ; in lateinischer Schrift wiedergeben*
rompre 78 *brechen, lösen, zerreißen, sprengen ; Schluß machen*
ronchonner 3 *brummen, mekkern*
ronéoter 3 *(mittels Matrize) vervielfältigen*
ronéotyper 3 *(mittels Matrize) vervielfältigen*
ronfler 3 *schnarchen ; brummen ; bullern*
ronger 17 *(an-, be-, zer)nagen ; zerfressen*
ronronner 3 *schnurren*
roquer 3 *rochieren (Schach)*
rosir 32 *leicht erröten*
rosser 3 *verprügeln*
roter 3 *rülpsen*
rôtir 32 *braten*
roucouler 3 *gurren ; rucksen ; turteln ; schmalzig singen*
rouer 6 *rädern ; windelweich schlagen*
rougeoyer 13 *rötlich schimmern, rot glühen*
rougir 32 *rot werden ; röten ; sich röten ; erröten*
rouiller 3 *(ver)rosten ; einrosten*
rouir 32 *rösten (Flachs)*
rouler 3 *rollen, walzen ; fahren ; hereinlegen*
roulotter 3 *mit einem Rollsaum versehen, rollieren*
roupiller 3 *pennen*
rouscailler 3 *schimpfen ; mekkern*
rouspéter 18 *meckern*
roussir 32 *versengen, rötlich (braun) werden*
router 3 *(nach Leitgebieten) sortieren (Post)*
rouvrir 34 *wieder aufmachen, wieder öffnen*
rubéfier 9 *(Haut) röten*
rucher 3 *mit Rüschen versehen*
rudoyer 13 *grob behandeln*
ruer 7 *ausschlagen, scheuen (Pferd)*
rugir 32 *brüllen*
ruiler 3 *vergipsen*
ruiner 3 *ruinieren, vernichten, zerstören*
ruisseler 24 *rieseln, triefen*
ruminer 3 *wiederkäuen ; nachgrübeln ; brüten*
ruser 3 *List anwenden*
russifier 9 *russifizieren*
rustiquer 3 *rustikal bearbeiten ; kröneln (Stein)*
rutiler 3 *glänzen, blitzen*
rythmer 3 *rhythmisch gestalten, rhythmisieren, skandieren*

S

sabler 3 *mit Sand bestreuen ; sandstrahlen ; trinken (Champagner)*
saborder 3 *versenken, anbohren (Schiff)*
saboter 3 *sabotieren ; hinpfuschen ; beschuhen (Pfahl) ; dechseln*
sabrer 3 *niedersäbeln ; zusammenstreichen ; zu schlecht benoten*
saccager 17 *plündern*
saccharifier 9 *verzuckern ; in Zucker umsetzen*
sacquer 3 *entlassen ; feuern ; zu schlecht benoten*
sacraliser 3 *einen sakralen Charakter verleihen*
sacrer 3 *weihen ; salben*
sacrifier 9 *opfern ; vernachlässigen ; huldigen*
saietter 4 *putzen (Schmuck)*
saigner 4 *bluten ; zur Ader lassen ; ausnehmen*
saillir 50 *hervorschauen*
saillir 32 *hervorspringen ; bespringen*
saisir 32 *(er)fassen, begreifen ; ergreifen ; anbraten ; pfänden*
salarier 9 *entlohnen*
saler 3 *salzen*
salifier 9 *in Salz verwandeln*
salir 32 *beschmutzen*
saliver 3 *Speichel absondern*
saloper 3 *pfuschen*
salpêtrer 4 *mit Salpeter bestreuen ; Salpeter auswittern*
saluer 7 *(be)grüßen*
sanctifier 9 *heiligen*
sanctionner 3 *sanktionieren ; billigen ; bestrafen*
sangler 3 *einen Gurt anlegen ; einschnüren*
sangloter 3 *schluchzen*
saouler 3 *betrunken machen ; jn ermüden*
saper 3 *untergraben, -höhlen*
saponifier 9 *verseifen*
saquer 3 *entlassen ; feuern ; zu schlecht benoten*
sarcler 3 *(aus)jäten*
sasser 3 *(durch)sieben ; durchschleusen*
satelliser 3 *in eine Umlaufbahn bringen ; zu einem Satellitenstaat machen*
satiner 3 *satinieren*
satisfaire 109 *zufriedenstellen ; befriedigen ; erfüllen ; stattgeben*
saturer 3 *(ab-, über)sättigen*
saucer 16 *austunken*
saucissonner 3 *Imbiß zu sich nehmen*
saumurer 3 *in Salzwasser legen ; pökeln*
sauner 3 *Salz gewinnen*
saupoudrer 3 *bestreuen*
saurer 3 *räuchern (Heringe)*
sauter 3 *(über-, ab)springen ; auslassen ; hochgehen*
sautiller 3 *(umher)hüpfen*
sauvegarder 3 *wahren ; schützen*
sauver 3 *(er)retten*
savoir 59 *wissen ; können*
savonner 3 *einseifen*
savourer 3 *genießen, auskosten*
scalper 3 *skalpieren*
scandaliser 3 *Anstoß/Ärgernis erregen*
scander 3 *skandieren ; hervorheben*
scarifier 9 *(ein)ritzen ; skarifizieren*
sceller 4 *(be-, ver)siegeln ; einlassen, einzementieren*
scheider 4 *(Erze) scheiden*
schématiser 3 *schematisieren*
schlitter 3 *auf Schlitten ins Tal fahren*
scier 9 *sägen ; umhauen (Überraschung)*
scinder 3 *spalten ; zerlegen*
scintiller 3 *glitzern, funkeln*
scléroser 3 *veröden*
scolariser 3 *einschulen ; mit Schulen versehen ; beschulen*
scotcher 3 *mit Tesafilm kleben*
scotomiser 3 *skotomisieren*
scratcher 3 *(Gegner) ausschalten, ausschließen (Sport)*
scruter 3 *erforschen ; absuchen*
sculpter 3 *schnitzen, meißeln*
sécher 18 *trocknen ; die Antwort nicht wissen*
seconder 3 *unterstützen, begünstigen*
secouer 6 *(ab-, aus)schütteln, (hin und her) schütteln*
secourir 45 *helfen, Hilfe leisten*
sécréter 18 *absondern ; auslösen ; verbreiten*
sectionner 3 *durchschneiden ; aufteilen*
sectoriser 3 *einteilen in Sektoren/Gebiete*
séculariser 3 *säkularisieren*
sécuriser 3 *Gefühl der Sicherheit geben*
sédentariser 3 *seßhaft machen*
séduire 98 *verführen ; hinreißen*

segmenter 3 *in Abschnitte gliedern*
séjourner 3 *sich aufhalten*
sélectionner 3 *auswählen, aussuchen*
seller 4 *satteln*
sembler 3 *scheinen*
semer 19 *(aus-, an)säen ; verbreiten*
sensibiliser 3 *sensibilisieren*
sentir 37 *fühlen, (ver)spüren ; riechen*
seoir 67 *(gut) sitzen, stehen, passen*
séparer 3 *trennen, teilen, (ab)sondern*
septupler 3 *versiebenfachen*
séquestrer 3 *(widerrechtlich) einsperren*
sérancer 16 *hecheln (Flachs, Hanf)*
serfouir 32 *behacken*
sérier 9 *(systematisch) aufgliedern*
seriner 3 *einpauken*
seringuer 3 *spritzen ; beregnen*
sermonner 3 *abkanzeln*
serpenter 3 *sich schlängeln*
serrer 4 *(zusammen)drücken, pressen, drängen*
sertir 32 *fassen (Edelsteine)*
servir 38 *dienen ; bedienen ; auftragen*
sévir 32 *mit aller Strenge vorgehen ; grassieren*
sevrer 19 *entwöhnen ; abstillen ; abtrennen (Ableger)*
sextupler 3 *versechsfachen*
sexualiser 3 *sexualisieren*
shampouiner 3 *shampoonieren*
shooter 3 *schießen (Fußball)*
shunter 3 *nebeneinanderschalten*
sidérer 18 *verblüffen*
siéger 22 *tagen ; seinen Sitz haben*
siffler 3 *pfeifen ; auspfeifen*
siffloter 3 *vor sich hinpfeifen*
signaler 3 *anzeigen, hinweisen ; melden*
signaliser 3 *beschildern*
signer 3 *unterschreiben ; signieren*
signifier 9 *bedeuten ; heißen ; zustellen*
silhouetter 4 *im Schattenriß zeichnen*
sillonner 3 *durchfurchen ; kreuz und quer durchfahren*
similiser 3 *similisieren (Textilien)*
simplifier 9 *vereinfachen*
simuler 3 *vortäuschen ; simulieren*
singer 17 *nachäffen*
singulariser 3 *auffällig machen*
siniser 3 *chinesisch anpassen*
sintériser 3 *etwas im Sinterverfahren herstellen*
siphonner 3 *mit einem Saugheber umfüllen*
siroter 3 *nippen, (mit Genuß) schlürfen*
situer 7 *einordnen, zuordnen*
skier 10 *Ski fahren*
slalomer 3 *Slalom fahren*
slaviser 3 *slawisieren*
smasher 3 *schmettern*
smiller 3 *(mit dem Zweispitz) behauen (Stein)*
snober 3 *hochmütig übersehen ; von oben herab behandeln*
socialiser 3 *sozialisieren*
sodomiser 3 *sodomisieren*
soigner 3 *pflegen ; behandeln*
solder 3 *saldieren ; im Preis herabsetzen*
solenniser 3 *feierlich begehen*
solfier 9 *solfeggieren (singen)*
solidariser (se) 3 *sich solidarisieren*
solidifier 9 *verfestigen*
soliloquer 3 *Selbstgespräche führen*
solliciter 3 *ersuchen, bitten*
solubiliser 3 *löslich machen*
solutionner 3 *lösen*
somatiser 3 *somatisieren*
sombrer 3 *(ver)sinken, untergehen*
sommeiller 4 *schlummern*
sommer 3 *auffordern ; summieren*
somnoler 3 *(vor sich hin)dösen*
sonder 3 *peilen ; untersuchen ; sondieren*
songer 17 *nachdenken ; (an etwas) denken ; vor sich hin träumen*
sonnailler 3 *läuten*
sonner 3 *läuten ; schellen ; klingeln ; schlagen*
sonoriser 3 *vertonen ; beschallen*
sophistiquer 3 *extrem verfeinern*
sortir 32 *erlangen (Rechtskraft)*
sortir 43 [*mit* être *oder* avoir] *hinaus-, herausgehen/-kommen/-dringen/-fahren/-tragen*
soucier (se) 9 *sich sorgen, sich kümmern*
souder 3 *(ver)löten ; (ver)schweißen*
soudoyer 13 *dingen*
souffler 3 *(aus)blasen, (aus)pusten ; wegnehmen ; vorsagen ; verschnaufen*
souffleter 27 *ohrfeigen*
souffrir 34 *leiden, erdulden, aushalten*
soufrer 3 *(aus)schwefeln*
souhaiter 4 *wünschen*
souiller 3 *besudeln ; beflecken*
soulager 17 *erleichtern ; lindern ; entlasten*
soûler 3 *betrunken machen ; jn ermüden*
soulever 19 *hochheben ; lüften ; hervorrufen ; ausspannen*
souligner 3 *unterstreichen*
soumettre 84 *unterwerfen, unterziehen*
soumissionner 3 *ein Angebot machen*
soupçonner 3 *verdächtigen ; vermuten*
souper 3 *zu Abend essen ; soupieren*
soupeser 19 *abwiegen ; abwägen*
soupirer 3 *seufzen, schmachten*
souquer 3 *anhohlen ; sich in die Riemen legen*
sourciller 3 *mit der Wimper zucken*
sourdre 73 [*nur inf. und 3. Pers. ind. prés. und imparf.*] *hervorquellen*
sourire 95 *lächeln*
sous-alimenter 3 *unterernähren*
sous-caver 3 *unterschrämen*
souscrire 99 *unterzeichnen ; zustimmen*
sous-employer 13 *unterbeschäftigen*
sous-entendre 73 *mit darunter verstehen*
sous-estimer 3 *unterschätzen*
sous-évaluer 7 *unterbewerten*
sous-exploiter 3 *unwirtschaftlich nutzen*
sous-exposer 3 *unterbelichten*
sous-louer 6 *untermieten ; untervermieten*
sous-payer 11 *unterbezahlen*
sous-tendre 73 *(einer Sache) zugrunde liegen ; begrenzen*
sous-titrer 3 *untertiteln*
soustraire 112 *unterschlagen ; entziehen ; abziehen*
sous-traiter 4 *als Zulieferer ausführen*
sous-virer 3 *untersteuern (Auto)*
soutenir 40 [*mit* avoir] *stützen ; unterstützen ; standhalten ; behaupten*
soutirer 3 *abziehen ; entlocken*
souvenir (se) 40 *sich erinnern*
soviétiser 3 *sowjetisieren*
spécialiser 3 *spezialisieren*
spécifier 9 *spezifizieren*
spéculer 3 *spekulieren*
spiritualiser 3 *vergeistigen*
spolier 9 *berauben*
sponsoriser 3 *sponsern*
sporuler 3 *Sporen bilden*
sprinter 3 *spurten*
squatter 3 *(Haus) besetzen*
squattériser 3 *(Haus) besetzen*
stabiliser 3 *stabilisieren ; (be)festigen*

staffer 3 *mit « Staff » (Stuck mit Fasermassen) bauen*
stagner 3 *stagnieren ; stocken*
standardiser 3 *standardisieren, normen*
stariser 3 *zum Star machen*
stationner 3 *parken*
statuer 7 *befinden ; entscheiden*
statufier 9 *(jm) ein Standbild errichten*
sténographier 9 *stenographieren*
stérer 18 *nach Raummetern vermessen*
stériliser 3 *sterilisieren*
stigmatiser 3 *brandmarken, anprangern*
stimuler 3 *anspornen, anregen*
stipendier 9 *dingen*
stipuler 3 *(vertraglich) festlegen ; ausdrücklich sagen*
stocker 3 *(ein)lagern ; speichern ; horten*
stopper 3 *anhalten ; abstellen ; (ab)stoppen*
stratifier 9 *in Schichten ablagern ; stratifizieren*
stresser 4 *stressen*
striduler 3 *zirpen*
strier 10 *riefeln*
structurer 3 *gliedern ; strukturieren*
stupéfier 9 *verblüffen ; bestürzen*
stuquer 3 *stuckieren*
styler 3 *an bestimmte Regeln gewöhnen*
styliser 3 *stilisieren*
subdéléguer 18 *Befugnisse übertragen ; weiterdelegieren*
subdiviser 3 *unterteilen*
subir 32 *erleiden ; ertragen ; sich etwas unterziehen*
subjuguer 3 [*alle Formen mit* gu] *faszinieren*
sublimer 3 *sublimieren*
submerger 17 *überschwemmen ; überwältigen*
subodorer 3 *wittern ; ahnen*
subordonner 3 *unterordnen*
suborner 3 *beeinflussen ; anstiften ; verführen ; bestechen*
subroger 17 *jemandem jemandes Rechte übertragen*
subsister 3 *bestehen ; vorhanden sein ; sein Auskommen finden*
substantiver 3 *substantivieren*
substituer 7 *ersetzen ; aus-, vertauschen ; als Nacherben einsetzen*
subtiliser 3 *stibizen ; Haarspalterei treiben*
subvenir 40 [*mit* avoir] *aufkommen ; bestreiten*
subventionner 3 *subventionieren*
succéder 18 *nachfolgen, an die Stelle treten ; (auf etwas) folgen*
succomber 3 *sterben ; erliegen*
sucer 16 *(aus)saugen ; lutschen*
suçoter 3 *lutschen*
sucrer 3 *süßen, zuckern ; streichen*
suer 7 *schwitzen ; ausschwitzen*
suffire 100 *genügen, ausreichen*
suffixer 3 *mit einem Suffix versehen*
suffoquer 3 *ersticken*
suggérer 18 *anregen ; vorschlagen ; suggerieren*
suggestionner 3 *vorschlagen, empfehlen ; suggerieren*
suicider (se) 3 *Selbstmord verüben*
suiffer 3 *mit Talg einschmieren*
suinter 3 *(durch)sickern ; nässen ; schwitzen*
suivre 89 *folgen ; nachgehen ; verfolgen*
sulfater 3 *(mit Kupferkalkbrühe) spritzen*
sulfurer 3 *mit Schwefel verbinden ; mit Schwefelkohlenstoff behandeln*
superposer 3 *übereinander legen, aufstapeln*
superviser 3 *überprüfen ; überwachen*
supplanter 3 *verdrängen, ausstechen*
suppléer 15 *ergänzen, aufwiegen*
supplicier 9 *martern, foltern*
supplier 10 *anflehen*
supporter 3 *vertragen, ertragen ; tragen*
supposer 3 *annehmen, den Fall setzen*
supprimer 3 *beseitigen ; räumen, beheben*
suppurer 3 *eitern*
supputer 3 *abschätzen ; überschlagen*
surabonder 3 *im Überfluß vorhanden sein*
surajouter 3 *zusätzlich hinzufügen*
suralimenter 3 *überernähren ; aufladen (Motor)*
surbaisser 4 *drücken, flach bauen*
surcharger 17 *über(be)lasten ; überladen*
surchauffer 3 *überheizen, überhitzen*
surclasser 3 *weit übertreffen*
surcomprimer 3 *überverdichten, vorverdichten*
surcontrer 3 *Re ansagen (Kartenspiel)*
surcouper 3 *übertrumpfen*
surdéterminer 3 *(mehrfach) determinieren*
surélever 19 *aufstocken ; erhöhen*
surenchérir 32 *überbieten, höher bieten*
surentraîner 4 *übertrainieren*
suréquiper 3 *übermechanisieren*
surestimer 3 *überschätzen*
surévaluer 7 *überbewerten, zu hoch bewerten*
surexciter 3 *überreizen*
surexploiter 3 *(zu stark) ausbeuten*
surexposer 3 *überbelichten*
surfacer 16 *die Oberfläche bearbeiten ; plandrehen*
surfaire 109 [*selten, außer im inf., ind. prés. und part. passé*] *einen zu hohen Preis für eine Ware verlangen ; überschätzen*
surfiler 3 *umstechen ; überdrehen*
surgeler 25 *tiefkühlen*
surgir 32 *auftauchen, aufkommen*
surhausser 3 *erhöhen ; höher machen*
surimposer 3 *übermäßig besteuern*
suriner 3 *erdolchen, erstechen*
surir 32 *sauer werden*
surjeter 27 *überwendlich nähen*
surmédicaliser 3 *medizinische Techniken übertrieben einsetzen*
surmener 19 *überbeanspruchen ; überanstrengen*
surmonter 3 *überragen ; überwinden*
surmouler 3 *von einem Abguß abformen*
surnager 17 *oben schwimmen, bestehenbleiben*
surnommer 3 *einen Beinamen geben*
surpasser 3 *übertreffen*
surpayer 11 *zu hoch (be-)zahlen*
surpiquer 3 *Ziernaht steppen*
surplomber 3 *überhängen ; überragen, hineinragen*
surprendre 79 *überraschen ; ertappen ; überfallen*
surproduire 98 *überproduzieren*
surprotéger 22 *überbehüten*
sursaturer 3 *übersättigen*
sursauter 3 *aufschrecken*
sursemer 19 *nachsäen*
surseoir 66 *aufschieben, aussetzen*
surtaxer 3 *mit einem Gebührenzuschlag belegen*
surveiller 4 *beaufsichtigen, überwachen ; achten auf*
survenir 40 [*mit* être] *plötzlich eintreten ; unerwartet kommen*
survirer 3 *übersteuern (Auto)*
survivre 90 *überleben*
survoler 3 *überfliegen*
survolter 3 *hinauftransformieren*

susciter 3 *hervorrufen ; verursachen*
suspecter 4 *verdächtigen, anzweifeln*
suspendre 73 *(auf)hängen ; unterbrechen, einstellen ; suspendieren*
sustenter 3 *nähren, stärken*
susurrer 3 *flüstern*
suturer 3 *zusammennähen (Wunde)*
swinguer 3 [*alle Formen mit* gu] *swingen*
symboliser 3 *symbolisieren, symbolisch darstellen*
sympathiser 3 *sympathisieren*
synchroniser 3 *synchronisieren*
syndicaliser 3 *in Gewerkschaften zusammenschließen*
syndiquer 3 *gewerkschaftlich organisieren*
synthétiser 3 *zusammenfassen, synthetisch herstellen ; synthetisieren*
systématiser 3 *in ein System bringen ; systematisieren*

t

tabasser 3 *verprügeln, verhauen*
tabler 3 *(mit etwas) rechnen ; (auf etwas) setzen*
tacher 3 *Flecken machen, fleckig machen ; beflecken*
tâcher 3 *sich bemühen, versuchen*
tacheter 27 *sprenkeln*
taillader 3 *zerschneiden*
tailler 3 *(zu)schneiden, (be)hauen ; schleifen ; stutzen*
taire 111 *verschweigen*
taller 3 *Schößlinge treiben*
talocher 3 *ohrfeigen*
talonner 3 *(jemandem) hart zusetzen, auf den Fersen sein ; die Sporen geben ; hakeln (Rugby)*
talquer 3 *mit Talk einreiben*
tambouriner 3 *trommeln ; ausposaunen*
tamiser 3 *(aus-, durch)sieben ; dämpfen (Licht)*
tamponner 3 *auffahren auf ; abstempeln ; (ver)dübeln*
tancer 16 *rügen, schelten*
tanguer 3 *stampfen (Schiff) ; schwanken*
taniser 3 *Gerberlohe zusetzen ; Gerbstoff zusetzen*
tanner 3 *gerben ; auf die Nerven gehen*
tanniser 3 *Gerberlohe zusetzen ; Gerbstoff zusetzen*
taper 3 *Klaps geben ; tippen ; anpumpen*
tapiner 3 *auf den Strich gehen*
tapir (se) 32 *sich verkriechen, sich (nieder)ducken*
tapisser 3 *tapezieren ; bedecken*
tapoter 3 *leicht klopfen ; abklopfen ; tätscheln*
taquer 3 *(die Form) klopfen ; zurichten*
taquiner 3 *necken*
tarabuster 3 *drängen ; zusetzen ; quälen*
tarauder 3 *ein Innengewinde schneiden, bohren*
tarder 3 *zögern, zaudern ; dauern*
tarer 3 *tarieren*
targuer (se) 3 [*alle Formen mit* gu] *prahlen, sich brüsten*
tarifer 3 *Preis bestimmen ; tarifieren*
tarir 32 *austrocknen, versiegen*
tartiner 3 *Brotschnitte streichen*
tasser 3 *feststampfen, zusammendrücken, zusammenpferchen*
tâter 3 *ab-, betasten ; vorfühlen ; versuchen*
tâtonner 3 *herumtappen*
tatouer 6 *tätowieren*
taveler 24 *fleckig machen, verderben*
taxer 3 *festlegen (Preise) ; besteuern ; beschuldigen*
tayloriser 3 *taylorisieren*
technocratiser 3 *technokratisch gestalten*
teiller 4 *(brechen und) schwingen (Flachs)*
teindre 81 *färben*
teinter 3 *tönen, beizen*
télécommander 3 *fernsteuern*
télédiffuser 3 *übertragen (Fernsehen)*
télégraphier 9 *telegrafieren*
téléguider 3 *fernlenken*
téléphoner 3 *telefonieren, anrufen*
télescoper 3 *zusammenstoßen mit*
téléviser 3 *übertragen (Fernsehen)*
télexer 4 *Telex schicken, per Telex übermitteln*
témoigner 3 *bekunden, zeigen ; bezeugen ; aussagen*
tempérer 18 *mäßigen, mildern*
tempêter 4 *wettern, toben*
temporiser 3 *abwarten, Zeit gewinnen*
tenailler 3 *quälen, peinigen*
tendre 73 *spannen ; ausstrecken ; reichen ; anstreben*
tenir 40 [*mit* avoir] *halten ; haben ; führen ; bewirtschaften*
tenonner 3 *Zapfen machen (Kantholz)*
ténoriser 3 *in Tenorstimmlage singen*
tenter 3 *versuchen ; verführen ; in Versuchung bringen*
tercer 16 *zum drittenmal pflügen (Weinberg)*
tergiverser 3 *Ausflüchte machen ; ausweichen*
terminer 3 *beenden, (ab)schließen*
ternir 32 *trüben*
terrasser 3 *zu Boden werfen ; niederstrecken ; erschüttern*
terreauter 3 *mit Gartenerde verbessern*
terrer 4 *mit Erde bedecken*
terrifier 9 *(jemandem) Entsetzen einjagen*
terroriser 3 *terrorisieren*
terser 3 *zum drittenmal pflügen (Weinberg)*
tester 3 *prüfen, testen ; sein Testament machen*
tétaniser 3 *Muskeltetanus hervorrufen*
téter 18 *saugen, an der Mutterbrust trinken*
théâtraliser 3 *bühnenwirksam gestalten*
théoriser 3 *theoretisch untermauern, theoretisieren*
thésauriser 3 *horten (Geld) ; thesaurieren*
tiédir 32 *lauwarm werden*
tiercer 16 *zum drittenmal pflügen (Weinberg)*
tiller 3 *(brechen und) schwingen (Flachs)*
timbrer 3 *stempeln, frankieren*
tinter 3 *läuten, klingen*
tintinnabuler 3 *leise klirren, klingeln*
tiquer 3 *eine ablehnende Miene aufsetzen*
tirailler 3 *hin- und herziehen ; herumballern*
tire-bouchonner 3 *sich ringeln*
tirer 3 *ziehen, entlocken ; entnehmen ; schießen ; drucken*
tisonner 3 *(Feuer) schüren*
tisser 3 *weben ; anzetteln*
titiller 3 *kitzeln*
titrer 3 *betiteln, in Schlagzeilen bringen ; titrieren*
tituber 3 *taumeln*
titulariser 3 *fest anstellen, ins Beamtenverhältnis übernehmen*
toiletter 4 *scheren (Hund)*
toiser 3 *Körpergröße messen, von oben herab ansehen*
tolérer 18 *dulden ; zulassen ; tolerieren ; vertragen*
tomber 3 [*mit* être *oder* avoir] *fallen, stürzen ; einschlagen ; geraten ; auf die Schultern legen ; verführen ; ausziehen*

tondre 75 *scheren ; mähen ; ausnehmen*
tonifier 9 *stärken, beleben*
tonitruer 3 *mit dröhnender Stimme schreien*
tonner 3 *donnern ; wettern*
tonsurer 3 *eine Tonsur scheren ; die Tonsur geben*
toper 3 *mit Handschlag besiegeln*
toquer (se) 3 *sich verknallen*
torcher 3 *(ab)wischen ; hinpfuschen*
torchonner 3 *hinhauen, hinpfuschen*
tordre 76 *(ver-, um)drehen ; auswringen ; (ver)biegen*
toréer 15 *Torero sein ; mit Stieren kämpfen*
torpiller 3 *torpedieren*
torréfier 9 *rösten, brennen (Kaffee)*
torsader 3 *drehen, kordeln*
tortiller 3 *winden ; zusammendrehen ; (mit den Hüften) wackeln*
torturer 3 *foltern ; quälen ; martern*
tosser 3 *schaukeln (Schiff am Kai)*
totaliser 3 *zusammenzählen ; (insgesamt) erzielen, erhalten*
toucher 3 *an-, berühren ; angrenzen ; treffen ; erhalten ; betreffen*
touer 6 *schleppen (Schiff)*
touiller 3 *umrühren*
toupiller 3 *(Holz) fräsen*
tourbillonner 3 *wirbeln, kreisen*
tourillonner 3 *rotieren*
tourmenter 3 *quälen, plagen*
tournailler 3 *hin- und hergehen ; umherschleichen*
tournebouler 3 *erschüttern ; durcheinanderbringen*
tourner 3 *drehen, wenden*
tournicoter 3 *hin- und hergehen ; umherschleichen*
tourniquer 3 *hin- und hergehen ; umherschleichen*
tournoyer 13 *kreisen, wirbeln, umherwirbeln*
tousser 3 *husten ; sich räuspern*
toussoter 3 *hüsteln*
tracasser 3 *beunruhigen, bekümmern*
tracer 16 *ziehen, (auf)zeichnen, entwerfen ; bahnen ; trassieren ; sausen ; flitzen*
tracter 3 *(mit Motorkraft) ziehen, schleppen*
traduire 98 *übersetzen, übertragen, dolmetschen ; ausdrücken ; (vor Gericht) stellen*
traficoter 3 *schieben (Handel)*
trafiquer 3 *schieben (Handel)*
trahir 32 *verraten ; nicht richtig wiedergeben ; im Stich lassen ; mißbrauchen*
traînailler 3 *herumbummeln ; trödeln*
traînasser 3 *herumbummeln ; trödeln*
traîner 4 *(nach-, herum)schleppen ; schlurfen ; herumliegen ; sich hinziehen, trödeln*
traire 112 *melken*
traiter 4 *behandeln ; heißen ; schimpfen ; verhandeln ; verarbeiten ; spritzen (Obst)*
tramer 3 *einschießen ; rastern ; anzetteln*
trancher 3 *schneiden, durchschneiden ; entscheiden ; abstechen gegen*
tranquilliser 3 *beruhigen*
transbahuter 3 *wegschleppen ; (anderswohin) schaffen*
transborder 3 *umladen, umschlagen*
transcender 3 *transzendieren*
transcoder 3 *umkodieren*
transcrire 99 *übertragen ; abschreiben ; transkribieren*
transférer 18 *übertragen ; überstellen ; verlegen*
transfigurer 3 *verklären ; umwandeln*
transfiler 3 *miteinander anmarlen (Segel)*
transformer 3 *verändern ; verwandeln ; umformen ; umbilden ; umarbeiten ; veredeln ; transformieren*
transfuser 3 *übertragen (Blut) ; umfüllen*
transgresser 4 *übertreten ; verstoßen gegen*
transhumer 3 *auf die Almen treiben, sommern*
transiger 17 *sich vergleichen ; Kompromiß schließen*
transir 32 *(vor Kälte) erstarren lassen*
transistoriser 3 *transistorisieren*
transiter 3 *im Transitverkehr befördern, durchreisen*
transmettre 84 *übermitteln, überliefern ; weitergeben ; vermachen ; übertragen ; vererben*
transmigrer 3 *wandern (Seele)*
transmuer 7 *verwandeln, umgestalten*
transmuter 3 *um-, verwandeln*
transparaître 91 *durchscheinen, zum Vorschein kommen*
transpercer 16 *durchbohren ; durchdringen*
transpirer 3 *schwitzen ; durchsickern*
transplanter 3 *verpflanzen*
transporter 3 *befördern, transportieren ; versetzen*
transposer 3 *umstellen ; umsetzen ; transponieren*
transsuder 3 *ausschwitzen ; durchsickern*
transvaser 3 *umgießen, umfüllen*
transvider 3 *umfüllen*
traquer 3 *verfolgen, hetzen ; treiben ; umstellen*
traumatiser 3 *schocken*
travailler 3 *arbeiten ; aus-, be-, verarbeiten ; einüben ; tätig sein*
travailloter 3 *lässig arbeiten*
traverser 3 *durchqueren, durchfahren, überqueren ; durchdringen ; durchmachen*
travestir 32 *verkleiden ; entstellt wiedergeben*
trébucher 3 *stolpern*
tréfiler 3 *(zu Draht) ziehen*
treillager 17 *mit einem Gitter bzw. Spalier versehen*
treillisser 3 *vergittern*
trémater 3 *überholen (Schiff)*
trembler 3 *zittern, beben ; bangen*
trembloter 3 *zittern*
trémousser (se) 3 *zappeln ; sich in den Hüften wiegen*
tremper 3 *(ein)tauchen, tränken, tunken, weichen ; Hand im Spiel haben*
trépaner 3 *trepanieren*
trépasser 3 *sterben, hinscheiden*
trépider 3 *rütteln*
trépigner 3 *trampeln, mit den Füßen stampfen*
tressaillir 47 *zusammenzucken*
tressauter 3 *aufschrecken*
tresser 4 *flechten, winden*
trévirer 3 *schroten*
trianguler 3 *triangulieren*
tricher 3 *mogeln, falschspielen, schummeln, betrügen*
tricoter 3 *stricken*
trier 10 *sortieren*
trifouiller 3 *wühlen, kramen*
triller 3 *trillern*
trimbal(l)er 3 *(mit)schleppen*
trimer 3 *schuften*
trinquer 3 *anstoßen (Gläser) ; für andere die Zeche zahlen*
triompher 3 *besiegen ; triumphieren*
tripatouiller 3 *umändern ; frisieren ; herumfummeln*
tripler 3 *verdreifachen*
tripoter 3 *herumkramen ; befummeln ; krumme Sachen machen*
trisser 3 *schreien (Schwalbe) ; Zugabe verlangen ; abhauen*
triturer 3 *zerreiben ; zerknüllen ; kneten*
tromper 3 *täuschen ; betrügen ; irreführen*
trompeter 27 *trompeten ; hinausposaunen*
tronçonner 3 *in Stücke schneiden, zersägen*
trôner 3 *thronen*

tronquer 3 *verstümmeln*
tropicaliser 3 *tropenfest machen*
troquer 3 *vertauschen ; in Tausch geben*
trotter 3 *traben*
trottiner 3 *trippeln, trappeln*
troubler 3 *trüben, stören ; verwirren*
trouer 3 *durchlöchern*
trousser 3 *aufschürzen, hochraffen ; schnell erledigen*
trouver 3 *(auf-, vor)finden ; auftreiben*
truander 3 *übers Ohr hauen*
trucider 3 *umbringen*
truffer 3 *trüffeln ; spicken, füllen*
truquer 3 *frisieren, fälschen*
trusquiner 3 *parallelreißen*
truster 3 *durch einen Trust aufkaufen*
tuber 3 *verrohren ; Rohre einsetzen*
tuberculiser (se) 3 *Tuberkel bilden*
tuer 7 *töten ; ruinieren ; fertigmachen*
tuméfier 9 *anschwellen lassen*
turbiner 3 *schuften*
turlupiner 3 *belasten, keine Ruhe lassen*
tuteurer 5 *(ab)stützen (Pflanzen)*
tutoyer 13 *duzen*
tuyauter 3 *vertrauliche Mitteilung machen ; mit Tollfalten versehen*
typer 3 *typisieren*
tyranniser 3 *tyrannisieren*

U-V

ulcérer 18 *ein Geschwür verursachen ; erbittern ; sehr kränken*
ululer 3 *schreien (Eule)*
unifier 9 *einigen, vereinheitlichen*
uniformiser 3 *vereinheitlichen*
unir 32 *vereinigen ; verbinden ; vereinen*
universaliser 3 *verallgemeinern ; allgemein verbreiten*
upériser 3 *ultra-pasteurisieren*
urbaniser 3 *verstädtern ; einen städtischen Charakter verleihen*
urger 17 *eilen ; dringend sein*
uriner 3 *urinieren, Wasser lassen*
user 3 *abnutzen, verschleißen ; aufreiben ; gebrauchen, anwenden*
usiner 3 *maschinell fertigen ; fabrikmäßig herstellen*
usurper 3 *usurpieren, sich widerrechtlich aneignen*
utiliser 3 *benutzen, nutzen ; verwerten*
vacciner 3 *impfen*
vaciller 3 *schwanken*
vadrouiller 3 *herumbummeln*
vagabonder 3 *sich herumtreiben, tippeln ; umherschweifen*
vagir 32 *wimmern, quäken*
vaguer 3 *umherschweifen*
vaincre 114 *(be)siegen ; schlagen ; überwinden*
valdinguer 3 *fallen ; hinunterkullern*
valider 3 *für rechtsgültig erklären ; anrechnen ; entwerten*
valoir 60 *wert sein ; gelten ; kosten*
valoriser 3 *den Wert steigern*
valser 3 *Walzer tanzen, walzen*
vamper 3 *bezirzen*
vandaliser 3 *verwüsten*
vanner 3 *Getreide schwingen, sieben ; erschöpfen*
vanter 3 *rühmen*
vaporiser 3 *zerstäuben ; verdampfen*
vaquer 3 *Ferien haben ; (seinen Geschäften) nachgehen*
varapper 3 *klettern, eine Steilwand besteigen*
varier 9 *variieren ; abwechslungsreich gestalten ; sich ändern*
varloper 3 *(mit der Rauhbank) hobeln*
vasectomiser 3 *eine Vasektomie durchführen*
vaseliner 3 *mit Vaselin einreiben, einfetten*
vasouiller 3 *aus dem Konzept kommen, schwimmen*
vassaliser 3 *unterwerfen, unterjochen, lehenspflichtig machen*
vaticiner 3 *wahrsagen*
vautrer (se) 3 *sich lümmeln*
végéter 18 *vegetieren ; stagnieren*
véhiculer 3 *befördern, transportieren*
veiller 4 *wachen ; achtgeben ; sorgen für*
veiner 4 *masern*
vêler 4 *kalben*
velouter 3 *samt(art)ig machen*
vendanger 17 *ernten, Weinlese halten*
vendre 73 *verkaufen*
vénérer 18 *(ver)ehren*
venger 17 *rächen*
venir 40 [mit être] *kommen ; herkommen ; stammen ; seichen ; wachsen*
venter 3 *windig sein*
ventiler 3 *belüften ; verteilen*
verbaliser 3 *gebührenpflichtig verwarnen ; in Worte fassen*
verdir 32 *grün werden ; grün färben*
verdoyer 13 *(er)grünen*
verduniser 3 *(Wasser) chloren*
verglacer 16 *Glatteis geben*
vérifier 9 *nach-, überprüfen ; bestätigen*
vermiller 3 *(in der Erde) wühlen (Schwein)*
vermillonner 3 *mit Zinnober färben ; stechen (Dachs)*
vermouler (se) 3 [part. passé vermoulu] *wurmstichig werden*
vernir 32 *lackieren, firnissen*
vernisser 3 *glasieren*
verrouiller 3 *zuriegeln ; abriegeln*
verser 3 *(ein-, ver)gießen, füllen, einfüllen ; umlegen ; zuteilen, einzahlen ; (zu den Akten) nehmen*
versifier 9 *in Verse bringen ; dichten*
vétiller 3 *sich mit Lapalien abgeben*
vêtir 44 *anziehen ; bekleiden*
vexer 4 *beleidigen ; kränken*
viabiliser 3 *erschließen (Städtebau)*
viander 3 *weiden, äsen*
vibrer 3 *schwingen, vibrieren, zittern*
vicier 9 *verderben ; verschmutzen ; ungültig machen*
vidanger 17 *(ent)leeren (Reservoir) ; abfahren (Abwässer) ; wechseln (Öl)*
vider 3 *(aus-, ent)leeren ; raümen ; rauswerfen*
vieillir 32 *älter werden, älter machen ; veralten ; altern*
vieller 4 *Drehleier spielen*
vilipender 3 *verunglimpfen*
villégiaturer 3 *in der Sommerfrische sein*
vinaigrer 4 *mit Essig anmachen*
viner 3 *Alkohol zusetzen (Wein)*
vinifier 9 *keltern, zu Wein verarbeiten*
violacer (se) 16 *violett werden ; ins Violette übergehen*
violenter 3 *vergewaltigen ; (mit Gewalt) zwingen*
violer 3 *vergewaltigen ; verletzen (Rechte) ; schänden*
violeter 27 *violett färben*
virer 3 *drehen ; überweisen ; hinauswerfen ; umschlagen, umschwenken*
virevolter 3 *herumwirbeln ; umkehren*
virguler 3 *mit Kommata versehen, Kommata setzen*
viriliser 3 *vermännlichen ; maskulinisieren*
viroler 3 *Griffzwinge anbringen ; Münzplatte richten*
viser 3 *zielen, anvisieren ; anstreben*
visionner 3 *sichten, überprüfen*
visiter 3 *besuchen ; besichtigen ;*

bereisen ; durchsuchen ; heimsuchen
visser 3 *(fest)schrauben ; kurzhalten*
visualiser 3 *sichtbar machen, in Bilder umsetzen*
vitrer 3 *verglasen ; Glasscheiben einsetzen*
vitrifier 9 *in Glas umwandeln ; versiegeln (Parkett)*
vitrioler 3 *Vitriol ins Gesicht schütten, mit Vitriol bespritzen, ins Säurebad eintauchen*
vitupérer 18 *heftige Vorwürfe machen*
vivifier 9 *beleben, neue Kraft geben*
vivoter 3 *kümmerlich dahinleben*
vivre 90 *leben ; erleben*
vocaliser 3 *vokalisieren ; Stimmübungen machen*
vociférer 18 *brüllen, toben*
voguer 3 [*alle Formen mit* gu] *segeln*
voiler 3 *verschleiern ; besegeln ; verbiegen*
voir 62 *sehen, verstehen ; besuchen*
voisiner 3 *stehen, liegen, sein, sich befinden neben/bei*
voiturer 3 *im Wagen befördern*
volatiliser 3 *verschwinden lassen ; verdampfen*
volcaniser 3 *vulkanisch machen*
voler 3 *fliegen ; (be)stehlen*
voleter 27 *flattern*
voliger 17 *mit Dachlatten versehen*
volter 3 *voltieren*
voltiger 17 *hin- und herfliegen, herumflattern*
vomir 32 *erbrechen*
voter 3 *abstimmen, wählen ; verabschieden, bewilligen*
vouer 6 *widmen, weihen ; geloben, schwören*
vouloir 57 *wollen, mögen*
voûter 3 *wölben*
vouvoyer 13 *siezen*
voyager 17 *reisen*
vriller 3 *durchbohren ; trudeln*
vrombir 32 *brummen, dröhnen*
vulcaniser 3 *vulkanisieren*
vulgariser 3 *popularisieren*

W-Z

warranter 3 *durch Lagerschein sichern*
zébrer 18 *mit Streifen versehen ; durchzucken*
zézayer 11 *lispeln*
zieuter 3 *gucken*
zigouiller 3 *abmurksen*
zigzaguer [*alle Formen mit* gu] *im Zickzack gehen*
zinguer 3 *verzinken, mit Zinkblech decken*
zozoter 3 *lispeln*

Regeln zur Angleichung des Partizips

1. Verben mit dem Hilfsverb *être*

Mit *être* verbunden werden :
1. das Passiv ;
2. alle reflexiven oder reflexiv gebrauchten Verben ;
3. die intransitiven Verben der Bewegungsrichtung sowie ihre intransitiven Komposita ;
4. einige intransitive Verben, die einen Wechsel oder die Veränderung bzw. das Beibehalten eines Zustands ausdrücken *(décéder, mourir, demeurer* [bleiben], *rester, devenir, naître).*

Merke : Einige Verben der Bewegungsrichtung können mit einem direkten Objekt gebraucht werden. In diesem Fall werden sie mit *avoir* verbunden. *(Je suis descendu[e] à la cave. J'ai descendu les bouteilles à la cave.)*

A. Das Partizip II richtet sich in Genus und Numerus nach dem Subjekt.

La villa a été LOUÉE *pour les vacances. Les feuilles sont* TOMBÉES. *Nos amis sont* VENUS *hier. Les rues sont bien* ÉCLAIRÉES.

B. Bei reflexiven Verben :

1. Das Partizip II der reflexiven bzw. der reziproken Verben richtet sich nach dem Subjekt, wenn das Reflexivpronomen direktes Objekt ist.

Ils se sont BAIGNÉS. *Pierre et Paul se sont* BATTUS. *Ils se sont* ENTRAIDÉS.

2. Das Partizip II der im wesentlichen reflexiv gebrauchten Verben richtet sich immer nach dem Subjekt, außer :

Ils se sont APERÇUS *de leur erreur. Elles se sont* TUES. *Elles se sont* REPENTIES *de leurs fautes. Comment s'y est-elle* PRISE ?

s'arroger, se rire, se plaire, se déplaire, se complaire (dans une situation). Bei den drei letzten Verben schwankt der Gebrauch.

aber : *Elle s'est* RI *de nous. Ils se sont* COMPLU (oder COMPLUS) *dans cette situation.*

3. Bei der Angleichung des Partizips II eines reflexiven Verbs, dessen Reflexiv- bzw. Reziprokpronomen indirektes Objekt ist, unterscheidet man zwei Fälle :

a. In der Regel bleibt das Partizip II unverändert.

Ils se sont NUI. *Ils se sont* PARLÉ. *Ils se sont* SOURI. *Elle s'est* IMPOSÉ *des pénitences.*

b. Steht ein 2. Pronomen als direktes Objekt vor dem Verb, so richtet sich das Partizip II nach diesem direkten Objekt.

aber : *Les pénitences qu'elle s'est* IMPOSÉES. *Les choses qu'ils se sont* IMAGINÉES. *Cette permission, il se l'est* ACCORDÉE.

4. Folgt dem reflexiven Verb ein Infinitiv, unterscheidet man zwei Fälle :

a. Wenn das Reflexivpronomen direktes Objekt des Partizips II ist, richtet sich das Partizip nach diesem direkten Objekt.

Elle s'est SENTIE *mourir.*

b. Wenn das Reflexivpronomen direktes Objekt des Infinitivs ist, bleibt das Partizip II unverändert.

aber : *Elle s'est* LAISSÉ *enfermer. La robe qu'elle s'est* FAIT *faire. Elle s'est* SENTI *piquer par un moustique.*

2. Verben mit dem Hilfsverb *avoir*

Mit *avoir* verbunden werden :
1. *avoir* und *être* selbst ;
2. alle nur unpersönlich gebrauchten (nicht reflexiven) Verben ;
3. alle transitiven oder transitiv gebrauchten Verben (außer den Reflexivverben) ;
4. die meisten intransitiven Verben, unter anderem und im Gegensatz zum Deutschen die (intransitiven) Verben der Bewegungs- oder Gangart — nicht der Bewegungsrichtung. *(J'ai nagé, j'ai couru — je suis descendu[e].) ;*
5. fast alle intransitiven Verben, die einen Wechsel bzw. eine Veränderung eines Zustands bezeichnen.

Merke : Einige Verben können sowohl mit *avoir* als auch mit *être* verbunden werden. Dabei ist auf den Bedeutungsunterschied zu achten. (CHANGER : *Il a changé* = Er hat sich verändert. *Il est changé* = Er ist verändert. DIVORCER : *Elle a divorcé* = Sie hat sich scheiden lassen. *Elle est divorcée* = Sie ist geschieden. PARAÎTRE : *Il a paru heureux* = Er schien glücklich zu sein. *Son livre est enfin paru* = Sein Buch ist endlich erschienen. PASSER : *J'ai passé mes vacances à travailler* = Ich habe in den Ferien gearbeitet. *Mon ami est passé me voir* = Mein Freund ist bei mir vorbeigekommen.)

1. Das Partizip II richtet sich in Genus und Numerus nach dem direkten Objekt, wenn dieses ihm vorausgeht.

Vous avez PRIS *la bonne route ;* aber : *La bonne route* QUE *vous avez* PRISE. *Vous avez envoyé une lettre, je* L'*ai bien* REÇUE.

2. Das Partizip II mancher Verben, wie *coûter, valoir, peser, mesurer, courir, vivre, régner* etc. richtet sich nach dem direkten Objekt, wenn diese Verben (meistens im übertragenen Sinn) transitiv gebraucht werden.

Les dangers QUE *j'ai* COURUS. *Les efforts* QUE *ce travail m'a* COÛTÉS; aber : *Les cent francs que ce livre m'a* COÛTÉ (Preisangabe). *La vie* QU'*elle a* VÉCUE *ici;* aber : *Pendant les mois qu'il a* VÉCU *ici* (Zeitangabe).

(Nicht zu verwechseln mit bestimmten Ergänzungen wie Preisangabe, Gewicht, Maße usw., wenn diese Verben intransitiv gebraucht werden).

3. Das Partizip II der unpersönlichen Verben bleibt unverändert.

Les deux jours qu'il a NEIGÉ. *La chaleur qu'il a* FAIT. *Les accidents nombreux qu'il y a* EU *cet été.*

4. Wenn ein *l'* als Ersatz für einen Satz oder für ein neutrales Pronomen dem Partizip vorausgeht, bleibt dieses unverändert.

La journée fut plus belle qu'on ne L'*avait* PRÉVU. *Je* L'*avais bien* DIT.

5. Wenn dem Partizip II ein Ausdruck der Menge als direktes Objekt vorausgeht, kann sich das Partizip entweder nach diesem Ausdruck oder nach dessen Ergänzung richten.

Le grand nombre de succès QUE *vous avez* REMPORTÉ (oder REMPORTÉS). *Le peu d'attention* QUE *vous avez* APPORTÉ (oder APPORTÉE).

Bestimmt aber ein Mengenadverb dieses Objekt näher, dann muß sich das Partizip nach diesem Objekt richten.

Que de craintes nous avons EUES! *Combien de fautes avez-vous* FAITES?

6. Ein Partizip II, dem ein Infinitiv folgt, richtet sich nach dem vorangehenden Pronomen, wenn dieses Pronomen direktes Objekt des Partizips ist; es bleibt jedoch unverändert, wenn das Pronomen direktes Objekt des Infinitivs ist.

La cantatrice QUE *j'ai* ENTENDUE *chanter.*

Les airs que j'ai ENTENDU *jouer. La ville qu'on m'a* DONNÉ *à décrire. Les conseils que vous auriez* DÛ *écouter.*

7. Die Partizipien *dit, dû, cru, su, pu, voulu, pensé, permis, prévu...*

a. Sie bleiben unverändert, wenn das direkte Objekt ein Infinitiv oder eine Auslassung ist.

J'ai fait tous les efforts que j'ai PU (gemeint : *faire*). *Il m'a donné tous les renseignements que j'ai* VOULU (gemeint : *qu'il me donnât*).

b. Bis auf *pouvoir* können diese Verben auch ein vorangehendes direktes Objekt haben. Das Partizip muß sich dann danach richten.

J'ai obtenu la réparation QUE *j'ai* VOULUE. *Il a cité les paroles* QUE *je lui avais* DITES.

c. Wenn dem Partizip II ein Verb folgt, das ein dem Partizip vorangestelltes Relativpronomen *que* zum direkten Objekt hat, so bleibt das Partizip unverändert.

La faveur qu'il a ESPÉRÉ *qu'on lui accorderait* (= *il a espéré qu'on lui accorderait cette faveur*).

8. Wenn *en* vorausgeht, bleibt das Partizip II unverändert, da *en* als neutrale Ergänzung betrachtet wird. Von manchen Grammatikern wird aber *en* als direktes Objekt betrachtet bzw. als Ersatz für ein Wort, wonach sich das Partizip in Genus und Numerus richten muß.

J'ai cueilli des fraises dans le jardin et j'en ai MANGÉ (= *j'ai mangé une partie des fraises*). *Elle a des yeux comme on n'en a jamais* VUS.

Geht *en* ein Mengenadverb voraus, sollte man das Partizip angleichen. Der Gebrauch ist aber da sehr unterschiedlich.

Autant d'ennemis il a attaqués, autant il en a VAINCUS.

Unveränderliche Partizipien II

Einige Verben, die mit dem Hilfsverb *avoir* konjugiert werden, haben ein unveränderliches Partizip II. Im folgenden eine Liste dieser Verben :

abondé	conversé	folâtré	miaulé	profité	soupé
accédé	convolé	folichonné	mugi	progressé	sourcillé
afflué	coopéré	fourmillé	musé	prospéré	souri
agi	correspondu	fraternisé	nasillé	pu	subsisté
agioté	croassé	frémi	navigué	pué	subvenu
agonisé	culminé	frétillé	neigé	pullulé	succédé
appartenu	daigné	frissonné	niaisé	radoté	succombé
babillé	découché	fructifié	nui	raffolé	sué
badaudé	dégoutté	geint	obtempéré	râlé	suffi
badiné	déjeuné	gémi	obvié	rampé	surnagé
baguenaudé	démérité	giboyé	officié	réagi	survécu
banqueté	démordu	godaillé	opiné	récriminé	sympathisé
batifolé	déplu	godillé	opté	regimbé	tablé
bavardé	dérogé	gravité	oscillé	regorgé	tâché
boité	détoné	grelotté	pactisé	relui	tardé
bondi	détonné	grisonné	parlementé	remédié	tatillonné
boursicoté	devisé	guerroyé	participé	renâclé	tâtonné
bramé	dîné	henni	pataugé	résidé	tempêté
brigandé	discordé	herborisé	pâti	résisté	temporisé
brillé	discouru	hésité	patienté	résonné	tergiversé
bronché	divagué	influé	péché	resplendi	tonné
cabriolé	dormi	insisté	périclité	ressemblé	topé
caracolé	douté	intercédé	péroré	retenti	tournoyé
chancelé	duré	jaboté	persévéré	ri	toussé
cheminé	erré	jasé	persisté	ricané	transigé
circulé	éternué	jeûné	pesté	rivalisé	trébuché
clabaudé	étincelé	joui	pétillé	rôdé	trépigné
clignoté	excellé	jouté	philosophé	ronflé	trimé
coassé	excipé	lambiné	piaulé	roupillé	trinqué
coexisté	faibli	larmoyé	pirouetté	ruisselé	triomphé
coïncidé	failli	lésiné	pivoté	rusé	trôné
commercé	fainéanté	louvoyé	pleurniché	sautillé	trottiné
comparu	fallu	lui	plu (plaire)	scintillé	vaqué
compati	ferraillé	lutté	plu (pleuvoir)	séjourné	végété
complu	finassé	maraudé	pouffé	semblé	verdoyé
concouru	flamboyé	marché	pouliné	sévi	vétillé
condescendu	flâné	médit	préexisté	siégé	vivoté
contrevenu	flotté	menti	préludé	sombré	vogué
contribué	foisonné	mésusé	procédé	sommeillé	voyagé

Erklärung der Lautschrift

Vokale

[a]	etwas heller als das deutsche *a*	m**a**d**a**me
[ɑ]	etwas dunkler als das deutsche *a*; hat sich weitgehend dem hellen angeglichen	b**a**s
[e]	geschlossenes *e*, etwa wie in *fehlen*	caf**é**
[ɛ]	offenes *ä*, etwa wie in *Ähre*	m**è**re
[i]	geschlossener als das deutsche *i*; mit starker Lippenspreizung, etwa wie in *Liebe*	am**i**
[ɔ]	offenes *o*, etwa wie in *Sonne*	éc**o**le
[o]	geschlossenes *o*, etwa wie in *Sohn*	**veau**
[ø]	geschlossenes *ö*, etwa wie in *schön*	monsi**eur**, p**eu**
[œ]	offenes *ö*, etwa wie in *Wörter*	h**eu**re
[ə]	dumpfes *e*, zwischen [œ] und [ø]; mit Lippenrundung, etwa wie in *Pinie*	**le**, **je**
[u]	geschlossenes *u*, etwa wie in *Gruß*	bonj**our**
[y]	geschlossenes *ü*, etwa wie in *Tür*	**tu**, **rue**
[ɛ̃]	nasales [ɛ], wie in *Giscard d'Estaing*	p**ain**
[ɔ̃]	nasales [ɔ], wie in *Mont* blanc	m**on**, t**on**
[ɑ̃]	nasales [ɑ], wie in *Mitterrand*	cont**ent**
[œ̃]	nasales [œ], wie in *Verdun*; hat sich weitgehend dem [ɛ̃] angeglichen	**un**, br**un**

Halbvokale

[j]	weicher als das deutsche *j* in *jung*	r**i**en, b**i**en
[w]	gleitendes *u:* bildet keine eigene Silbe, gehört zum folgenden Vokal	**ou**i, m**o**i
[ɥ]	gleitendes *ü:* bildet keine eigene Silbe gehört zum folgenden Vokal	n**u**it, n**u**it

---

Konsonanten

[v]	*w*-Laut, etwa wie in *Wasser*	**v**i**v**re
[s]	stimmloses *s*, etwa wie in *Essen*	**s**amedi, i**c**i
[z]	stimmhaftes *s*, etwa wie in *Sonne*	le**s**‿amis, **z**ut
[ʒ]	stimmhaftes *sch*, etwa wie in *Garage*	**j**ournal
[ʃ]	stimmloses *sch*, etwa wie in *schön*	**ch**aise
[ɲ]	*nj*-Laut, etwa wie in *Kognak*	champa**gn**e

Die nicht aufgeführten Konsonanten sind den deutschen sehr ähnlich. Denken Sie jedoch daran, daß das Französische keine "Hauchlautes" kennt.